미래인을 위한
테크놀로지 교양

블록체인, 인공지능, 공유경제 등 IT 핵심 엔진 8가지

미래인을 위한
테크놀로지
교양

류한석 지음

KOREA.COM

차례

PART 2

인공지능
모든 것을 압도하는 신기술

PART 5

사물인터넷
모든 것을 연결한다

PART 6

자율주행차와 드론
자율머신의 시대가 온다

PART 7

사이버 위험과 보안
모든 기술에는 어두운 면이 있다

PART 8 ───────────────────────────────────────○

공유경제
신뢰를 기반으로 하는 공동체

미래를 사는 모두를 위한 IT 지식

이 책은 개발자, 엔지니어가 아닌 평범한 직장인, 취준생, 중·고등·대학생, 가정주부 등 모든 사람을 위한 교양서로 만들어진 책입니다. 이 책은 미래를 대비하는 사람이라면 누구든지 알아야 할 '테크놀로지의 작동 원리와 핵심 내용'을 한 권으로 정리한 책입니다.

책 제목에 사용된 '테크놀로지(Technology)'는 사전적으로 "실용적인 목적을 위한 과학 지식의 적용, 특히 산업에서의 응용"이라는 뜻을 갖고 있습니다. 이러한 테크놀로지의 개념을 최초로 고찰한 사람은 고대 그리스의 철학자 아리스토텔레스(Aristoteles)입니다.

아리스토텔레스는 행복한 삶을 살려면 이성적 사유를 통해 형성된 선택 능력(지적인 덕성)과 올바르게 형성된 욕구 능력(윤리적 덕성)이 조화를 잘 이루어야 한다고 보았습니다. 그가 의미한 지적인 덕성에는 소피아(Sophia, 사물을 이해하는 지혜), 프로네시스(Phronesis, 실천적 지혜), 테크네(Techne, 무언가를 만드는 활동) 등이 있으며 윤리적 덕성은

용기, 절제입니다. 여기에서 말하는 테크네가 바로 테크놀로지를 뜻합니다.

우리는 흔히 테크놀로지를 그냥 '기술'이라는 단어로 번역해 사용합니다. 그런데 Technic, Skill 등을 모두 '기술'이라는 용어로 공유하다 보니까 뜻이 분명하지 않은 문제가 있습니다.

이 책에서는 테크놀로지를 'IT 산업에서의 최신 기술'이라는 뜻으로 사용합니다. 실제로 미국 실리콘밸리를 비롯한 해외에서는 이와 같은 테크놀로지의 개념을 바탕으로 디지털 기술, e커머스, 각종 인터넷 서비스 및 관련 비즈니스를 하는 기업을 '테크놀로지 기업(Technology Company)' 또는 줄여서 '테크 기업(Tech Company)'이라고 부릅니다. 애플, 구글, 아마존, 페이스북, 마이크로소프트 등이 바로 그런 테크 기업들입니다.

이 책에서는 특별히 강조할 필요가 있을 때는 테크놀로지라고 표기하고, 일반적으로는 그냥 기술로 표기를 했습니다. 물론 테크놀로지가 보다 정확한 의미를 담고 있기는 하지만, 기술이라는 표기가 흔히 우리가 사용하는 용어인데다 더 짧고 입에 잘 붙기 때문입니다. 그러니 본문에서 특별한 언급이 없을 경우 '기술 = 테크놀로지'라는 것을 기억해 주시기 바랍니다.

책 제목에 '교양'을 사용한 이유도 중요하기 때문에 말씀을 드리겠습니다. 교양은 폭넓은 지식을 의미합니다. 우리가 생활의 향상을 이루기 위해서는 크게 구분해 '교양, 경험, 정복'이라는 세 가지 요소가 필요합니다. 이는 영국 경험론의 시조로 불리는 철학자 프랜시스 베이컨(Francis Bacon)의 구분에 따른 것으로, 베이컨은 "아는 것이 힘이다"라는 유명한 말을 한 것으로도 잘 알려져 있습니다.

물론 베이컨은 경험과 실험이라는 행위의 중요성을 강조했습니다. 하지만 테크놀로지와 관련해서는 모든 사람이 테크놀로지의 모든 측면을 경험하고 실험해 볼 수는 없는 노릇입니다. 그런 반면에 테크놀로지가 인류 전체와 각각의 인간에게 끼치는 영향력은 아주 지대합니다. 그런 상황에서 만일 우리가 이 엄청난 영향을 끼치는 테크놀로지를 제대로 이해할 수도 경험할 수도 없다면, 이는 우리 삶에 엄청난 리스크로 작용할 것입니다. 여기에서의 경험은 소비자로서의 경험뿐만 아니라 생산자 측면에서의 경험까지 모두 포함합니다.

그래서 일반 사용자인 독자 여러분이 직접 경험하고 실험하지는 못하더라도, 저처럼 수십 년간 테크놀로지에 푹 빠져 살아온 사람이 관련 지식을 잘 압축하고 포장하여 이를 '미래인의 교양'으로 전달하면 어떨까? 하는 아이디어에서 이 책이 탄생했습니다.

우리는 미래인입니다. 독일의 실존 철학자 마르틴 하이데거(Martin Heidegger)는 과거를 기재(既在, Gewesenheit), 미래를 장래(將來, Zukunft)라고 부르며 실존과 시간의 관계를 재해석했습니다. 하이데거는 인간을 지금까지의 자신을 이어받아(기재), 그래야 마땅한 자신의 가능성을 향해 가는(장래) 존재며, 기재와 장래가 만나는 것이 실존(현재)이라고 설명했습니다.

우리는 현재를 사는 것이 아니라 미래를 살고 있는 것인지도 모릅니다. 우리가 현재라고 생각한 시간은, 생각한 순간에 이미 흘러간 과거가 되어 버리기 때문입니다. 이처럼 우리의 과거와 현재와 미래는 긴밀하게 연결되어 있으며 시간이 우리를 증명합니다.

그렇다면 우리가 미래의 가능성에 대해 조금이라도 똑똑하게 생각하고 살아간다면 우리의 현재는 좀 더 현명한 시간으로 채워질 수 있을 것입니다. 이 책이 독자 여러분의 미래를 더욱 풍요롭게 만드는 데 조금이라도 기여하기를 바랍니다.

이 책을 집필하면서 학계나 업계의 전문 용어를 최대한 쉽게 설명하려고 노력했습니다. 용어 표기시 영어를 가능한 한 병기했습니다. 저는 우리말을 사랑하지만 외국에서 만들어진 용어는 원래의 외국어를 알아야 글로벌 시대에 제대로 대응할 수 있다고 보기 때문입니다.

집필을 하면서 웹사이트뿐만 아니라 다른 서적이나 논문을 참고

한 경우도 있는데 〈참고자료 및 출처〉 항목에 대부분 URL로 표기했습니다. 요즘 시대에는 모든 것이 인터넷에 공개되어 있기 때문입니다.

지면의 한계로 인해, 또는 쓸데없이 어렵고 깊은 내용을 다루지 않기 위해 의도적으로 내용을 축약한 부분도 있습니다. 혹시라도 설명이 부족하거나 오해가 발생한 부분에 대해서는 전적으로 저의 책임입니다.

만일 탁월한 개발자나 엔지니어가 이 책을 읽는다면 이미 알고 있는 내용들이 다수일 수도 있습니다. 혹시라도 그렇게 생각할 독자를 위해 미리 양해 말씀을 구합니다. 익히 알고 있는 지식이라고 느껴질 경우 해당 부분을 과감히 건너뛰고 읽으면 되겠습니다.

책의 모든 내용을 이해할 필요는 없습니다. 혹시 잘 읽히지 않거나 이해되지 않은 부분이 있다면 그냥 넘어 가도 좋습니다. 이 책의 70퍼센트만 이해해도 충분하며 80퍼센트 이상 이해한다면 훌륭하다고 볼 수 있습니다. 책을 읽으면서 이해가 잘 안 되는 일부 내용은 책을 다 읽은 후에 자동으로 이해되기도 할 것입니다.

이 책의 장점 중 하나는 챕터 순서에 상관없이 원하는 챕터를 골라 읽을 수 있도록 만들어졌다는 것입니다. 처음부터 순서대로 읽어도 좋고 관심이 있는 주제를 먼저 읽어도 상관없습니다.

자, 그럼 테크놀로지를 이해하기 위한 멋진 여정을 출발해 봅시다.

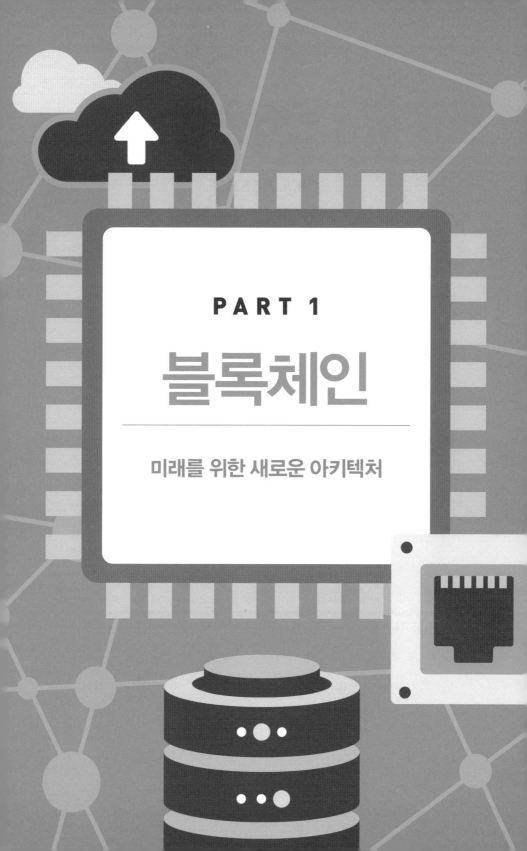

PART 1
블록체인

미래를 위한 새로운 아키텍처

CHAPTER 1

탈중앙화를 위한
P2P 시스템

블록체인(Blockchain)의 목적은 간단히 말해 '소유물의 권리를 기록하고 증명하는 것'이다. 그런데 블록체인이 주목받는 이유는 이러한 목적 때문이라기보다는 이를 구현하는 독특한 기술적 방식에 있다.

사실 블록체인은 기술적인 측면에서 IT 업계 종사자들조차 쉽게 이해하기 곤란할 정도로 복잡한 내용을 담고 있다. 그렇기 때문에 평범한 사용자가 블록체인을 100퍼센트 이해하기란 거의 불가능한 일이다. 그래서 이 책에서는 사용자 입장에서 알아봐야 별 도움이 안 되거나 복잡한 내용은 제거하고, 블록체인의 기술 요소 중 핵심이 되는 내용 위주로 최대한 쉽고 간결하게 살펴보려고 한다.

먼저 블록체인을 기능적인 측면에서 살펴보면, 블록체인은 크게 다음과 같은 두 가지의 목적을 가진다.

첫째, 블록체인의 가장 중요한 기능은 소유권을 증명하는 것이다. 블록체인은 '특정 시점에 누가 어떤 자산을 얼마만큼 소유하고 있는가'를 증명한다. 블록체인은 마치 증빙서류 또는 등기부와 같은 역할을 한다고 볼 수 있다.

둘째, 블록체인은 소유권의 이전을 처리하고 이를 증명한다. 블록체인은 자산의 소유자가 자산을 타인에게 이전한 내역을 기록하고 보관한다. 즉, 블록체인은 소유권의 이전 작업을 수행하고 그 결과로 '특정 시점에 누가 어떤 자산을 누구에게 얼마만큼 이전했는가'를 증명한다.

자산의 소유권을 증명하고 소유권 이전을 처리하는 등의 작업이 단지 블록체인을 통해서만 가능할까? 물론 그렇지 않다. 이것을 구현하는 다양한 기술 방식이 존재한다. 블록체인은 나름의 기술 방식으로 그러한 목적을 달성하고 있는데, 이것이 블록체인에 주목하게 만드는 이유다.

그렇기 때문에 블록체인을 제대로 이해하기 위해서는 일반 사용자라 할지라도 반드시 블록체인의 기술 방식을 알아야만 한다.

P2P 시스템의 작동 원리

블록체인의 어떤 기술적 특성이 전문가들로 하여금 블록체인에 열광하게 만들었을까? 블록체인이 가진 핵심적인 기술적 특성 중 하나는 블록체인이 바로 'P2P(Peer to Peer)' 시스템의 형태로 구현된다는 점이다.

P2P 시스템이란 각각의 컴퓨터들이 중앙 서버 없이 서로 동등한 입장에서 연결되어 작업을 처리하는 시스템을 의미한다. 피어(Peer)는 사전적으로 '나이, 신분이 같은 또래'를 뜻한다. 그러한 맥락에서 전체 시스템의 운영에 있어 중앙 서버의 통제를 받지 않고 개별 컴퓨터들이 서로 동등하게 연결되어 작동된다는 의미로 P2P라는 용어를 사용한다.

P2P 시스템과 대비되는 방식이 '클라이언트-서버(Client-Server)' 시스템이다. 기존의 클라이언트-서버 방식에서는 중앙 서버가 시스템 운영에 반드시 필요할 뿐만 아니라 아주 핵심적인 역할을 수행한다. 클라이언트-서버 방식은 서버가 서비스를 제공하고 클라이언트(PC, 스마트폰 등)가 서버에 접속해서 작동하는 형태이기 때문에 시스템의 설계가 상대적으로 쉬운 편이다.

클라이언트-서버 방식에서는 기본적으로 클라이언트가 서버에 접속해 서비스를 제공받는다. 기능을 추가하거나 버그를 수정하는 경우, 서버의 소프트웨어를 변경하면 클라이언트가 필요한 부분을

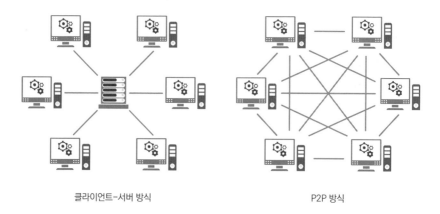

클라이언트-서버 방식   P2P 방식

클라이언트-서버 방식 vs P2P 방식

내려받아 사용한다. 그렇기 때문에 업데이트 및 관리가 비교적 용이
하다. 인터넷 초창기부터 이러한 클라이언트-서버 방식이 애용되어
왔으며, 현재에도 우리가 이용하는 인터넷 서비스 대부분이 이러한
클라이언트-서버 방식을 따르고 있다.

　클라이언트-서버 방식은 여러 장점이 있는 반면에 단점도 있다.
클라이언트-서버 방식의 가장 큰 단점은 서버에 장애가 발생하면
서비스 전체가 중단된다는 점이다. 또한 클라이언트 수와 데이터의
양이 늘어나면 그에 따라 서버와 스토리지(저장소) 등 관련 장비를 증
설해야 하며, 그럴 경우 장비를 구축하는 비용뿐만 아니라 유지보수
비용도 동시에 증가한다. 그리고 서버가 노출되어 있어서 해킹의 집
중적인 표적이 된다는 것도 단점으로 꼽을 수 있다.

　반면에 P2P 방식에서는 통제하는 중앙 서버가 없으며, 시스템에
참여하는 각각의 컴퓨터들이 독립적인 기능을 수행하는 형태로 전

체 시스템이 작동된다. 통제를 담당하는 중앙 서버가 없는 것을 '탈중앙화(Decentralization, 또는 분산화)'라고 하며, 이것이 바로 사람들이 블록체인에 열광하는 가장 핵심적인 이유라고 볼 수 있다. 블록체인의 다른 많은 장점 또한 바로 이러한 블록체인의 탈중앙화 특성에 기인한다.

P2P 시스템의 개별 컴퓨터를 전문 용어로 '노드(Node)'라고 한다. 노드는 네트워크에 연결된 컴퓨터나 장비를 의미하는데, 같은 맥락에서 P2P 시스템에서는 시스템의 일부로 참여한 컴퓨터를 의미한다.

P2P 시스템에서는 수많은 노드가 네트워크를 통해 연결되고 서로 메시지를 전달하면서 시스템을 운영하고 시스템의 일관성을 유지한다. 각각의 노드가 지닌 연산 능력과 저장 공간은 P2P 시스템의 일부로 사용되며, 그 혜택으로 노드는 P2P 시스템 내에서 동등한 기능과 권리를 갖게 된다. P2P 시스템에서 노드는 컴퓨터 자원의 공급자이자 소비자라고 볼 수 있다.

각각의 노드는 고유 주소를 가진다. 노드는 24시간 내내 P2P 시스템에 접속해 있을 수도 있지만, 전원이 꺼지거나 오류가 발생하는 등 여러 가지 이유로 접속이 단절될 수도 있다. 노드는 자신과 통신하는 다른 노드들의 리스트를 가지고 있으며 서로 메시지를 수고받는 방식으로 통신한다. 노드는 자신의 리스트에 있는 다른 노드가 연결 상태인지 아닌지 확인하기 위해 작은 메시지를 정기적으로 보내는데 상대방의 응답이 없으면 리스트에서 삭제한다.

새로운 컴퓨터가 P2P 시스템에 참여하는 경우를 생각해 보자. 새로운 컴퓨터는 먼저 네트워크의 한 노드에게 참여 요청을 한다. 그리고 그 노드가 응답하면 그 노드의 리스트에 추가된 후 P2P 시스템의 일부로 작동하기 시작한다. 이제 새로운 노드로 참여한 컴퓨터는 다른 노드들과 마찬가지로 자신이 통신할 노드들의 리스트를 계속 업데이트하면서 자신의 역할을 수행하게 된다.

이런 식으로 각각의 노드들은 통신이 가능한 다른 노드들을 계속 확인하면서 리스트를 갱신하며, 이러한 수많은 노드가 모여 컴퓨터 자원을 공유하면서 거대한 P2P 시스템이 형성된다.

블록체인의 세 가지 특성: 개방성, 익명성, 가용성

P2P 시스템으로 구현되는 블록체인은 다음과 같은 세 가지 특징을 가지는데, 이는 본래의 '순수한 블록체인'의 특성이며 변형된 블록체인의 경우에는 해당되지 않을 수 있다. 앞으로 특별한 표시를 하지 않으면 순수한 블록체인에 대한 내용이라고 보면 된다.

첫째, 블록체인은 '개방성(Openness)'을 가진다. 블록체인은 인터넷을 통해 연결된 누구에게나 개방되어 있으며 원한다면 누구든지 참여하고 사용할 수 있다.

둘째, 블록체인은 '익명성(Anonymity)'을 가진다. 블록체인은 소유자를 나타내는 식별자를 갖고 있지만, 그의 실명이나 개인정보를 보관하지는 않기 때문에 소유자가 실제로 누구인지 알 수 없다.

셋째, 블록체인은 높은 '가용성(Availability)'을 가진다. 가용성이란 서버, 네트워크, 애플리케이션 등이 정상적으로 사용 가능한 정도를 의미한다. 정상적인 사용 시간을 업타임(Uptime)이라고 하며 장애가 발생해 사용하지 못한 시간을 다운타임(Downtime)이라고 한다. 이 같은 개념을 바탕으로 가용성을 수식으로 표현하면 '가용성 = 업타임/전체 시간'이 된다. 여기에서 전체 시간은 업타임과 다운타임의 합계다.

블록체인에는 중앙 서버가 없기 때문에 서버의 다운이나 점검 등으로 인해 시스템이 중단되지 않는다. 모든 노드가 동시에 접속을 단절하지 않는 한 블록체인은 24시간 365일 쉬지 않고 가동된다.

지금까지 살펴본 내용은 블록체인의 모든 기술 요소에 대한 내용이 아니라 단지 P2P 시스템으로 본 블록체인의 특성에 대한 내용이다. 또한 블록체인에는 여러 변종이 있고, 그 종류에 따라 적용되는 P2P 시스템의 구체적 내용에도 차이가 존재한다.

블록체인에 사용되는 여러 기술 요소는 하루가 다르게 발전하고 있다. 하지만 여기에서 살펴본 기본적인 개념은 미래의 블록체인에서도 여전히 유효할 것이며, 중요한 기반 지식이 되어 앞으로 새로운 기술을 이해하는 데 분명히 도움이 될 것이다.

사례: 스트림스페이스, 프로젝트 우빈, UN 빌딩블록스

블록체인이 가진 '소유권 증명'이라는 기능과 'P2P 시스템'이라는 기술을 바탕으로 기존 대기업의 아성에 도전하는 사례도 속속 등장하고 있다. 이 같은 시도는 다양한 분야에서 발생하고 있는데, 그중 하나로 미디어 콘텐츠 서비스에 블록체인을 접목한 '스트림스페이스(StreamSpace)' 사례를 살펴보자.

북미에서 미디어 콘텐츠 서비스는 넷플릭스, 아마존, 애플 등과 같은 몇몇 거대 기업에 의해 지배되고 있는데 스트림스페이스는 탈중앙화를 시도하고 있다. 스트림스페이스는 사용자의 남는 네트워크 대역폭과 컴퓨터의 저장 공간을 활용하는 블록체인 기반의 '분산 콘텐츠 배포 플랫폼'이다.[1] 스트림스페이스는 블록체인을 통해 미디어 콘텐츠의 저작권을 관리하며, 사용자는 자기 컴퓨터의 저장 공간 중 일부를 스트림스페이스에 공유하고 그 대가로 콘텐츠 이용권을 받을 수 있다. 이를 통해 스트림스페이스는 인센티브를 제공하는 분산 네트워크에 의해 구동되는 거대한 콘텐츠 배포 생태계를 구축하려는 비전을 갖고 있다.

스트림스페이스 외에도 리노(Lino), 필릭소(Flixxo), 바이울리(Viuly) 등이 비슷한 컨셉의 프로젝트를 추진 중이며 이들은 모두 일종의 '분산화된 유튜브'를 꿈꾸고 있다고 볼 수 있다.

싱가포르는 블록체인 스타트업들에 대해 적극적으로 지원하는 동시에 정부 주도의 블록체인 시스템 구축을 강력하게 추진하고 있다. 싱가포르는 이 같은 인프라 조성을 통해 '글로벌 블록체인 허브'가 되려는 전략을 가진 대표적인 국가다.

싱가포르 정부는 블록체인 기반의 은행 간 결제 시스템을 구축하는 '프로젝트 우빈(Project Ubin)'을 진행하고 있다.[2] 프로젝트 우빈은 블록체인을 통해 금융 거래 및 금융 관련 각종 프로세스를 투명하고 탄력적이며 더 저렴한 비용으로 처리함으로써 궁극적으로 기존 금융 시스템보다 더 사용하기 쉽고 효율적인 대안을 개발하는 것을 목표로 한다.

프로젝트 우빈에는 싱가포르거래소(SGX: Singapore Exchange), 뱅크오브아메리카(Bank of America), 메릴린치(Merrill Lynch), 미쓰비시UFJ금융그룹(Mitsubishi UFJ Financial Group), 스탠다드차타드은행(Standard Chartered Bank), IBM, 마이크로소프트 등 여러 금융기관 및 IT 기업이 참여하고 있다. 프로젝트는 단계별로 진행되며 진행 과정에서 만들어진 보고서, 소스코드, 기술 문서 등이 계속 공개되고 있다.

UN 산하의 유엔세계식량계획(WFP: World Food Programme)은 '기아 없는 세상을 위한 블록체인(Blockchain for Zero Hunger)'이라는 슬로건을 내세우며 블록체인 기반의 기부 프로그램 '빌딩블록스(Building Blocks)'를 선보였다.[3]

지금까지 기부 수혜자들은 기부된 현금을 제공받기 위해서 은행이나 여타 금융 기관을 통해야만 했다. 그로 인해 각종 비용 증가 및 시간 지연, 재무적인 관리 오류, 개인정보 보호와 관련된 위험이 커지는 문제가 있었다. 가난한 사람들이 기부금 분배를 받기 위해서는 지역의 금융기관을 이용해야 하는데, 특히 부패 수준이 높은 국가에서는 기부금을 받아야 할 사람들에게 제대로 분배가 되지 않거나 개인정보가 유출되는 문제가 발생하기도 했다.

WFP는 인도주의적인 차원에서 기부 수혜자들에게 직접 현금을 송금하는 것이 보다 나은 배분 방법이면서 동시에 지역 경제에도 가장 효율적인 방법이라는 결정을 내렸다. 이를 위해 블록체인 기술을 이용함으로써 수혜자의 정보를 보호하고 재무적인 위험도 줄이면서 기존의 금융기관을 이용할 때보다 수수료를 최대 98퍼센트 절약할 수 있게 되었다.

CHAPTER 2

블록체인의 메커니즘: 블록체인은 어떻게 작동하는가?

블록체인은 사토시 나카모토(Satoshi Nakamoto)가 비트코인을 제안하면서 본격적으로 논의되기 시작한 개념이다. 그는 비트코인을 구현하는 기술로 블록체인을 이용했는데, 그가 공개한 논문에 담긴 핵심 주장은 크게 두 가지로, 1) P2P 시스템을 통해 전자거래를 제공하고 2) 암호 기술과 합의 메커니즘 기반의 검증을 통해 '신뢰기관(TTP: Trusted Third Party)'을 대체하자는 것이라고 볼 수 있다.

신뢰기관이란 거래 당사자들이 아닌 제3자로서 신뢰를 기반으로 중개, 인증, 증명, 관리 등을 제공하는 기관이다. 예를 들어 정부, 은행, 신용카드사, 신용평가회사, 페이팔(PayPal)과 같은 결제 대행업체 및 각종 중개사업자 등이 이에 포함된다.

블록체인의 작동 방식

이제부터는 블록체인이 신뢰기관 없이 어떻게 자산의 소유권을 증명하고 거래를 검증하는지 살펴보도록 하자. 신뢰기관 없이 작동하는 블록체인 방식을 이해하기 위해서, 먼저 기존의 신뢰기관이 거래에서 신뢰를 어떻게 보증하는지 그 방식을 살펴볼 필요가 있다.

예를 들어 살펴보면, 기존 방식에서는 사용자가 A은행에 계좌를 개설하고 돈을 입금하면 해당 작업이 A은행의 시스템에서 처리되고 관련 기록이 데이터베이스에 저장된다. 이때의 시스템과 데이터베이스는 A은행의 소유다. 이후에 사용자가 입출금을 하게 되면 A은행은 자신의 데이터베이스를 토대로 입출금 요구를 처리한 후 관련 내역을 저장하고 관리한다.

만일 데이터베이스를 유실하면 사용자의 기록이 사라지고 소유권을 증명할 수 없기 때문에 A은행은 데이터베이스의 관리 및 보안에 많은 노력을 기울인다. 우리는 그러한 은행의 시스템을 신뢰하기 때문에(또는 다른 대안이 없기 때문에) 은행에 돈을 맡긴 후 거래를 하고 수수료를 지불한다.

그렇다면 사용자가 다른 B은행을 이용하는 타인의 계좌로 계좌이체를 하는 경우에는 어떻게 처리될까? 우리나라의 경우 금융결제원이 운영하는 금융공동망을 통해 타행 간 거래가 이루어진다. 사용자가 A은행의 계좌에서 B은행의 계좌로 돈을 보내면 B은행은 A은행으로부터 넘겨받은 관련 데이터를 바탕으로 자신의 데이터베이스에 필요한 내용을 저장한다.

이처럼 A은행 계좌 정보, B은행 계좌 정보는 각각의 은행이 소유한 데이터베이스에 저장된다. 이것은 결국 A은행과 B은행이 신뢰기관의 역할을 맡고 있으며 계좌의 소유권을 증명하고 계좌이체를 처리하는 등 모든 거래의 '통제권'을 가진다는 의미다.

이러한 기존의 방식, 즉 신뢰기관을 믿고 자산의 소유권 관리를 맡기면서 거래가 이루어지고 그 유효성을 신뢰기관을 통해 보증하는 방식이 우리가 지금까지 이용해 온 방식이다. 이러한 방식은 현금 자산뿐만 아니라 증권, 채권, 부동산 등 모든 종류의 자산 관리 및 거래에 이용되고 있다. 지금까지 우리는 이러한 방식을 당연하게 생각하면서 이용해 왔으며 다른 방법에 대해서는 알지 못했다. 하지만 블록체인이 바로 그 '다른 방법'이다.

블록체인에서는 거래를 통제하는 중앙의 신뢰기관이 필요 없기 때문에 그로 인해 발생하는 복잡성과 수수료 또한 없다. 디지털 지갑에서 돈을 송금하면 블록체인 네트워크에 참여한 다수의 컴퓨터들이 거래의 유효성 검증에 참여해 처리가 이루어지게 되며, 해당 거래내역은 영구히 블록체인에 저장된다.

블록체인의 작동 방식에서 특히 주목할 만한 점은 블록체인 네트워크에 참여한 다수의 컴퓨터들이 '합의(Consensus)'라는 과정을 통해 결과를 도출한다는 사실이다. 블록체인에서는 중앙 서버가 존재하지 않기 때문에 중앙 서버가 교통정리를 할 수 없으며 그럴 필요도 없다. 여기에서 혹시라도 오해가 없도록 다시 한 번 말하자면, 지금 우리가 살펴보는 블록체인은 순수한 블록체인이다. 서버가 존재하는 변형된 블록체인도 있는데 일단 여기에서는 무시하도록 하자.

블록체인에서는 네트워크에 참여한 각각의 컴퓨터들이 각자 독립적으로 작동하며 서로 메시지를 주고받으면서 일관성 있고 정확한 결과물을 만들어 낸다. 하지만 블록체인 네트워크에 참여하는 컴퓨터들 중에는 악의적으로 참여하거나 오류가 발생하는 등의 결함을 가진 컴퓨터가 있을 수 있다. 그렇기 때문에 블록체인 네트워크에서 주고받는 메시지의 진위를 검증하는 일은 블록체인에서 몹시 중요한 작업이다. 블록체인에서는 네트워크의 컴퓨터들이 서로 협력해 메시지의 유효성을 검증한다.

블록체인에서는 다양한 종류의 자산 거래가 가능하다. 거래가 발생하면 참여한 컴퓨터들 간의 합의를 통해 거래내역이 일종의 데이터베이스 역할을 하는 '블록(Block)'에 모두 빠짐없이 저장된다. 블록은 데이터를 저장하는 공간이다. 블록체인의 종류에 따라 블록에 담기는 데이터 구조와 블록의 크기는 다 다르다. 예를 들어 비트코인은 기본적으로 하나의 블록에 평균 500여 건의 거래를 포함하고 있으며 블록의 평균적인 크기는 약 1메가바이트 정도다.

이제 블록체인이라는 명칭을 이해할 시간이다. 거래내역을 기록한 블록들이 서로 연결되면서 유일무이한 체인이 형성되기 때문에 블록체인이라는 명칭을 사용하게 된 것이다. 순서에 따라 서로 연결된 블록들은 이전 블록에 대한 유일무이한 지문을 포함한다. 이를 전문 용어로 '해시(Hash)'라고 하며 이는 암호 기술을 통해 생성한 값이다. 해시는 암호학에서 중요하게 다루는 개념 중 하나로, 해시 함수(Hash Function)를 이용하면 임의의 길이를 가진 데이터를 입력해 고정된 길이의 데이터 값을 출력할 수 있다. 이를 해시 값 또는 줄여서 해시라고 한다. 두 해시 값이 다르면 원래의 데이터도 다르다는 특성을 이용해 데이터를 검증한다.

블록체인에서 사용하는 여러 암호 기술은 상당히 전문적인 영역이라 여기에서 더 이상 구체적으로 설명하지는 않겠다. 일반 사용자 입장에서는 다양한 최신 암호 기술이 효과적으로 사용되고 있으며 이를 통해 블록체인 네트워크의 신뢰성과 보안이 이루어진다는 정도만 아는 것으로 충분하다.

블록체인에서는 자산의 소유권과 거래내역을 증명하기 위한 모든 데이터가 암호화되어 저장되며 또한 누구든지 블록체인에 데이터를 저장할 수 있다. 데이터는 블록체인 네트워크에 참여한 컴퓨터들의 저장소에 보관된다. 데이터를 저장한다는 관점에서 블록체인은 일종의 데이터베이스와 같은 역할을 수행한다.

그런데 기존의 데이터베이스에서는 언제든 데이터의 수정 및 삭제가 가능한 반면에, 블록체인에서는 데이터가 비가역적이고 영구적으로 보존되기 때문에 데이터의 조작을 막고 언제든지 투명하게 검증할 수 있다. 이것은 블록체인의 중요한 장점 중 하나이면서 때로는 단점이 되기도 한다.

정리하면 블록체인은 '신뢰성을 검증하는 메커니즘이자, 거래 프로세스이며, 모든 거래내역을 저장하는 데이터베이스'라고 볼 수 있다.

블록체인의 세 가지 유형: 퍼블릭, 프라이빗, 하이브리드

블록체인은 그 개방 정도에 따라 퍼블릭(Public, 공개형), 프라이빗(Private, 비공개형), 하이브리드(Hybrid 또는 Semi-Public, 반공개형) 블록체인의 세 가지 유형으로 구분할 수 있다.

퍼블릭 블록체인은 우리가 지금까지 살펴본 기본적이면서 순수한 블록체인으로, 누구든지 참여할 수 있는 완전히 개방된 형태의 블록체인이다. 반면에 프라이빗 블록체인은 특정한 목적을 위해 허가받은 참여자들만 참여하는 사적인 블록체인이다. 하이브리드 블록체인은 퍼블릭의 일부 속성과 프라이빗의 일부 속성을 갖는 복합적인 성격의 블록체인이다.

어떤 형태의 블록체인이 가장 좋다고 단언할 수는 없겠으나, 블록체인의 비전에 부합하는 것은 '퍼블릭 블록체인'이다. 퍼블릭 블록체인을 기본적인 형태로 보고, 특수한 목적이나 필요에 따라 퍼블릭 블록체인을 응용해 프라이빗이나 하이브리드를 만들어 운용할 수 있다고 생각하면 된다.

비트코인을 비롯해 우리가 알고 있는 대부분의 암호화폐는 퍼블릭 블록체인의 형태로 구현되어 있으며 최근 등장하는 블록체인 사례의 다수가 퍼블릭 블록체인이다. 퍼블릭 블록체인은 누구든지 참여할 수 있다는 장점이 있다. 하지만 그에 따라 많은 거래가 발생하고 그러한 거래들의 유효성을 검증하는 데 블록체인 네트워크에 상당한 부하가 발생하기 때문에 필요한 만큼의 충분한 처리 속도가 나오지 않을 수 있다. 물론 이러한 퍼블릭 블록체인의 성능 문제를 해결하기 위해 많은 전문가가 노력하고 있으며 가시적인 성과들이 나오고 있는 추세다.

프라이빗 블록체인은 특정 목적을 위해 허가받은 참여자들만 사용할 필요가 있으면서 좀 더 빠른 성능이 필요할 때 고려할 만한 형태다. 적지 않은 기업들이 기업 활동에 블록체인을 응용하기 위해 프라이빗 블록체인이나 절충안으로서 하이브리드 블록체인을 검토하고 있다.

사례: JP모간의 쿼럼, 알라스트리아 컨소시엄, 아르고

최근에는 블록체인 기술 확보를 위해 블록체인 스타트업에 투자하거나 아예 인수하는 기업이 늘고 있다. 비즈니스 개선에 얼마나 도움이 되는지 확인하기 위한 파일럿 프로젝트를 추진하거나 실제로 일부 분야에 블록체인 시스템을 구축해 운영하기도 한다.

금융기관 JP모간(J.P. Morgan)은 '쿼럼(Quorum)'이라는 엔터프라이즈 블록체인 솔루션을 선보였다. 쿼럼은 금융, 소매점, 물류, 부동산 등 다양한 산업에서 사용할 수 있는 개발용 블록체인 플랫폼으로, 실제 대규모의 비즈니스에 적용할 수 있는 거래 처리 속도와 처리량에 중점을 두어 초당 8,000건 이상의 거래 처리를 할 수 있도록 개발되었다.[4] 또한 기업의 요구사항에 부합하는 데이터 비밀 보장 및 확장성에 초점을 두어, 강력한 개인정보 보호와 클라우드 환경과의 손쉬운 통합을 제공한다. 따라서 이를 이용하면 대기업의 수준에 맞는 규모, 성능, 보안을 갖춘 블록체인을 구현할 수 있다.

'알라스트리아 컨소시엄(Alastria Consortium)'은 디지털 경제를 촉진시키기 위해 민간 부문, 공공기관, 학계가 공동으로 참여하는 블록체인 개발 모임이다. 스페인 시장에서 활동하는 기업들이 법적 효과가 있는 서비스를 지원받을 수 있도록 하는 공공 인프라 구축을 목표로 하기 때문에 수익모델을 고려하지 않고 시작되었다. 여기서 개발된 블록체인을 기반으로 서비스를 제공하여 시민과의 상호작용을 확대하고자 한다.

이처럼 블록체인이 공공의 이익을 위해 사용될 경우에는 블록체인을 마치 전기, 상하수도, 도시가스 등과 같은 인프라의 일종으로 간주할 수 있으며 앞으로 그렇게 될 가능성이 충분하다.

'아르고(Aergo)'는 홍콩에 본사를 둔 하이브리드 블록체인 플랫폼으로, 엔터프라이즈 시장을 대상으로 하고 있다. 특이한 점은 한국의 블록체인 전문 기업 블로코(Blocko)가 플랫폼 개발을 담당하고 있다는 사실이다.

아르고는 신분 인증, 지불 결제, 문서 관리, 사물인터넷 등 다양한 분야에서 사용할 수 있는 범용 블록체인 플랫폼을 추구한다. 특히 기업고객의 요구사항에 맞추어 프라이빗 블록체인과 퍼블릭 블록체인을 혼용하는 시스템을 구축할 수 있다는 점을 가장 큰 특징으로 강조한다. 기업고객은 프라이빗 블록체인이 제공하는 통제 및 성능상의 이점을 그대로 유지하면서 퍼블릭 블록체인을 통해 신뢰성을 강화할 수 있다.

아르고의 CEO 필 자마니(Phil Zamani)는 "1991년 리눅스(Linux)*가 등장한 이후 이를 이용해 지금의 소셜미디어, 안드로이드, 클라우드가 만들어진 것처럼 앞으로는 블록체인, 특히 하이브리드 블록체인이 주도하는 미래가 도래할 것이다"라고 밝혔다.[5]

---

* 가장 유명한 오픈소스 기반 운영체제로, 수많은 인터넷 서비스가 리눅스를 이용해 서버를 운용하고 있다. 안드로이드 운영체제도 리눅스를 수정하여 만들어졌다.

CHAPTER 3

블록체인과 암호화폐: 참여와 보상으로 이루어진 경제

블록체인에는 기술 및 비즈니스에 대한 다양한 내용이 담겨 있는데, 자세히 살펴보면 구현하는 데 사용되는 기술이 다양하고 비즈니스 응용 분야도 넓어서 간단히 설명하기가 곤란하다. 이것은 인터넷을 전혀 모르고 써 보지도 않은 사람에게 인터넷을 간단히 설명하기 어려운 것과 마찬가지다. 인터넷 안에는 많은 속성이 담겨 있으며 천의 얼굴로 우리에게 나타나기 때문이다. 블록체인이 바로 그렇다.

지금부터 블록체인의 다양한 모습 중에서 블록체인을 기반으로 구현된 암호화폐(Cryptocurrency)를 살펴보고, 블록체인과 암호화폐가 어떤 관계를 맺고 있는지 살펴보도록 하자.

암호화폐의 의미, 역할, 미래

암호화폐는 암호 기술을 기반으로 디자인되고 구현된 디지털 자산의 한 종류를 뜻하는 용어다. 원래는 이처럼 보다 넓은 의미의 개념이었으나 현재는 블록체인을 통해 생성되고 사용되는 디지털 화폐를 총칭하는 의미로 쓰이고 있다.

해외에서는 암호화폐라는 용어를 주로 사용하지만 국내에서는 가상화폐(Virtual Currency), 가상통화 등 다양한 용어가 같은 의미로 쓰이고 있다. 그런데 가상화폐는 인터넷에서 사용되는 게임머니, 사이버머니 등을 모두 포괄하는 개념이기 때문에 블록체인 기반의 암호화폐에 가상화폐라는 표현을 사용하는 것은 엄밀히 따지면 부적절한 측면이 있다고 볼 수 있다.

많은 사람이 블록체인과 암호화폐를 동일하게 생각하거나 또는 블록체인이라는 기술로 암호화폐를 만든다는 정도만 알고 있다. 하지만 블록체인과 암호화폐는 동의어가 아니다. 암호화폐를 운용하고 관리하는 것은 블록체인의 자연스러운 기능이자 여러 기능 중 하나일 뿐이다. 블록체인은 암호화폐만을 위한 기술이 아니다. 블록체인은 데이터 구조, 알고리즘, 통신 방법, 암호 기술 등 다양한 기술 요소가 포함된 복잡하고도 종합적인 기술 세트이며, 다양한 분야에 응용될 수 있다.

블록체인의 여러 응용 분야 중 암호화폐가 크게 부각된 이유는, 1)

가장 먼저 등장한데다 2) 이해하기가 상대적으로 수월하고 3) 돈과 관련되어 있기 때문이라고 볼 수 있다.

암호화폐를 이해하기 위해서는 먼저 블록체인을 시스템 구조의 관점에서 살펴볼 필요가 있다. 앞서 설명한 내용을 다시 한 번 간략히 정리하면 다음과 같다.

"블록체인은 네트워크에 참여하는 다수의 컴퓨터들이 중앙 서버 없이 서로 동등한 권한을 갖고서 협력하는 구조를 가진 P2P(Peer to Peer) 시스템이다. 블록체인에서는 네트워크에 참여한 컴퓨터들이 협력해 소유권과 거래의 유효성을 증명하고, 서로의 행위를 검증하면서 분쟁을 해결하고, 그러한 결과로 블록체인의 신뢰성을 확보한다."

그렇다면 블록체인 네트워크에 참여해서 자신의 컴퓨터 자원을 제공하는 사람들이 얻게 되는 이득은 과연 무엇일까? 왜 그들은 참여하는 것일까? 블록체인 네트워크에 참여한 보상으로 제공되는 것이 바로 암호화폐다.

암호화폐는 블록체인 네트워크에서 거래 검증에 성공한 참여자들에게 보상으로 제공되며 이러한 과정이 그 유명한 '채굴(Mining)'이다. 블록체인에서 데이터는 블록 단위로 저장되는데 블록을 만들기 위해서는 고도의 연산 작업을 해야 한다. 그러한 작업을 채굴이라고 표현하며 PC를 이용하거나 오직 특정 암호화폐를 채굴하기 위해 개발된 전용 채굴 장비를 이용하기도 한다.

블록체인은 합법적인 소유자만이 자산의 소유권에 접근하고 이전할 수 있도록 보장한다. 블록체인에 참여한 컴퓨터들은 각자 거래내역(Transaction)을 검증한다. 그런데 각각의 컴퓨터들이 데이터를 검증하는 과정에서 오류가 발생하거나 또는 악의적으로 잘못된 결과를 발생시키는 경우도 있을 수 있다. 이와 같은 문제점을 해결하기 위해 블록체인은 채굴이라는 보상 시스템을 갖추고서 보다 많은 이들이 검증에 참여하도록 유도하는 것이다.

채굴자가 많다는 의미는 그만큼 거래내역을 검증하는 참여자가 많다는 의미고, 거래내역을 검증하는 참여자가 많으면 많을수록 해킹은 그만큼 어려워지게 된다. 이처럼 채굴이라는 과정을 통해 채굴자는 자신의 기여도를 암호화폐로 보상받고 이를 시장에 팔 수 있다. 결국 채굴은 시장에 암호화폐를 공급하는 역할을 하게 된다. 또한 암호화폐는 거래시 발생하는 수수료 지불을 위한 결제 수단으로 이용되기도 한다.

그런데 만일 암호화폐의 시세가 폭락하여 채굴에 투자되는 비용(컴퓨터 자원, 전기료 등)이 암호화폐의 시세보다 더 높아지면 어떻게 될까? 그럴 경우 채굴자들은 자신들이 보유한 암호화폐를 시장에 판매하지 않는 식으로 암호화폐의 수급을 조정해 가격 방어에 나서기도 하고, 아무래도 채산성이 없다고 판단될 경우에는 채굴을 중단하기도 한다. 이는 마치 석유수출국기구(OPEC) 회원국이 유가 조절을 목적으로 감산하는 것과 유사하다고 볼 수 있다.

우리는 이와 같은 내용을 통해 블록체인에서는 신뢰성 확보라는 목표를 달성하기 위해서 거래내역 검증에 다수의 참여자가 필요하며, 그들이 참여할 동기부여로서 암호화폐가 활용되고 있다는 사실을 알 수 있다. 이처럼 암호화폐는 블록체인 네트워크의 성공적인 운용을 위한 경제적 인센티브이자 결제 수단으로서 중요한 촉매 역할을 수행하고 있다.

암호화폐가 블록체인 네트워크에서 생성되고 통용되는 것이 일반적인 블록체인의 모습이지만, 암호화폐가 반드시 블록체인의 필수 요소라고 볼 수는 없다. 암호화폐가 없는 블록체인도 존재할 수 있다. 하지만 그럴 경우 블록체인 검증에 참여한 이들에게 어떤 방식으로 보상을 제공할지, 그리고 수수료 지불은 어떤 방식으로 처리할지에 대한 이슈를 해결해야 한다. 만일 그런 이슈가 없다면, 그것은 명확한 목적을 가진 제한된 참여자만 이용하는 프라이빗 블록체인이거나 또는 블록체인의 비전을 충실히 구현하였다기보다는 그저 블록체인의 개념이나 기술 일부를 가져다 이용한 정도일 가능성이 높다.

암호화폐에 대해 부정적인 사람들의 주장 중 하나는 암호화폐가 단지 사이버상의 숫자에 불과할 뿐 본질적인 가치가 없다는 것이다. 이 말은 어떤 경우에는 맞고 어떤 경우에는 틀린 말이다. 특정 암호화폐의 가치는 그 암호화폐의 기반이 되는 블록체인과 연동되어 있다고 볼 수 있다. 예를 들어 A블록체인이 있고 A블록체인에서 통용되는 A´ 암호화폐가 있을 때 A´ 암호화폐는 A블록체인의 가치를 반영한다. 즉, A블록체인이 유용하면 A´ 암호화폐는 그만큼 가치가 있는 것이다. 반면에 A블록체인이 쓸모없는 것이라면 A´ 암호화폐도 마찬가지로 쓸모없는 것이다.

블록체인의 유용성과 가치가 충분히 검증되지 않은 상태에서 암호화폐에는 실제 가치가 아니라 사람들의 기대가 반영되고 때로는 거품으로 이어진다. 언젠가 블록체인의 가치가 검증되면 암호화폐도 그에 합당한 가치를 가지겠지만, 만일 블록체인이 가치 없는 것으로 판명되면 암호화폐는 0원이 될 수도 있다.

암호화폐에 대해 부정적인 사람들의 또 다른 주장은 암호화폐의 커다란 가격 변동성(Price Volatility) 때문에 화폐로서의 사용성이 떨어진다는 것이다. 가격 변동성이란 가격이 경제, 정치, 기업, 시장, 투자 환경 등 다양한 내·외부적 요인에 의해 움직이는 정도를 의미한다. 가격 변동성이 크다는 것은 다른 말로 가격의 상승폭과 하락폭이 크다는 뜻이다.

만일 암호화폐의 가격 변동성이 크다면 그만큼 미래가 불확실하기 때문이라고 볼 수 있다. 미래의 불확실성이 해소되고 사회 전반에 암호화폐가 안전하게 받아들여진다면 그에 따라 가격 변동성 문제도 해결될 것이다. 하지만 불확실성이 해소되기는커녕 오히려 커지고, 어느 시점에 이르러 암호화폐의 미래에 대한 사람들의 기대가 사라지면 암호화폐의 가치는 0원이 될 수도 있다.

비트코인과 알트코인들:
이더리움, 리플, 비트코인 캐시, 이오스

블록체인의 개념을 최초로 구현한 암호화폐는 비트코인(Bitcoin, 화폐단위는 BTC)이며, 그래서 비트코인은 여러 가지 기술적 결함이 있고 비즈니스 모델이 미비함에도 암호화폐의 대장으로 평가받고 있다. 이후 계속해서 새로운 암호화폐들이 만들어져 시장에는 무려 1,000여 개가 넘는 암호화폐가 등장했다. 여기에서 몇 가지 주요 암호화폐를 간단히 살펴보도록 하자.

원조 암호화폐인 비트코인을 제외한 모든 암호화폐를 총칭해서 알트코인(Alternative Coin)이라고 하는데 여러 알트코인 중에서 이더리움(Ethereum, ETH), 리플(Ripple, XRP), 비트코인 캐시(Bitcoin Cash, BCH), 이오스(EOSIO, EOS), 라이트코인(Litecoin, LTC), 대시(Dash, DASH) 등이 시장에서 주목받고 있는 암호화폐들이다.

비트코인은 이후에 등장한 암호화폐들과 비교할 때 특별한 장점은 갖고 있지 않지만, 블록체인 기반의 세계 최초 암호화폐라는 명성을 토대로 암호화폐의 대명사이자 일종의 브랜드가 되어 시장에서 가장 큰 영향력을 행사하고 있다. 하지만 초기의 블록체인 기술로 구현되어 있어 확장성에 한계를 갖고 있으며 성능상의 문제로 블록체인 네트워크에 과부하가 발생해 거래가 지연되는 현상이 발생하는 등 기술적으로는 여러 단점이 있다.

'이더리움'은 비트코인에서 사용된 블록체인 기술을 한층 발전시켜 단지 암호화폐뿐만 아니라 블록체인을 기반으로 다양한 애플리케이션을 구축하고 운용할 수 있도록 한 다용도의 블록체인 플랫폼이다. 이더리움은 높은 확장성과 활용성을 갖고 있으며 블록체인의 미래를 제시해 블록체인이 각광받는 데 큰 기여를 했다. 또한 이더리움을 시장에 공개하면서 택한 'ICO(Initial Coin Offering, 초기 코인 제공)'가 큰 성공을 거두면서 이후에 등장한 여러 알트코인의 ICO에도 지대한 영향을 미쳤다.

ICO란 암호화폐 개발업체가 투자금을 모금하기 위해 자사에서 개발한 암호화폐를 외부 투자자들에게 제공하고 투자금을 현금이나 다른 암호화폐로 받는 것이다. 기업 공개, 즉 기업의 주식을 주식시장에 등록해 거래할 수 있도록 하는 것을 뜻하는 IPO(Initial Public Offering)와 유사한 맥락에서 ICO를 암호화폐 공개 또는 암호화폐를 통한 자금 조달이라고 한다.

'리플'은 블록체인 기반의 글로벌 송금 시스템을 목표로 한다. 리플은 은행과 결제 서비스 제공업체들이 국가 간의 실시간 결제시 이용할 수 있는 수준의 신속한 결제 처리 능력 및 확장성을 갖추고 있나. 금융기관들은 리플을 이용해 전 세계로의 송금을 보나 빠르고 효율적으로 처리할 수 있으며 송금 비용도 절감할 수 있다.

리플은 일반적인 블록체인 기반 암호화폐와 달리 운영 주체를 맡고 있는 기업이 존재하며 채굴에 의존하지 않고 해당 기업이 암호화폐의 발행량을 조절하고 있다. 리플은 원래 2005년 리플페이(RipplePay)라는 명칭의 글로벌 송금 서비스를 개발하는 회사로 시작되었고 처음에는 블록체인이나 암호화폐와는 관련이 없었다. 그러던 2012년 비트코인의 영향을 받아 블록체인 기반의 암호화폐로 변신했다.

'비트코인 캐시'는 그 이름에서 알 수 있듯이 비트코인에서 '하드포크(Hard Fork)'되어 만들어진 암호화폐다. 하드포크란 기존 암호화폐를 새로운 블록체인으로 변경해 다른 종류의 암호화폐를 만드는 것을 가리키며, 일종의 가지치기를 통해 새로운 암호화폐가 탄생하는 것으로 이해하면 된다. 비트코인 캐시는 비트코인에 강한 영향력을 행사하던 채굴자들이 비트코인의 한계를 주장하며 만든 암호화폐다.

'이오스'는 여러 블록체인 전문가가 모여 설립한 블록닷원(Block.one)이라는 업체에서 개발한 암호화폐다. 이오스는 이더리움의 경쟁자라 불리는데 그 이유는 이더리움의 처리 속도 문제 및 높은 수수료 문제를 해결하기 위한 대안으로 등장했기 때문이다.

이오스는 1년에 걸친 ICO를 통해 총 40억 달러의 모금에 성공함으로써 암호화폐 역사상 가장 큰 ICO를 달성하기도 했다. 또한 이오스의 개발사 블록닷원은 페이팔의 창업자이자 유명 벤처 투자자인 피터 틸(Peter Thiel)로부터 투자를 유치해 주목받았다. 하지만 이오

스는 ICO 이후 기술 개발 지연, 해킹 등 여러 문제로 인해 구설수에
오르기도 했다.

　이처럼 비트코인 이후 등장한 여러 알트코인은 차별화를 위해 자
신만의 독특한 개성을 내세우고 있다. 또한 암호화폐마다 각기 다
른 기술 및 비즈니스의 전개에 따라 다양한 모습의 흥망성쇠가 나타
나고 있으며 암호화폐들의 시가총액과 거래량 또한 천차만별이다.
암호화폐라고 해서 다 같은 암호화폐가 아니다. 암호화폐의 미래는
단지 밝기만 한 것도 어둡기만 한 것도 아니며 모든 가능성이 열려
있다고 보는 것이 합리적일 것이다.

CHAPTER 4

스마트 컨트랙트와
분산형 애플리케이션은
어떻게 구현되는가?

비트코인이 블록체인 기술을 이용해 단지 암호화폐를 구현하는 것에 초점을 두고 있다면, 이후에 등장한 블록체인 기술은 한층 발전하여 '스마트 컨트랙트(Smart Contract, 또는 스마트 계약)'라는 기능을 지원한다. 스마트 컨트랙트는 일종의 디지털 계약서로서 블록체인의 가치를 한층 높이는 핵심 기능으로 주목받고 있다.

스마트 컨트랙트의 개념과 작동 원리

스마트 컨트랙트는 간단히 말해 일반적인 계약서의 역할을 블록체인을 통해 구현한 것이다. 스마트 컨트랙트를 이용하게 되면 컴퓨터 프로그램 형태로 프로그래밍된 계약 조건에 따라 조건이 충족되면 자동으로 계약을 수행하게 할 수 있다. 이러한 자동화된 특성을 통해 스마트 컨트랙트는 계약 조건을 강제하고 계약 조건이 제대로 준수되었는지 확인할 수 있도록 되어 있다.

블록체인에 포함되는
프로그램 코드 형태로
스마트 컨트랙트 작성

미리 정해진 조건에 따라
계약 자동 실행

계약 내용은 이해관계자들이
모두 투명하게 살펴볼 수 있으며
계약이 성립되면 분쟁의 여지가 없음

스마트 컨트랙트의 작동 방식

원래 스마트 컨트랙트라는 개념은 현재의 블록체인과는 별개로 1994년에 나온 것이지만, 그 당시에는 이를 구현하기에 적당한 기술이 없었다. 그러다가 블록체인 기술이 등장하고 2015년경 커다란 주목을 받은 이더리움(Ethereum)이 스마트 컨트랙트 기능을 본격적으로 제공하면서 이에 대한 관심이 크게 높아졌다. 이후 스마트 컨트랙트는 블록체인의 중요한 기능 중 하나로 평가받게 되었으며 이를 이용해 개발된 다양한 블록체인 기반 서비스들이 속속 등장하고 있는 추세다.

이더리움은 '오픈소스(Open Source)'로 만들어진 블록체인 플랫폼으로 스마트 컨트랙트를 핵심적인 기능 중 하나로 강조하고 있다. 참고로 오픈소스란 소프트웨어 개발자 또는 하드웨어 제작자의 권리를 지키면서 소스코드 및 관련 자료들을 누구나 열람하고 활용할 수 있도록 공개한 것이다.

스마트 컨트랙트를 기반으로 만들어진 애플리케이션을 '분산형 애플리케이션(Decentralized Application, 또는 탈중앙화 애플리케이션)'이라고 하며, 줄여서 '디앱(DApp, 또는 댑)'이라고 부른다. 이더리움 외에도 이오스(EOSIO), 네오(NEO) 등과 같은 여러 블록체인 플랫폼이 스마트 컨트랙트를 지원하고 있다.

분산형 애플리케이션과 달리, 중앙 서버의 통제를 받아 목표를 달성하는 애플리케이션을 '중앙집중형 애플리케이션(Centralized Application, 또는 중앙화 애플리케이션)'이라고 한다. 중앙 서버가 전체 시스템을 통제하는 방식에서는 서버의 데이터베이스에 정보가 저장되고 시스템의 운용을 서버가 관리한다. 하지만 순수한 블록체인에서는 중앙 서버가 존재하지 않으며 서버가 가졌던 신뢰 및 권한을 블록체인 네트워크에 참여하는 수많은 컴퓨터가 나누어 가진다.

블록체인에서는 중앙 서버가 존재하지 않는다고 표현했는데, 이는 다르게 말하면 블록체인에 참여한 각각의 컴퓨터들이 모두 서버의 역할을 수행하는 것과 마찬가지라고 볼 수 있다. 그런 구조로 인해 블록체인에서는 별도의 서버를 구축하고 관리할 필요가 없는 것이며, 결국 서버의 역할이 네트워크의 컴퓨터들에 분산되어 있다고 이해하면 된다.

블록체인에서는 네트워크에 참여한 다수의 컴퓨터들이 암호 기술에 기반한 증명을 통해 거래의 진위 여부와 완료 상태를 결정하고 블록체인에 영구히 저장한다. 블록체인은 이러한 기술적 구조를 통해 소유권 증명 및 이전 작업에 대한 높은 신뢰성을 제공하며 소유권 조작, 위조, 명의 도용 등에 있어서 안전하다. 이와 같은 맥락에서 스마트 컨트랙트에 기반한 디앱 또한 마찬가지로 네트워크에 연결된 다수의 컴퓨터들이 서로 상호작용하면서 공통의 목표를 달성하고 그 결과를 블록체인에 저장하는 방식으로 작동한다.

스마트 컨트랙트라는 용어 때문에 이것이 단지 계약서상의 계약 조건만을 대상으로 하는 것으로 오해할 수 있다. 하지만 스마트 컨트랙트를 이용하면 일반적인 업무 프로세스나 비즈니스 로직(Business Logic)도 프로그램으로 만들 수 있으며 업무용 애플리케이션뿐만 아니라 게임도 만들 수 있다. 참고로 IT 업계에서 비즈니스 로직은 업무와 관련된 데이터 처리를 수행하는 포괄적인 작업을 의미하는 용어다. 예를 들어 데이터베이스에서 데이터를 가져와 사용자 인터페이스에 표시하는 과정에서 데이터를 사용자가 원하는 형식으로 가공하는 것도 이에 해당된다.

스마트 컨트랙트를 구현하기 위해서는 각각의 블록체인 플랫폼이 지원하는 개발 방법과 프로그래밍 언어를 학습해야 하는데 이는 개발자의 영역이다. 앞으로 스마트 컨트랙트가 보다 대중화되면 웹 개발자나 모바일 앱 개발자처럼 디앱 개발자도 더욱 늘어나게 될 것이다. 블록체인의 미래 전망을 밝게 생각하는 많은 개발자가 블록체인 기반의 디앱을 개발하기 위해 노력하고 있으며 다양한 애플리케이션들을 선보이고 있다.

디앱은 개발자가 프로그래밍을 통해 만들게 되지만 이를 이용하는 것은 사용자다. 일반 사용자의 입장에서는 다음의 사항만 기억하는 것으로 충분하다.

스마트 컨트랙트는, 1) 블록체인 네트워크에서 작동되는 일종의 프로그램으로 분산형 애플리케이션(디앱)의 형태로 만들어지며 2) 어떤 목표를 달성하기 위한 요구사항에 맞추어 개발자가 프로그래밍하고 3) 특정 상황에서 조건이 충족되면 자동으로 수행된다.

디앱의 세 가지 유형과 전망

현재 스마트 컨트랙트를 활용해 금융, 법률, 게임, 의료, 교육 등의 다양한 분야에서 디앱이 개발되고 있다. 스마트 컨트랙트로 구현되는 디앱의 유형은 크게 다음과 같은 세 가지로 구분할 수 있다.

첫째, 금전과 직접적으로 관련된 금융 애플리케이션이다. 계약 참여자들은 자신들의 계약 내용을 스마트 컨트랙트에 명확히 설정하고 관리할 수 있다. 전자지갑, 예금, 파생상품, 유언장 등이 이에 해당된다.

둘째, 금융과 관련성이 전혀 없는 애플리케이션이다. 대표 사례가 온라인 투표다. 디앱으로 온라인 투표를 구현할 경우, 중앙의 서버와 데이터베이스 없이 수많은 컴퓨터가 참여해 투표 내역을 검증하고 모든 기록이 블록체인에 저장된다. 그에 따라 안전한 투표가 가능하며 투표 조작이 불가능하다.

셋째, 금전이 관여되어 있지만 상당 부분 비금융적인 면이 존재하는 계약 애플리케이션이다. 예를 들어 어려운 문제의 해결책을 제공할 경우 자동적으로 포상금을 지급하는 애플리케이션이 이에 해당된다.

스위스의 '추크(Zug)주'는 유럽에서 블록체인을 가장 활발히 이용하는 지역 중 하나다. 추크주는 이미 암호화폐로 공공요금을 지불할 수 있도록 했으며, 이더리움 기반 스마트 컨트랙트로 시민들을 위한 디지털 아이디(Zug ID) 등록 애플리케이션을 제공하고 있다.[6]

또한 추크주는 블록체인 기반의 투표 시스템을 구축하고 테스트를 마쳤다. 추크주는 루체른응용과학대학교(Lucerne University of Applied Sciences) 및 소프트웨어 기업 룩소프트(Luxoft)와 제휴해 유연한 블록체인 기반의 전자투표 시스템을 개발했다. 전자투표 시스템은 앞서 언급한 디지털 아이디 등록 애플리케이션과 연동되며 익명으로 투표할 수 있고 변조가 불가능하다. 또한 보안을 강화하고 데이터 손실 위험을 완화하는 구조로 만들어져 있다.

앞으로 블록체인을 기반으로 작동하는 디앱의 미래는 어떻게 전개될까? 역사가 반복되는 것처럼 IT 역사도 반복되는 측면이 있기 때문에 웹 초기의 경험을 이에 대입해서 생각해 볼 수 있다. 잘 알겠지만, 과거에 인터넷이 세상에 나온 후 콘텐츠 표현 방식 중 하나로 HTML과 이를 사용하는 웹이 등장했다. 이후 웹 기술은 끊임없이 진화했으며 웹 기술로 개발된 엄청나게 다양한 웹 서비스들이 시장에 선보였다. 치열한 경쟁이 벌어지면서 많은 웹 서비스가 실패했으며 살아남은 일부 웹 서비스들은 대중에게 큰 사랑을 받게 되었다.

이와 흡사한 맥락에서 앞으로 블록체인 기술이 확산되면 많은 기업이 블록체인에 기반한 다양한 디앱을 시장에 선보일 것이다. 하지만 모든 애플리케이션이 성공할 수는 없는 노릇이고 또 그럴 필요도 없다. 앞으로 시장에 선보인 많은 디앱이 실패하겠지만 일부는 성공해 주요 서비스로 자리잡고 상당한 수익을 올리게 될 것으로 전망된다.

디앱으로 구현되는 탈중앙화 거래소

디앱 정보사이트 디앱닷컴(Dapp.com)에서 분석한 바에 따르면, 여러 디앱 카테고리 중에서 '탈중앙화 거래소(DEX: Decentralized Exchange)'가 전체 거래량의 거의 40퍼센트를 차지해 사용빈도가 가장 높은 것으로 나타났다.[7] 많은 종류의 암호화폐가 시장에 등장하면서 암호화폐를 다른 암호화폐나 현금으로 교환하려는 사람들이 늘어났다. 이 같은 수요를 충족시키기 위해 암호화폐 거래소가 등장했으며 거래를 중개하고 수수료로 큰 수입을 올림으로써 블록체인

산업의 주요 수익 모델이 되었다.

그런데 블록체인의 핵심 특성이 탈중앙화임에도, 많은 수의 암호화폐 거래소는 '중앙집중형 거래소(CEX: Centralized Exchange, 또는 중앙화 거래소)'로 구현되었다. 즉, 특정 기업이 소유한 시스템을 기반으로 거래소가 구축된 것이다. 탈중앙화를 내세우는 암호화폐를 중앙집중형 거래소를 통해 거래한다는 것은 상당히 아이러니하면서도 유감스러운 일이 아닐 수 없다.

중앙집중형 거래소는 거래소를 이용하는 모든 사용자의 암호화폐 지갑을 자신의 독자적인 시스템을 통해 보관하고 있다. 그래서 사이버 범죄자들의 집중적인 표적이 되기 쉽다. 그로 인해 거래소가 해킹을 당하거나 거래소 내부자에 의한 사기, 횡령 등이 발생하게 되면 거래소를 이용하는 사용자들이 큰 피해를 당하게 된다.

실제로 해킹 사고로 인해 문을 닫은 거래소가 적지 않다. 해외에서는 '마운트곡스(Mt.Gox)' 사례가 대표적이며 국내에서도 코인빈, 유빗 등이 파산했다. 마운트곡스는 일본 도쿄에 기반을 둔 암호화폐 거래소로, 한때 전 세계 비트코인 거래의 70퍼센트 이상을 처리하는 세계 1위의 암호화폐 거래소로 성장했으나 2014년 해킹으로 약 65만 개의 비트코인을 도난당하는 사고가 발생하면서 파산을 선언했다.[8]

암호화폐가 아무리 안전한 블록체인 기술과 암호 기술로 구현되었다고 하더라도 중앙집중형 암호화폐 거래소가 문제였다. 중앙집중형 암호화폐 거래소는 블록체인 업계의 골칫거리다. 이더리움의

국내 암호화폐 거래소 코인빈의 파산 공지 [9]

공동 개발자이자 블록체인 업계의 유명인사 비탈릭 부테린(Vitalik Buterin)은 IT 미디어 〈테크크런치 *TechCrunch*〉와의 인터뷰에서 "중앙집중형 거래소들이 모두 지옥에서 불타 버렸으면 좋겠다"라고 노골적으로 말하기도 했다.[10]

중앙집중형 거래소에서 끊이지 않고 해킹·사기·횡령 사고가 발생함에 따라, 탈중앙화 거래소를 통해 보다 안전한 암호화폐 거래 환경을 만드는 것에 대한 관심이 높아졌다. 탈중앙화 거래소는 거래 매칭시 스마트 컨트랙트를 이용한다. 탈중앙화 거래소는 기존 중앙집중형 거래소와 달리 사용자의 암호화폐를 보관하지 않는다. 암호화폐는 사용자 개인 지갑에 보관하고 탈중앙화 거래소는 단지 순수하게 P2P 방식으로 거래가 이루어지도록 돕는다. 이러한 방식으로 인해 탈중앙화 거래소는, 1) 해킹 위험이 대폭 줄어들고 2) 수수료가 매우 낮은 편이며 3) 거래의 투명성이 제공된다는 장점이 있다.

반면에 탈중앙화 거래소는 중앙집중형 거래소와 비교해 그리 쾌적한 거래 환경을 제공하지는 않는다. 좀 더 구체적으로 살펴보면, 탈중앙화 거래소는, 1) 블록체인에 대한 지식이 부족한 사람이 지갑을 생성하고 관리하기에는 어려운 점이 있고 2) 처리 속도가 느린 편이고 3) 거래량이 많지 않다는 단점이 있다.

아직까지 중앙집중형 거래소 대비 탈중앙화 거래소의 숫자와 거래량은 현저하게 적은 편이지만 지속적으로 성장하는 추세고 기술도 발전하고 있어 미래가 기대된다고 볼 수 있다.

사례: 매터리움, 크립토키티, 아이덱스

'매터리움(Mattereum)'은 블록체인 네트워크의 디지털 자산과 실물 세계의 상품 및 서비스를 연결해 법적 계약의 이행을 지원하는 스마트 컨트랙트 프로젝트를 추진하고 있다. 매터리움은 블록체인 상의 스마트 컨트랙트를 통해 물리적 자산을 구매, 판매, 임대할 수 있도록 하고 분쟁도 해결한다.

매터리움은 특히 무역, 법률, 금융 분야에 초점을 둔다. 이를 통해 국가 간의 경계를 뛰어넘어 법적 구속력을 가지는 거래 자동화를 구현함으로써 이해관계자들이 법적 분쟁에서 보호받을 수 있도록 하는 것을 목표로 한다.[11]

'크립토키티(CryptoKitties)'는 스마트 컨트랙트 기반으로 만들어져 큰 화제가 된 디앱 게임이다. 크립토키티는 디지털 고양이를 육성해서 사고파는 게임으로, 고양이를 수집하고 다른 종과 교배해서 새로운 고양이를 만들고 이를 거래할 수 있다.

게임 내에서의 모든 거래는 이더리움 암호화폐를 통해 이루어진다. 게임이 출시된 이후 수백억 원에 달하는 거래가 이루어졌으며, 한때 이더리움 네트워크에서 발생한 전체 트래픽의 20퍼센트를 차지할 정도로 네트워크에 상당한 부하를 주어 이에 대한 논쟁이 일기도 했다.

유명한 디앱 게임, 크립토키티[12]

이더리움 기반의 탈중앙화 거래소 중 가장 유명한 곳으로 '아이덱스(IDEX)'와 '포크델타(ForkDelta)'를 꼽을 수 있다. 이들은 모두 이더리움 기반의 디앱으로 구동되고 있다. 특히 아이덱스는 실시간 거래 및 높은 트랜잭션 처리량을 지원하는 최초의 이더리움 스마트 컨트랙트 기반의 디앱이다.

아이덱스는 스마트 컨트랙트를 통해 서명된 거래를 이더리움에 제출할 권한을 갖고 있다. 이를 통해 거래가 처리되는 순서를 제어하면서 각 거래가 올바른 순서로 처리되고 완료되도록 한다. 아이덱스는 다른 탈중앙화 거래소들에 비해 사용자 친화적이라는 평가를 받고 있다.

아이덱스의 특징 중 하나는 암호화폐 하드웨어 지갑 '렛저나노

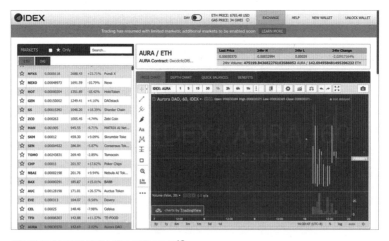

대표적인 탈중앙화 거래소이자 디앱, IDEX[13]

암호화폐 하드웨어 지갑, 렛저나노S [14]

S(Ledger Nano S)'를 이용할 수 있다는 점이다. 렛저나노S는 프랑스 사이버 보안기관 ANSSI에서 인증받은 하드웨어 지갑으로, 시장에서 가장 인기 있는 암호화폐 보안 지갑이다. 렛저나노S는 강력한 보안 칩을 탑재하고 있으며 비트코인, 이더리움을 포함해 1,100여 개 이상의 암호화폐를 지원한다.

CHAPTER 5

블록체인이 금융산업에
가져올 변화

금융이란 돈이 공급자(흑자 주체)**로부터** 수요자(적자 주체)에게로
이동하는 것을 의미한다. 돈은 모든 상품 및 서비스의 교환 수단으
로 사용되어 실물 경제에 미치는 영향이 막대할 뿐만 아니라 보이지
않는 가치를 저장하는 용도로도 사용된다. 이러한 금융이 산업으로
나타난 형태가 은행, 증권사, 카드사, 보험사 등이다.

앞으로 블록체인이 대부분의 산업에 상당한 영향을 미치게 될 것
으로 예상되는데 그중에서도 가장 큰 영향을 받게 될 산업이 바로
금융산업이다.

높은 투명성을 제공하는 '신뢰 기계'

블록체인의 여러 기능 중에서 가장 기본이자 핵심을 꼽자면 그것은 '자산의 소유권 및 거래내역을 기록하고 증명하는 것'이다. 여기에서 자산은 경제적 가치가 있는 유·무형의 재산을 의미하므로 자산 대신 가치라는 말을 사용해도 무방할 것이다. 블록체인을 이용하면 우리의 경제 시스템에서 통용되는 모든 종류의 가치를 다룰 수 있다. 블록체인을 통해 가치의 권리를 증명하고 가치를 주고받는 계약과 관련된 내용을 처리하고 검증하며 다양한 응용을 할 수 있다.

이제 모든 가치는 디지털 정보로 치환되어 가고 있다. 우리가 은행 계좌에 보관하거나 신용카드로 상품을 구매할 때 사용하는 것이 진짜 물리적인 돈은 아니다. 그것은 사실상 금융기관의 데이터베이스에 저장된 디지털 정보다. 금융기관은 그러한 디지털 정보를 보관하면서 돈을 매개로 거래하는 사람들을 이어 주는 중개자 역할로 수수료 수입을 올리고 있다.

소위 '블록체인주의자들(Blockchain Maximalists)'은 금융기관의 역할을 블록체인이 완전히 대체할 것이라는 과격한 주장을 펴기도 한다. 블록체인주의자란 블록체인이 금융산업 및 정부를 비롯한 모든 것을 대체할 것이라고 믿는 사람들로, '블록체인 과격주의자'라고도 한다. 블록체인주의자들은 이 세상에 블록체인화하지 못할 것이 없다고 믿으며 모든 것을 블록체인 위에 올려놓으려고 한다.

하지만 실제로 블록체인이 금융기관을 완전히 대체한다기보다는 적지 않은 변화를 가져올 가능성이 높다고 보는 것이 합리적일 것이다. 기존의 금융 거래가 권한을 부여받은 금융기관을 통해 거래의 신뢰성을 확보했다면, 블록체인에서는 권한이 네트워크에 참여하는 수많은 컴퓨터에 분산되어 동등한 권한을 가진 다수의 참여자들이 협력해서 거래의 신뢰성을 확보한다. 즉, 블록체인에서는 신뢰성을 확보하는 데 필요한 권한과 책임과 비용이 참여자들에게 분산되어 있다.

그런데 기존에 익숙한 금융기관을 이용하면 되는 것을 굳이 블록체인, 즉 네트워크상의 컴퓨터 연산을 통해 번거롭게 신뢰성을 확보할 필요가 있는지 의문을 제기하는 사람들도 있을 것이다. 이에 대해 준비된 답변은 '블록체인이 기존 방식보다 높은 수준의 신뢰성을 달성하고 사회적 비용의 절감을 가져올 수 있다'는 것이다.

영국 주간지 〈이코노미스트 *The Economist*〉는 블록체인의 본질을 간결하게 표현해 "신뢰 기계(The Trust Machine)"라는 제목의 커버스

토리를 게재하기도 했다.[15] 블록체인에서는 사람 대신 기계가 사회적 신뢰에 기반한 거래를 수행하고 보장한다는 점에서 핵심을 간파한 표현이라고 볼 수 있다.

사람들은 신뢰를 바탕으로 금융기관을 이용하지만, 사실 사람들이 금융기관을 100퍼센트 신뢰하는 것은 아니다. 금융기관들 간에도 서로

블록체인을 신뢰 기계로 다룬
〈이코노미스트〉의 표지[16]

를 완전히 신뢰하지는 않는다. 우리는 신뢰성 확보를 위해 사회적으로 엄청난 비용을 지불하고 있지만 신뢰는 여전히 부족하며 입증하기도 어렵다.

만일 블록체인이 대중화되면 신뢰를 달성하고 입증하는 비용이 대폭 절감될 것으로 전망된다. 블록체인은 모든 거래내역을 저장하고 있으며 검증이 가능한 구조이기 때문에, 현재 우리가 구글을 통해 정보를 검색하듯이 미래에는 블록체인을 통해 손쉽게 신뢰를 검색하고 입증할 수 있게 될 것이다.

게다가 블록체인의 작동 방식과 그 처리 과정은 투명하게 공개되어 있어서 기존에 금융기관을 이용하는 것과는 비교할 수 없을 정도로 '투명성(Transparency)'이 높다. 정부, 기업, 비영리단체, 개인 등 누군가의 윤리를 판단할 때 가장 중요한 잣대 중 하나가 바로 투명성이다. 신뢰는 투명성에 비례한다. 블록체인은 투명성의 극대화를 통해 신뢰성을 확보한다는 철학을 갖고 있다고 볼 수 있다.

근래 들어 모바일 혁명으로 인해 소비자들의 금융거래 패턴이 크게 달라졌으며 국내에서도 뒤늦게나마 인터넷은행이 출범해 인기를 끌면서 IT 기업과 금융기관의 경계가 모호해지고 있다. 이미 은행 점포들의 상당수가 문을 닫았으며, 앞으로 블록체인 기반의 금융 서비스가 확산되면 다시 한 번 소비자들의 금융거래 패턴에 큰 변화가 발생해 일부 금융기관은 아예 문을 닫을 수도 있다.

블록체인을 이용하면 지급결제, 송금, 주식거래, 투자, 대출, 무역금융 등 다양한 금융 서비스를 개선할 수 있다. 예를 들어 기업이 신규 사업에 진출하거나 스타트업이 투자를 필요로 하는 경우 블록체인 기반의 크라우드펀딩(Crowdfunding)*을 통해 투자금을 모을 수 있으며 또한 스마트 컨트랙트를 통해 계약을 자동화하고 투명하게 처리할 수 있다. 무역금융에서 블록체인을 이용하면 신용장, 선하증권 등의 거래장부를 사실상 조작하기 어렵기 때문에 무역 사기를 방지하는 데 큰 도움이 될 수 있다.

정리하면, 블록체인은 그 작동구조 자체에 신뢰 입증에 필요한 정보와 규칙을 포함하고 있어 금융기관의 개입 없이 거래를 완료하고 검증할 수 있다. 은행, 보험사, 자산운용사, 신용평가회사, 공증기관 등을 중심으로 구축된 경제 시스템 하에서 블록체인은 '파괴적 혁신을 위한 비전'을 갖고 있다고 볼 수 있다.

그렇다면 과연 블록체인이 전통적으로 당연하게 생각되어 왔던 비즈니스 관행들을 파괴하고 새로운 시대를 위한 새로운 시스템을 구축할 수 있을까? 그럴 가능성이 높다. 이미 변화는 진행되고 있다. 하지만 기존 금융기관들이 가만히 있는 것은 아니다. 금융기관들에게 블록체인이 상당한 위기 요인으로 작용할 것으로 전망되는 상황에서, 일부 금융기관에서는 오히려 이를 기회로 삼아 블록체인을 적극적으로 포용하고 활용하려는 움직임을 보이고 있기도 하다.

사실 금융산업은 오래된 비즈니스 관행이 많은데다 각종 규제의 영향을 많이 받으며 또한 정보시스템의 규모가 크기 때문에 여러 가

---

* 인터넷을 통해 다수의 개인으로부터 자금을 모으는 행위로, 투자 방식에 따라 지분투자, 대출, 후원, 기부 등으로 구분된다.

지 측면에서 혁신이 쉽지 않은 상당히 보수적인 산업이다. 하지만 블록체인이 정확히 금융산업을 타깃팅하고 있고 그 파급 효과가 클 것으로 전망되기에, 앞으로 금융산업의 여러 분야에서 블록체인으로 인한 변화와 논란이 계속 발생할 것으로 예상된다.

사례: 나스닥, R3, 골드만삭스

미국의 증권거래소 '나스닥(Nasdaq)'은 블록체인을 기반으로 운영되는 비상장주식 거래 플랫폼 '링크(Linq)'를 선보였다. 나스닥은 이를 통해 매매 체결까지 최대 수일이 걸리던 시간을 10분으로 단축했다. 또한 결제 위험을 상당 부분 감소시킬 수 있게 되었으며 자동화된 처리를 통해 수작업 및 다중 프로세스로 인한 위험과 관리 부담도 크게 줄이게 되었다고 밝혔다.[17]

금융 스타트업 'R3'는 금융 혁신을 모토로 시중은행, 중앙은행, 거래소, 자산운용사, 규제기관, 무역협회, 컨설팅 기업, IT 기업 등 100여 개 이상의 금융기관 및 다양한 기업이 참여하는 세계 최대 규모의 글로벌 블록체인 컨소시엄을 주도하고 있다. R3의 컨소시엄에는 시티그룹(Citigroup), 웰스파고(Wells Fargo), 중국평안그룹 등의 금융기관을 비롯해 액센추어(Accenture), KPMG, 마이크로소프트, 오라클, 아마존 등이 참여하고 있다. R3는 결제, 보험, 회사채 등 8개 금융 분야에 최적화된 블록체인 기술을 개발하기 위해 설립되었으며 뱅크오브아메리카(Bank of America), 크레디트스위스(Credit Suisse), 도이치뱅크(Deutsche Bank), ING그룹, HSBC, UBS, 인텔 등 40여 개가 넘은 기업들로부터 총 1억 달러 이상의 투자를 유치했다.

R3는 컨소시엄에서 시스템을 설계하고 기술을 개발하는 역할을 담당하고 있으며 비즈니스용으로 설계된 오픈소스 기반의 블록체인 플랫폼 '코다(Corda)'를 출시했다. R3는 개발자들이 코다를 손쉽게 이용

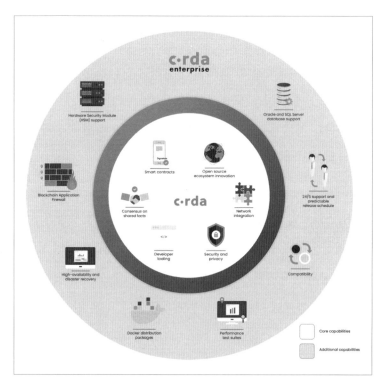

코다 플랫폼의 구성 요소들[18]

할 수 있도록 개발환경과 각종 문서, 샘플 코드 등을 공개하고 있다.

코다를 이용하면 금융기관이 원하는 수준의 엄격한 개인정보 보호 기준을 충족하는 거래를 상호 운용할 수 있는 블록체인 네트워크를 구축할 수 있다. 이를 통해 참여 기관들이 거래 및 기록에 드는 유지비용을 절감하고 비즈니스 운영을 간소화할 수 있도록 하는 것이 코다의 목표다.

'골드만삭스(Goldman Sachs)'는 거대 투자은행으로 잘 알려져 있는데, 한편으로는 이미 1만 명에 달하는 소프트웨어 개발자 및 IT 엔지니어가 근무하고 있어 가히 소프트웨어 기업이라고 해도 과언이 아닐 정도로 IT화된 금융기관이다. 골드만삭스는 금융의 미래가 소프트웨어에 있다고 판단하고 있으며 실제로 많은 투자를 하고 있다.

특히 골드만삭스는 블록체인에 가장 적극적인 기업 중 하나로, R3 컨소시엄의 창립 멤버로도 참여한 바 있다. 하지만 R3와 지분 투자에 대한 견해 차이로 R3 컨소시엄에서 탈퇴한 후 블록체인 스타트업들에 투자하면서 자체 연구 개발을 병행하고 있다.

골드만삭스는 블록체인 스타트업 '서클(Circle)'에도 투자했다. 서클은 블록체인을 기반으로 지급결제 서비스를 제공하는 업체로, 골드만삭스를 비롯해 중국투자공사(CICC), 바이두(Baidu) 등으로부터 투자를 유치했으며 유명 암호화폐 거래소 폴로닉스(Poloniex)를 인수한 기업이기도 하다.

CHAPTER 6

블록체인의 미래: 기술, 비즈니스, 법제도의 관점

<u>블록체인은</u> 1) 기술적인 측면에서 혁신적이고 미래지향적일 뿐만 아니라 2) 비즈니스 측면에서는 비즈니스 프로세스에 변화를 가져와 기업 경영에 상당한 영향을 미칠 것으로 예상되며 3) 법제도 측면에서는 블록체인을 통해 자동으로 이루어진 거래에 대해 어떠한 법적 보장을 적용할 것인가에 대한 여러 법적 쟁점을 갖고 있다고 볼 수 있다.

앞으로 블록체인은 상당 기간 동안 기술, 비즈니스, 법제도에 있어 전방위적으로 영향을 미치면서 다양한 이슈를 만들어 낼 것이다.

'메타 기술'로서의 블록체인

기술적인 관점에서 블록체인은 가히 여러 소프트웨어 기술의 집합체라고 볼 수 있다. 블록체인은 여러 기술로 구성되었을 뿐만 아니라 다른 기술을 만들어 내기도 한다. 블록체인처럼 기술을 만드는 기술을 전문 용어로 '메타 기술(Meta Technology)'이라고 한다. 영단어 메타(Meta)는 뒤에 따라오는 단어에 어떤 의미를 추가하거나 완성하는 개념으로 사용된다. 따라서 메타 기술은 '기술을 위한 기술'이라는 의미를 내포한다.

진취적인 개발자들이 블록체인에 열광하는 이유는 명백하다. 블록체인은 여러 신기술로 구성된 복합적인 기술이어서 개발자들의 흥미를 유발하는데다, 상상력을 발휘해 새로운 무언가를 만들어 낼 수 있는 탁월한 메타 기술이기 때문이다.

블록체인은 실제로 세상에 큰 변화를 가져올 수 있는 분산형 애플리케이션을 개발하고 운용할 수 있는 플랫폼이다. 블록체인에 사용되는 기술의 대부분은 오픈소스로 공개되어 있으므로 이를 학습해 누구라도 자신이 만들고 싶은 블록체인 기반의 애플리케이션을 개발할 수 있다.

사실 블록체인이 세상에 첫 선을 보였을 때 그 시작은 미약했고 관심을 갖는 사람은 극소수에 불과했다. 블록체인 개념이 구현된 첫 번째 사례인 비트코인의 경우, 처음에는 단 2대의 컴퓨터로 시작했다. 이후 '비트코인 코어(Bitcoin Core)'라 불리는 클라이언트 소프트웨어를 다운로드하고 설치해 비트코인 네트워크에 참여하는 이들이 하나둘씩 증가하기 시작했고, 수년이 흐르자 1만여 대 이상의 컴퓨터가 참여하는 거대한 P2P 시스템으로 성장했다.

그리고 비트코인의 성공에 자극을 받은 새로운 블록체인들이 속속 등장하기 시작했다. 이후 블록체인에서 사용되는 여러 기술 요소가 하루가 다르게 발전함에 따라, 이제 우리는 여러 분야에서 자신만의 차별성을 주장하는 다양한 개성의 블록체인들을 만날 수 있게되었다.

블록체인은 메타 기술이면서 한편으로는 또 다른 메타 기술인 인공지능(AI: Artificial Intelligence), 사물인터넷(IoT: Internet of Things) 등과도 융합된다. 블록체인을 이용하면 암호 기술을 통해 데이터를 안전하게 보관할 수 있기 때문에 금융 분야와 마찬가지로 민감한 정보를 다루는 의료 분야에서 블록체인에 대한 관심이 특히 높은 편이다.

예를 들어 질병과 관련된 데이터를 블록체인을 통해 관리하고 인공지능이 이를 활용해 정확한 진단을 내리도록 할 수 있다. 또한 인공지능이 결정을 내리는 과정을 블록체인을 통해 저장함으로써 인공지능이 오용되지 않도록 감시할 수 있으며, 문제가 발생한 경우모든 내역이 블록체인에 저장되어 있기 때문에 이를 이용해 투명하게 검증할 수 있다. 즉, 인공지능의 신뢰성을 확보하는 데 블록체인을 활용할 수 있는 것이다.

시장에는 블록체인을 과대평가하는 사람들도 있고 과소평가하는 사람들도 있다. 균형 잡힌 시각은 블록체인 기술이 시스템을 구축하는 데 있어 '선택 가능한 하나의 아키텍처(Architecture, 구조)'라고 보는 것이 아닐까 한다. 실제로 IT 업계의 선두 기업들은 그런 시각을 가지고 차근히 블록체인 시장에 접근하고 있다.

글로벌 클라우드(Cloud)*시장의 1위 사업자인 아마존은 '아마존 매니지드 블록체인(Amazon Managed Blockchain)'이라는 명칭의 블록체인 서비스를 선보였다.[19] 블록체인 네트워크를 구축하고 확장하는 것은 기술적인 측면에서 복잡하고 어려울 수밖에 없는데, 아마존 블록체인 서비스를 이용하면 클릭 몇 번만으로 확장 가능한 블록체인 네트워크를 간편하게 구축하고 관리할 수 있다.

아마존 블록체인 서비스의 특징은 이를 클라우드와 잘 연계해 놓았다는 것이다. 블록체인은 중앙 서버 없이 모든 참여자가 신뢰할 수 있는 거래를 할 수 있다는 본질적인 성격을 가진다. 그런데 블록체인은 중앙 서버가 없기 때문에, 서버를 중심으로 운영되는 클라우드와는 완전히 다른 구조다. 그래서 그간 블록체인과 클라우드는 구조적 측면에서 서로 상반된다는 인식이 강했다.

하지만 클라우드를 통해 블록체인 네트워크를 손쉽게 구축 및 관리하고, 또한 블록체인의 단점들을 클라우드를 통해 보완하면 어떨까? 아마존은 바로 그런 서비스를 선보였다. 아마존의 의도는 명백하다. 블록체인 기술을 이용해 시스템을 구축하려는 기업고객들이 자사의 서비스를 이용해 원하는 블록체인 시스템을 간편하게 구축

---

* 자세한 내용은 〈Part 3. 클라우드〉를 참고.

하고 관리할 수 있도록 지원하고, 이를 통해 지속적인 수익을 창출하려는 것이다.

글로벌 클라우드 시장의 2위 사업자인 마이크로소프트도 '애저 블록체인 개발도구(Azure Blockchain Development Kit)'를 출시한 후 지속적으로 블록체인 관련 서비스를 확대해 나가고 있다. 마이크로소프트는 아마존과 비슷한 시기에 아마존의 블록체인 서비스와 흡사한 '애저 블록체인 서비스(Azure Blockchain Service)'를 선보였다.[20] 애저 블록체인 서비스를 이용하면 규모에 상관없이 블록체인 네트워크를 손쉽게 구축, 관리, 확장할 수 있다. 마이크로소프트는 개발도구에 강점이 있는 기업이기 때문에 개발자들이 익숙한 기존 개발도구로 손쉽게 블록체인 애플리케이션을 개발할 수 있다는 점을 강조하고 있다.

아마존과 마이크로소프트가 선보인 것과 같이 클라우드를 이용해 블록체인 네트워크를 구축하고 관리하는 형태의 서비스를 업계에서는 'BaaS(Blockchain as a Service, 서비스형 블록체인)'라고 한다. 이처럼 거대 클라우드 업체들이 경쟁적으로 BaaS를 선보이고 이에 대해 기업고객들이 관심을 갖는 이유는 명백하다. 이를 통해 기업고객이 블록체인 네트워크를 구축하고 관리하는 데 들어가는 기술적 노력을 최소화하고, 대신 비즈니스 및 애플리케이션 개발에 집중할 수 있기 때문이다.

당신의 비즈니스에 블록체인이 적합한가?

비즈니스 관점에서 보면 블록체인은 중개자 없이 가치를 교환하는 시장이라고 볼 수 있다. 블록체인에서는 거래의 신뢰성을 보증하는 신뢰기관 없이 네트워크에 참여한 컴퓨터들 간의 합의 메커니즘, 거래의 투명성, 영구히 보존되는 거래내역을 통해 비즈니스에 신뢰성을 제공한다. 그렇기 때문에 기존에 신뢰기관 역할을 담당하던 여러 기업은 블록체인이 자신들의 존재를 위협하지 않을까 우려하면서, 한편으로는 블록체인을 활용해 자신들의 입지를 강화하는 길을 찾거나 새로운 생존 방법을 모색하고 있다.

블록체인이 제공하는 기술적 가치와 함께 고려되어야 하는 사항은 블록체인에 적합한 비즈니스 모델이다. 블록체인 기술을 도입하려는 기업이나 공공기관은 '블록체인 기술이 어떠한 비즈니스 모델과 결합해 얼마만큼의 경제적 파급 효과와 사회 변화를 가져올 것인가?' 하는 점에 대해 장기적인 측면에서 검토해야 한다.

앞으로 비즈니스에 블록체인이 본격적으로 활용되면 미래 사회는 어떻게 변화할까? 예를 들어 상품의 생산 및 유통 이력을 누구든지 손쉽게 검색하는 것이 가능해진다. 블록체인 기반으로 원재료 구매, 생산, 유통, 판매의 전 과정이 관리되면 상품이 생산되어 소비자의 손에 도달할 때까지의 모든 내역이 자동으로 블록체인에 저장되며 원산지, 품질 등을 블록체인을 통해 보증할 수 있게 될 것이다. 이런 블록체인의 장점은 다양한 산업에 응용될 수 있다.

유의할 점은 블록체인이 모든 종류의 비즈니스 모델에 적합한 것은 아니라는 사실이다. 이 점을 특히 강조하고 싶다. 블록체인은 마술이 아니라 도구이며 블록체인이 적합한 분야에 블록체인을 적용하는 것이 중요하다.

어떤 경우에는 블록체인이 아니라 클라우드만 이용하거나, 상황에 따라서는 독자적인 서버와 전통적인 데이터베이스로 시스템을 구축하는 것이 더 바람직할 수도 있다. 또한 어떤 비즈니스 모델에 신뢰, 합의, 불변*이 요구되지 않는다면 그런 비즈니스 모델에는 블록체인이 반드시 필요하지는 않을 가능성이 크다고 봐야 한다.

그러므로 구현하려는 비즈니스 모델에 블록체인이 적합한지 정확히 따져 보지 않은 채 유행에 편승해 블록체인을 도입한다면 이후 발생할 잘못된 결과를 감수해야 할 것이다. 블록체인은 새롭고 획기적인 방법이긴 하지만, 선택 가능한 여러 방법 중 하나일 뿐 유일한 방법이 아니며 모든 경우에 정답이 될 수는 없다는 사실을 기억해야 한다. 현재 여러 기업이 블록체인 프로젝트를 속속 선보이고 있는데, 앞으로 블록체인이 시장에서 받아들여지는 과정 속에서 적지 않은 블록체인 프로젝트들이 실패할 것으로 예상된다.

모든 신기술이 등장 초기에는 이를 제대로 이해하고 구현할 수 있는 인재가 부족해 유의미한 결과물을 만드는 데 상당한 어려움을 겪게 된다. 또한 비현실적이거나 너무 이상적인 비즈니스 모델로 사업을 추진한 나머지 실패하는 경우도 다수 발생하게 된다. 유행에 편

---

* 순수한 블록체인에서 한 번 저장된 데이터는 변경되거나 삭제될 수 없다.

승해 한몫 챙기려는 사기꾼들이 대거 등장해 시장이 혼탁해지기도
한다. 이런 현상은 멋진 신기술이 등장할 때마다 반복적으로 발생하
며 블록체인에서도 마찬가지다.

블록체인과 관련된 수많은 법적 쟁점

법제도 관점에서 보면 블록체인을 통해 자동으로 이루어진 거래
의 법적 보장과 관련된 수많은 법적 쟁점이 존재한다. 블록체인이
실제 비즈니스에서 활성화되고 경영 활동에 이용되기 위해서는 '감
사(Audit) 및 컴플라이언스(Compliance)' 요건이 충족되어야 한다.

컴플라이언스란 기업을 경영하는 데 있어서 자발적으로 법규 준
수, 준법 감시, 내부 통제 활동을 하는 것을 의미한다. 컴플라이언스
를 통해 기업은 경영상 발생할 수 있는 법률 리스크를 사전에 식별
하고 그것이 미칠 영향력을 최소화하기 위해 노력해야 한다. 기업의
경영 활동이 국제화되고 각국 정부의 규제 및 소송으로 인한 리스크
가 높아짐에 따라 컴플라이언스의 중요성이 점점 더 커지고 있는 추
세다.

앞으로 세계 각국 정부는 블록체인 기반의 거래를 법적으로 보장
함으로써 얻을 수 있는 사회적 효용에 대해 검토하고 이와 관련된
적절한 법과 제도를 마련해야 한다. 블록체인 기술이 나날이 발전하
며 변하고 있기 때문에 이에 대한 검토도 일회성이 아니라 기술의

발전에 따라 지속적으로 함께 이루어져야 한다. 무엇보다 블록체인에 대한 규제는 '블록체인의 본질적인 특성'을 반영해야 한다. 기존의 정부 규제는 국가와 지역을 보호하기 위한 조치인데, 블록체인은 글로벌을 추구하기 때문에 그러한 탈지역적인 특성을 충분히 고려할 필요가 있다.

또한 기존의 규제 방식에서는 권한과 책임을 가진 중개자나 신뢰 기관을 대상으로 규제 정책을 수립하고 규제 위반이 발생할 경우 해당 기관에 책임을 묻고 제재를 가하는 방식이었지만, 블록체인에서는 네트워크 참여자들에게 권한과 책임이 분산되어 있어 그러한 규제 방식이 적합하지 않다. 이 같은 내용을 고려하면 블록체인의 올바른 규제를 위해서는 우선적으로 '규제 패러다임의 혁신'이 반드시 필요하다는 사실을 알 수 있다.

블록체인과 관련된 수많은 법적 쟁점이 존재하는데 여기에서 그중 몇 가지만 살펴보면 다음과 같다.

- 블록체인에 보관된 데이터에 대한 지식재산권은 누구의 소유인가? 누군가 데이터의 파기를 법원에 청구한다면 그것을 받아들여야 하는가? 또한 실제로 데이터의 파기가 가능한가? 만일 가능하다면 그걸 누가 수행할 것인가?
- 블록체인 기반의 스마트 컨트랙트를 수행하는 프로그래밍된 코드에 오류가 있는 경우 이에 대해 누가 법적 책임을 질 것인가?
- 분쟁 당사자들이 여러 국가에 흩어져 있을 경우 어느 국가의 법

이 준거법(계약의 성립, 효력, 해석 등 법률문제에 적용되는 법)이 될 것인가?

– 블록체인 기반의 거래가 불법적이거나 반사회적일 경우 어떻게 거래를 중단시키고 어떤 제재를 가할 것인가? 또한 실제로 제재가 가능한가?

이처럼 블록체인은 기술, 비즈니스, 법제도 관점에서 여러 목표를 갖고 있지만 아직까지 여전히 많은 부분이 미흡한 상태다. 하지만 블록체인은 지금 이 시간에도 꾸준히 진화하고 있으며 많은 사람이 미흡한 부분의 해결을 위해 노력하고 있다.

블록체인은 만병통치약이 아니다

마지막으로 언급할 사항은 블록체인의 성공을 어렵게 하는 것에 대한 내용이다. 여기에는 여러 사회환경적인 요인과 더불어 기업 내부의 보수적인 조직문화, 전문가 부족, 기존 비즈니스 관행, 기존 시스템 등 수많은 장애 요인이 있다. 그러한 이유들로 인해 블록체인이 모든 조직에게 환상적인 결과를 제공하지는 못할 것이다. 블록체인을 이용해 만들어진 기술적 결과물과 비즈니스 성취는 각각의 조직이 가진 역량의 차이에 따라 극명하게 대비될 것으로 전망된다.

블록체인이 만병통치약은 아니지만 그렇다고 암호화폐가 블록체인의 전부도 아니다. 모든 시스템에 블록체인이 적합한 것은 아니지만 블록체인에 아주 잘 맞는 시스템도 있다. 냉정하고 합리적인 시각으로 접근해야 하는 것, 그것이 바로 블록체인이다.

PART 2

인공지능

모든 것을 압도하는 신기술

CHAPTER 1

딥러닝을 통한
인공지능의 새로운 도약

인공지능(AI: Artificial Intelligence)은 4차 산업혁명의 핵심 기술이자 앞으로 경제, 사회, 문화의 모든 측면에서 인류의 삶에 커다란 변화를 가져올 것으로 예상되는 기술이다. 이미 검색엔진, SNS, 포털 뉴스, 유튜브, 인터넷 광고 등 여러 인터넷 서비스에서 인공지능이 활발히 활용되고 있으며 시간이 흐를수록 그 중요성이 계속 커지고 있다.

미국 매사추세츠공과대학(이하 MIT)은 인공지능 전문 단과대를 설립하기로 결정하고 무려 10억 달러를 투자하기로 했다.[1] 또한 MIT 총장 라파엘 리프(Rafael Reif)는 인공지능이 '미래의 이중언어(The bilinguals of the future)'라면서 2019년 9월부터 이공계뿐만 아니라 전

교생에게 인공지능 교육을 실시하기로 결정했다.

인공지능의 중요성은 아무리 강조해도 지나치지 않을 정도다. 우리의 일상에서 알게 모르게 사용되는 인공지능의 기술적 핵심이 무엇인지, 엔지니어가 아닌 일반인의 관점에서 최대한 이해 가능한 수준으로 살펴보자.

인공지능의 발전 과정과 3차 인공지능 붐

인공지능은 이미 오래전인 1940년대에 '앨런 튜링(Alan Turing)'이 최초로 제시한 개념이다. 앨런 튜링은 모든 경우의 수를 계산하는 기계가 아니라 스스로 생각하고 학습하는 기계를 고안했는데 이는 현대적 의미의 인공지능과 정확히 일치한다. 앨런 튜링은 영화 〈이미테이션 게임 *The Imitation Game*〉(2014)으로 일반 대중에게도 알려진 인물로, '컴퓨터의 아버지'라고도 불리는 사람이다. 앨런 튜링은 컴퓨터 과학의 발전에 엄청난 공헌을 했으나 동성애로 처벌받은 후 자살로 삶을 마감한 비운의 천재적인 과학자다.

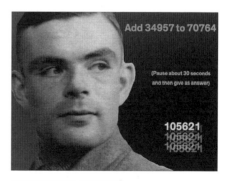

컴퓨터의 아버지, 앨런 튜링[2]

인공지능이라는 용어

는 1956년 미국 다트머스대학교에서 개최된 워크숍에서 처음 등장했다. 그 이후 인공지능은 지금까지 계속 연구되었지만 한편으로는 여러 가지 어려움에 봉착했다. 인공지능은 기술적인 측면에서 과거에 두 차례의 붐이 있었고 최근 세 번째 붐을 맞고 있다.

'1차 인공지능 붐'은 컴퓨터 초창기인 1950년대 후반부터 1960년대에 있었다. 그 당시의 인공지능은 '탐색·추론(Search and Inference)' 기법을 통해 문제를 해결하는 데 초점을 두었다. 탐색·추론 기법은 문제의 해답이 될 수 있는 집합을 공간으로 간주하고, 최적의 해결책을 찾기 위해 공간들을 체계적으로 찾아보는 기법이다.

탐색·추론 기법은 복잡한 인간의 사고 과정을 단순화해 기호로 표현하고 처리하려는 시도였다. 이 기법은 간단히 말해 모든 경우의 수를 나열해 해답을 찾아가는 방식인데, 단순한 문제 해결은 가능했지만 현실 세계의 복잡한 문제는 해결할 수 없었다. 결국 인공지능의 성능을 개선하는 데 있어서 탐색·추론 기법으로는 한계에 봉착하게 되었고 인공지능 연구는 빙하기를 맞게 된다.

'2차 인공지능 붐'은 1980년대에 있었다. 이 시기에는 주로 인간이 특정 분야의 전문적인 지식을 정리한 '지식 베이스(Knowledge Base)'를 컴퓨터에 제공하고 이를 기반으로 '전문가 시스템(Expert System)'을 구축해 특정 분야의 문제를 해결하려고 시도했다. 전문가 시스템이란 의료, 법률, 무역 등 특정 영역에 대해 전문가 수준의 해답을 제공하는 시스템을 의미한다.

그런데 이러한 방식에서는 인간이 방대하고 복잡한 지식을 수집하고 정리해야만 했기 때문에 이를 위해 상당한 비용과 시간이 필요했다. 또한 지식이 서로 상충되거나 모호한 경우도 적지 않았고 유지관리도 어려웠다. 인공지능 연구는 다시금 한계에 봉착하여 빙하기를 맞이하게 된다.

'3차 인공지능 붐'은 2000년대에 들어서 시작되었다. 인터넷이 대중화되고 이를 기반으로 방대한 데이터의 수집이 가능해지면서 컴퓨터가 데이터를 통해 학습하는 '머신러닝(Machine Learning, 또는 기계학습)'이 본격적으로 가능해졌다. 이러한 머신러닝을 검색엔진 사업에 적극 활용해 성공을 거둔 기업이 바로 구글이다.

데이터로 학습하는 머신러닝이 적지 않은 성과를 거두긴 했지만 여전히 어려운 난제는 존재했다. 머신러닝을 위해서는 컴퓨터가 주목해야 하는 '특징(Feature)'을 인간이 지정해 주어야 했다. 인공지능 기술에서의 특징이란 어떤 객체가 갖고 있는 고유의 분별 가능한 속성을 뜻하는데 예를 들면 색상, 길이, 무게 등과 같은 것들이다.

그런데 특징을 정확히 지정하기란 쉬운 일이 아니었고, 만일 적절하지 않은 특징을 지정하면 인공지능은 제대로 작동하지 않았다. 그러한 한계를 돌파하기 위해 등장한 기법이 바로 '딥러닝(Deep Learning)'이다.

딥러닝을 이용하기 전에는 데이터를 표현하는 특징을 인간이 추출해서 컴퓨터에게 제공해야 했다. 하지만 딥러닝에서는 컴퓨터 스

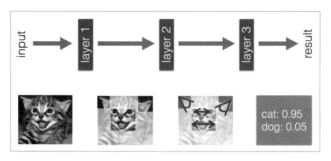

딥러닝이 고양이를 인식하는 과정[3]

스로 데이터를 바탕으로 특징을 추출한다. 예를 들어 고양이 사진을 인공지능에게 학습시킨다고 가정해 보자. 기존 머신러닝에서는 고양이 사진이 갖는 특징을 인간이 먼저 분석하고 분류해 컴퓨터가 인식할 수 있도록 설계해 주어야 했다. 하지만 딥러닝에서는 인간이 그러한 작업을 할 필요 없이 컴퓨터에게 수많은 고양이 사진을 제공하면 컴퓨터가 스스로 특징을 찾아낸다.

사실 딥러닝은 머신러닝을 효과적으로 수행하기 위한 하나의 기법이다. 즉, 머신러닝이 보다 큰 개념이고 그 안에 딥러닝이 존재하는 것이다. 하지만 딥러닝이 너무나 중요하기에 별도로 구분해서 언급하는 경우가 많다.

이처럼 최근 인공지능이 다시 각광을 받는 이유는 무엇보다 딥러닝이라는 기법을 통해 인공지능이 새로운 도약의 기회를 마련했기 때문이다.

인공지능의 기술 수준에 따른 네 가지 유형

현재 시장에는 인공지능이 탑재되었다고 주장하는 제품이나 서비스들이 많이 나와 있는데, 사용된 인공지능의 기술 수준에 따라 다음과 같은 네 가지 유형으로 구분할 수 있다.

- **유형1. 일반적인 소프트웨어에 불과한 인공지능**: 단지 특정 기능을 제공하는 평범한 소프트웨어 로직이 탑재되어 있을 뿐이어서 엄밀한 의미에서 인공지능이라고 하기 곤란하지만, 마케팅을 목적으로 인공지능이라고 주장하는 경우다.
- **유형2. 고전적인 인공지능**: 인공지능의 고전적인 기법인 탐색·추론, 지식 베이스 등이 적용된 경우다. 초보적인 인공지능으로서 아주 제한된 기능만 제공한다.
- **유형3. (딥러닝이 아닌) 머신러닝 기반의 인공지능**: 데이터를 이용해 지식을 학습하는 인공지능이다. 이미 이를 이용해 사업적 성과를 내고 있는 기업들이 적지 않다.
- **유형4. 딥러닝 기반의 인공지능**: 컴퓨터 스스로 데이터를 바탕으로 특징을 추출하고 이를 기반으로 학습을 강화하는 인공지능이다. 현 시점에서 가장 앞선 인공지능이며 이를 도입하는 기업이 점차 늘고 있는 추세다.

앞으로 딥러닝을 능가하는 새로운 인공지능 기술이 개발되면 새로운 유형이 추가될 수 있다. 인공지능이 딥러닝을 통해 새로운 전환점을 맞기는 했지만 여전히 현재의 인공지능 기술이 지닌 한계는 존재한다. 주어진 데이터 내에서 학습을 통해 최적의 해결책을 찾아낼 수는 있지만, 예외 처리에 취약하고 아직까지는 유연성이 떨어진다.

앞으로 탁월한 범용성을 가진 인공지능 기술이 등장하게 되면 다시 한 번 인공지능은 새로운 도약을 맞게 될 것이다.

사례: 구글, 페이스북, 바이두

세계 유수의 인터넷 기업들을 중심으로 인공지능과 최신 기법인 딥러닝에 대한 관심과 투자가 크게 늘고 있다. 인공지능 기술에 많은 투자를 하고 있는 대표적인 기업으로 구글과 페이스북을 꼽을 수 있다. 왜냐하면 두 기업의 핵심 수익원은 인터넷 광고인데, 광고 사업이야말로 인공지능 기술을 접목함으로써 수익성을 크게 개선할 수 있는 분야기 때문이다. 두 기업에게 있어 인공지능에 대한 투자는 단지 미래를 위한 연구개발이 아니라 당장의 매출 증대에도 기여할 수 있는 방법인 것이다. 같은 맥락에서 광고를 주수입원으로 삼고 있는 국내 기업 네이버, 카카오도 인공지능에 적극 투자하고 있다.

구글은 딥러닝 분야의 개척자이자 세계 일인자라 할 수 있는 캐나다 토론토대학교 교수인 '제프리 힌튼(Geoffrey Hinton)'의 회사

DNN리서치(DNNresearch)를 인수했다. 제프리 힌튼은 2012년 저명한 이미지 인식기술 경연대회인 ILSVRC(ImageNet Large Scale Visual Recognition Competition)에서 딥러닝 기술로 압도적인 우승을 차지해 학계를 깜짝 놀라게 했던 슈퍼비전(SuperVision) 팀을 이끈 사람으로, 2013년 구글에서 이 회사를 인수한 후 구글의 석좌연구원(Distinguished Researcher)이 되었다.

또한 구글은 '딥마인드(DeepMind)'를 6억 2,500만 달러에 인수했다. 딥마인드는 그 이름에서 알 수 있듯이 딥러닝에 기반한 인공지능 기술을 개발하는 기업으로, 구글에 인수된 이후 알파고(AlphaGo)를 통해 전 세계에 이름을 알렸다.

구글은 추가로 AI매터(AIMatter), 할리랩(Halli Labs), 캐글(Kaggle) 등 여러 인공지능 스타트업을 인수해 인공지능 경쟁력을 강화했다. 구글은 인공지능 기술을 검색엔진 개선, 이미지 분류, G메일 자동 답장, 광고 알고리즘 개선 등 여러 사업 분야에 적용해 실질적인 성과를 내고 있다.

페이스북은 딥러닝 개척자 중의 한 명인 뉴욕대학교 교수 '얀 르쿤(Yann LeCun)'을 영입해 세계 최대 규모의 인공지능 연구소(FAIR: Facebook AI Research)를 설립했다. 얀 르쿤의 지도교수였던 사람이 바로 앞서 언급한 제프리 힌튼이다.

페이스북은 인공지능을 이용해 실제로 사업에서 상당한 성과를 내고 있다. 페이스북의 인공지능은 광고를 자동으로 분류하고 광고 대상에게 가장 적절한 광고를 선별해 보여 줌으로써 광고 클릭률을 높이고 있으며, 광고가 적합하지 않은 일부 그룹에게는 아예 광고를 보여 주지 않기도 한다. 페이스북은 이 같은 광고 시스템을 기반으로 연간 60조 원이 넘는 매출을 올리고 있다.[4]

또한 페이스북은 딥러닝을 이용해 사진에 자동으로 태그를 붙이고 뉴스피드에 나타나는 콘텐츠를 선별한다. 사용자들은 페이스북에서 인공지능의 존재를 잘 느끼지 못하겠지만 페이스북은 인공지능 없이는 서비스를 할 수 없을 정도로 인공지능 기술을 많이 사용한다고 밝혔다.

페이스북이 인공지능을 직접적인 수익성 확보에만 사용하고 있는 것은 아니다. 인공지능을 이용해 사용자가 올린 글, 사진, 동영상 등의 콘텐츠에 담긴 자살에 대한 생각을 감지해 자살 징후를 파악하고 구조 단체에 도움을 요청하는 자살 방지 시스템을 선보이기도 했다. 그 외에도 가짜 뉴스를 선별하거나, 시각 장애인에게 음성으로 설명을 제공하는 등 여러 곳에서 인공지능을 사용하고 있다.

중국 최대의 검색엔진 기업 '바이두(Baidu)'는 중국 정부가 만든 국영 딥러닝 연구소를 주도할 기업으로 선정되었다. 바이두는 딥러닝을 집중적으로 연구하는 칭화대학교, 베이항대학교와 함께 팀을 구성해 중국 정부의 전폭적인 지원을 바탕으로 딥러닝 기술의 선두 주자가 되겠다는 야심을 갖고 있다. 바이두는 이미 수년 전부터 실리콘밸리에 인공지능 연구소를 설립해 핵심 인재를 영입하고 연구성과를 발표해 주목을 받아 왔다.

바이두의 인공지능 기술은 KFC, 베이징공항 등에서 사람의 얼굴을 인식하는 시스템에 활용되고 있으며 인공지능을 탑재한 로봇을 소매점에서 운용하고 있다. 바이두는 자사의 윈즈(云智)아카데미를 통해 3년간 인공지능 인재 10만 명을 양성하겠다고 밝히기도 했다.[5]

CHAPTER 2

인공지능 플랫폼과 애플리케이션에서의 치열한 경쟁

인공지능 기술 및 비즈니스를 제대로 파악하기 위해서는 무엇보다 먼저 인공지능이 지닌 '기반형 플랫폼'으로서의 특성을 이해할 필요가 있다. 기반형 플랫폼이란 간단히 말해 다양한 애플리케이션을 개발할 수 있는 개발환경을 제공하는 플랫폼을 의미한다.*

인공지능 플랫폼의 중요한 경쟁력은 '플랫폼으로서 인공지능 기능을 외부의 다양한 애플리케이션에 얼마나 탁월하고, 신속하고, 저렴하게 제공하는가'에 있다고 볼 수 있다.

---

* 플랫폼에 대한 자세한 내용은 도서 《플랫폼, 시장의 지배자》(코리아닷컴, 2016)를 참고.

엔터프라이즈 시장에 주력하는 IBM

최신 인공지능 플랫폼은 방대한 데이터를 통해 학습하는 구조를 지니고 있기 때문에 일반적으로 고성능의 클라우드 환경을 필요로 한다. 클라우드란 간단히 말해 자신의 컴퓨터가 아닌 인터넷에 연결된 다른 컴퓨터의 자원을 이용해 작업을 수행하는 것을 의미한다. 특히 다양한 애플리케이션을 구동해야 하는 '범용' 인공지능 플랫폼에 있어서는 고성능의 클라우드 환경이 필수적이다.

그렇기 때문에 그러한 클라우드 환경을 제공할 수 있으면서 높은 소프트웨어 역량을 갖춘 IBM, 구글, 아마존, 마이크로소프트, 페이스북, 알리바바, 바이두 등의 업체들이 인공지능 플랫폼 경쟁에서 유리한 상황이며 실제로 해당 업체들 위주로 시장 경쟁이 전개되고 있다.

인공지능 플랫폼의 선구자로 IBM의 '왓슨(Watson)'을 꼽을 수 있다. 특히 왓슨은 개인 사용자용 서비스보다는 기업용 서비스 제공에 초점을 두고 있다. IBM의 초대 CEO이자 회장인 토마스 왓슨(Thomas J. Watson)의 이름을 따서 만들어진 왓슨은 다른 인공지능 플랫폼들에 비해 비교적 오랜 역사를 갖고 있다.

1997년 IBM이 개발한 체스 컴퓨터 '딥블루(Deep Blue)'가 인간과의 체스 게임에서 승리한 후, IBM은 자연어로 된 질문을 이해하고 답변할 수 있는 인공지능을 개발하기 위해 딥QA(DeepQA) 프로젝트를 개시하게 된다. 이를 통해 만들어진 결과물이 왓슨이다. 왓슨은 2011년 유명 퀴즈쇼 〈제퍼디(Jeopardy!)〉에 도전해 세 번의 라운드로 진행된 인간 대표들과의 대결에서 압도적인 차이로 승리한 후 유명세를 치르게 된다. 이후에 등장한 구글의 알파고도 왓슨과 유사한 방식을 차용해 대중에게 알려지게 된다.

IBM은 2011년에 헬스케어 산업용으로 왓슨을 상업화하고, 2012년부터는 금융을 비롯한 모든 산업에서 왓슨을 활용할 수 있도록 본격적으로 플랫폼 비즈니스를 개시했다. 왓슨은 기본적으로, 1) 자연어 처리 기술을 통해 다양한 종류의 데이터를 분석하고 학습함으로써 인공지능을 향상시키고 2) 인간의 복잡한 질문을 이해할 수 있으며 3) 자신이 학습한 내용을 기반으로 답변하는 방식으로 작동한다.

IBM은 왓슨을 통해 기업고객을 대상으로 하는 엔터프라이즈 인공지능 플랫폼 사업에서 가장 선두를 달리고 있다. IBM은 '왓슨 개발자 클라우드(Watson Developer Cloud)'라는 명칭으로 다양한 왓슨 API(Application Programming Interface)를 제공하고 있으며, 이를 통해 클라우드상에서 왓슨을 이용하는 인공지능 애플리케이션을 손쉽게 만들고 실행할 수 있는 개발환경을 지원한다.

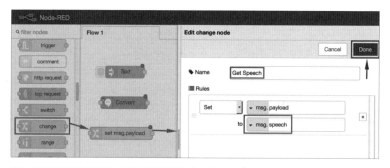

왓슨 API를 이용해 인공지능 애플리케이션을 개발하는 화면[6]

참고로 API란 운영체제나 클라우드와 같은 기반형 플랫폼에서 제공하는 기능을 제어하기 위해 만들어진 인터페이스를 의미한다. 서두에서 언급한 '다양한 애플리케이션을 개발할 수 있는 개발환경' 중 하나가 바로 API다. 개발자들은 애플리케이션을 개발할 때 API에 맞추어 프로그래밍을 하게 된다.

왓슨을 이용한 인공지능 애플리케이션은 헬스케어와 금융 분야에 상대적으로 많은 편이며 미디어, e커머스 등 여러 분야로 확대되고 있는 추세다. 왓슨은 1,500만 쪽이 넘는 의료 정보를 학습한 후 의료기관을 위한 진단 서비스를 제공하고 있다. 이미 왓슨은 미국, 중국, 인도, 한국, 캐나다, 일본 등 여러 국가의 의료기관에서 사용되고 있다. 왓슨이 진단한 내역은 인간 의사가 진단한 내역과 대부분 일치하는 것으로 밝혀졌으며 환자들도 왓슨의 진단에 높은 만족감을 표시하고 있는 것으로 나타났다.

아웃도어 브랜드 '노스페이스(The North Face)'는 왓슨을 활용해 고객에게 자사 상품을 추천하는 서비스를 선보였다. 고객의 성별, 착용할 지역, 기온 등을 입력하면 그에 적합한 재킷을 추천해 준다.

IBM은 유명 호텔 체인인 힐튼(Hilton)과 함께 공동 개발한 세계 최초의 왓슨 기반 호텔 컨시어지(Concierge) 로봇 '코니(Connie)'를 공개했다. 코니는 고객에게 인사를 하고 고객의 질문에 답하는 등 마치 인간처럼 고객을 응대하고 상호작용할 수 있는 능력을 갖추고 있다.

호주 멜버른에서 활동하는 패션 디자이너 '제이슨 그레치(Jason

왓슨 기반 노스페이스 상품 추천 서비스[7]

왓슨 기반의 로봇, 코니[8]

Grech)'는 IBM의 제안을 받아 새로운 제품을 만드는 데 왓슨을 사용했다. 왓슨은 패션 트렌드 및 소셜미디어의 콘텐츠를 통해 소비자 선호도를 분석하고, 또한 50만 장 이상의 패션쇼 런웨이 사진을 분석해 소비자가 좋아할 만한 정보를 제공했고 디자이너는 이를 바탕으로 옷을 만들었다.

IBM은 왓슨 기반의 '레그테크(RegTech)' 솔루션도 제공하고 있다. 레그테크는 규제(Regulation)와 기술(Technology)의 합성어로, 기술을 통해 금융업에 급증하는 규제 준수 요구에 효과적으로 대응하는 것을 목적으로 한다. IBM은 왓슨의 레그테크 강화를 위해 금융 데이터 분석 전문 기업 '아르만타(Armanta)'를 인수한 바 있다. 금융기관은 고객, 이해관계자, 정부의 신뢰를 얻기 위해 투명성을 제공하고 규제

왓슨의 지원을 받아 디자인된 패션 제품들[9]

를 준수해야 한다. 왓슨의 레그테크는 인공지능이 리스크 및 컴플라이언스에 대한 지식을 활용하여 적절한 감시와 통제가 이루어질 수 있도록 지원한다.

인공지능을 최우선으로 두고 있는 구글

인공지능을 구현하기 위해서는 고도의 소프트웨어 알고리즘과 더불어 대량의 데이터를 빠르게 처리하기 위한 하드웨어 성능 또한 몹시 중요하다. 그에 따라 'GPU(Graphics Processing Unit)' 제품으로 잘 알려진 엔비디아(Nvidia), AMD도 인공지능 분야에 적극 뛰어들고 있다.

GPU는 그래픽을 빠르게 처리하기 위해 빠른 메모리를 갖추고 그래픽 가속 기능을 위주로 설계된 장치다. GPU는 그 특성상 병렬 작업의 처리에 뛰어나기 때문에 이를 인공지능 연산에 이용함으로써 CPU(Central Processing Unit)를 이용할 때보다 수십 배 이상 빠르게 처리할 수 있다.

구글은 GPU를 활용하는 것에서 더 나아가 데이터 분석을 위한 인공지능 전용 연산 칩 'TPU(Tensor Processing Unit)'를 선보였다. TPU는 병렬 처리에 최적화되었다는 측면에서 GPU와 비슷하나 인공지능 연산에 더욱더 최적화되어 있어 훨씬 적은 하드웨어 및 전력 소모만으로도 탁월한 성능을 나타낸다. 구글의 TPU는 알파고와 이세돌의 대전에서도 활용된 바 있다.

구글은 자사가 개발한 TPU로 클라우드를 구축하고 이를 외부에 공개해 TPU 기반의 인공지능 클라우드를 외부 개발자들이 이용할 수 있도록 하고 있다. 앞으로 구글뿐만 아니라 여러 기업이 인공지능 전용 칩 및 하드웨어 개발에 나서면서 인공지능 연산을 보다 빠르게 처리하기 위한 치열한 주도권 경쟁이 벌어질 것으로 전망된다.

구글 CEO 선다 피차이(Sundar Pichai)는 2016년부터 '모바일 우선에서, 인공지능 우선으로(Mobile First to AI First)'라는 슬로건을 강조하며 인공지능을 경영의 최우선 요소로 꼽고 있다. 구글은 '텐서플로(TensorFlow)'라는 명칭의 오픈소스 소프트웨어 기반 딥러닝 프레임워크(Framework, 개발환경의 일종)를 공개했는데, 이는 현재 전 세계 개발자들에게 가장 인기 있는 오픈소스 인공지능 소프트웨어 중 하나다. 텐서플로를 이용하면 데이터 흐름(플로)의 연산을 효과적으로 수행할 수 있다. 이를 통해 여러 개의 인공지능 학습 모델을 구축하고 텍스트, 이미지 등 다양한 데이터를 손쉽게 처리할 수 있다.

구글의 TPU 보드 [10]

텐서플로를 이용해 사람과 사물을 인식하는 화면[11]

모든 기업이 인공지능의 원천 기술을 개발할 수는 없는 노릇이고 또 개발할 필요도 없다. 구글은 클라우드와 인공지능을 이용해 시장 경쟁력을 확보하려는 기업고객들을 위해 첫 번째 산업 솔루션으로 '소매(Retail) 솔루션'을 출시했다. 이를 통해 구글은 유통업체들에게 재고 관리, 마케팅, 가격 최적화 등에 활용할 수 있는 실시간 지능형 통계를 제공한다.

특히 구글의 소매 솔루션은 인공지능을 통해 고객의 행동을 바탕으로 하는 맞춤화된 제품 추천, 이미지 기반 검색, 대화형 거래 등을 손쉽게 할 수 있도록 지원한다. 또한 유통업에서 사용되는 POS(Point Of Sale), 키오스크(Kiosk), 디지털 사이니지(Signage) 등 안드로이드 및 크롬 기반 기기들과의 통합된 애플리케이션 개발도 지원한다.

알렉사 스킬로 앞서가는 아마존

아마존은 가상비서(Virtual Assistant) 서비스이자 인공지능 플랫폼을 지향하는 '알렉사(Alexa)'를 이용해 외부 개발자들이 다양한 애플리케이션을 개발할 수 있도록 관련 API를 공개하고 있다. 외부 개발자들은 알렉사 API를 이용해 사용자의 음성에 알렉사가 어떤 동작을 해야 하는가를 접목시키고, 그에 따른 적절한 기능과 음성 대화 능력을 자신의 제품에 간단히 통합할 수 있다.

알렉사는 외부 개발자들에 의해 그 기능이 사실상 무한대로 확장될 수 있도록 되어 있는데, 아마존은 이를 '알렉사 스킬(Alexa Skill)'이라고 표현한다(스마트폰 앱과 유사한 개념으로 이해하면 된다). 외부 개발자들이 만든 다양한 알렉사 스킬은 알렉사 스킬스 스토어(Alexa Skills Store)에서 확인할 수 있으며 사용자는 각각의 스킬 항목에 대해 사용 여부를 설정할 수 있다.

알렉사 스킬은 비즈니스 및 금융, 커뮤니케이션, 자동차, 교육, 음식, 게임, 헬스 및 피트니스, 영화 및 TV, 음악, 뉴스, 유머, 쇼핑, 스마트홈, 소셜, 스포츠, 여행 및 교통, 날씨 등 다양한 분야를 망라한다.

사용자는 알렉사의 기본 기능과 다양한 알렉사 스킬을 통해 물품이나 음식을 주문하고, 다양한 미디어의 뉴스를 듣고, 음악을 재생하고, 가정 내 조명이나 가전을 제어하고, 우버 차량을 부를 수 있다. 또한 알렉사에게 1만 2,000여 개에 달하는 칵테일 레시피를 묻거나, 주식 가격 및 거래량을 확인하거나, 자신의 은행 계좌 잔액이나 신

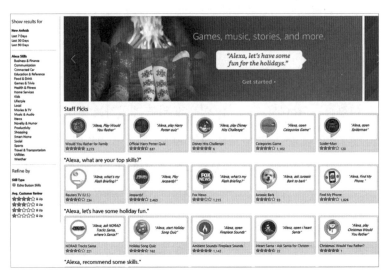

아마존의 알렉사 스킬스 스토어[12]

용카드 사용 내역을 알려 달라고 할 수도 있다. 생활의 활력이 필요할 때는 영감을 주는 여러 유명 강사의 자기계발 강의를 들을 수도 있다.

이런 류의 서비스 제공은 아마존이 최초이며 구글이나 국내 기업들 모두 아마존의 알렉사를 따라한 것이라고 볼 수 있다. 알렉사 스킬들은 모두 외부 개발업체들에 의해 자발적으로 만들어지고 있으며 매일매일 증가하고 있다. 아마존은 알렉사 생태계 확산을 위해 1억 달러 규모의 펀드를 조성한 후 스타트업들의 응모를 받기도 했다.

알렉사 스킬은 첫 등장 후 3년 만에 8만 개를 넘겼는데 이는 다른 경쟁 업체들과는 비교할 수 없을 정도로 압도적인 수치다. 이처럼 소비자 분야의 인공지능 플랫폼 경쟁에서 아마존이 앞서감에 따라 구글을 비롯한 주요 인터넷 기업들 대부분이 알렉사 스킬과 유사한 서비스를 선보였거나 추진 중이다.

인공지능 기업으로 변모하는 바이두

중국 기업들은 인공지능 분야에서 미국을 압도하겠다는 야심 만만한 비전을 갖고 있다. 그들 중 대표 주자라 할 수 있는 바이두 는 자율주행 플랫폼 '아폴로(Apollo)'와 함께 인공지능 플랫폼 '듀어 OS(DuerOS)'를 선보였다. 바이두는 듀어OS를 탑재한 로봇과 각종 스마트기기를 선보이면서 관련 사업에 적극 나서고 있다.

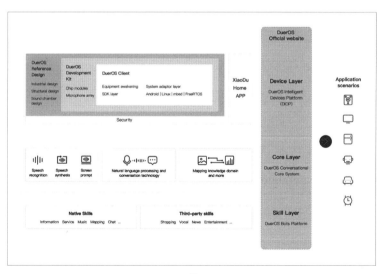

바이두의 인공지능 플랫폼 듀어OS의 아키텍처[13]

지금까지 살펴본 주요 기업의 행보에서 알 수 있듯이, 이제는 인공지능 플랫폼을 이용함으로써 개발자라면 누구든지 비교적 손쉽게 인공지능 애플리케이션을 만들 수 있는 시대가 도래했다. 물론 기존의 인공지능 플랫폼을 이용하지 않고 완전히 처음부터 독립적으로 인공지능 애플리케이션을 개발할 수도 있겠지만, 그럴 경우 많은 시간과 비용이 투자되어야 하고 높은 성능과 품질을 구현하는 것도 쉬운 일이 아니다.

이미 인공지능은 단품으로서의 기술 경쟁이 아니라 '플랫폼으로서 전 세계 개발자들을 얼마나 끌어 모을 수 있는가'의 생태계 경쟁으로 치닫고 있다. 인공지능 경쟁에서 승리하려는 기업은 플랫폼과 생태계라는 키워드를 잘 기억해야 할 것이다.

CHAPTER 3

가상비서:
사람과 대화하는 인공지능

일반 사용자가 인공지능을 직접 체감할 수 있는 대표적 사례로 '가상비서(Virtual Assistant)'를 꼽을 수 있다. 가상비서란 사용자가 요구하는 작업을 돕거나 직접 처리하고 사용자에게 특화된 맞춤 서비스를 제공하는 인공지능 소프트웨어를 의미한다. 가상비서는 문자 또는 음성으로 대화를 나누는 방식으로 작업을 처리한다.

가상비서의 작동 방식과 발전 방향

대표적인 가상비서 서비스로 애플의 시리(Siri), 구글의 구글어시스턴트(Google Assistant), 아마존의 알렉사(Alexa), 마이크로소프트의 코타나(Cortana) 등이 있다. 이들 중 알렉사에 대해서는 앞에서 살펴본 바 있다. 국내에서도 SK텔레콤, 네이버, 카카오 등이 가상비서를 선보인 상태다. 가상비서가 제공하는 세부 기능을 살펴보면 날씨 정보, 알람, 할 일 목록 등과 같은 기본적인 작업부터 음악·영화·TV프로그램 재생, 전자책 읽어 주기, 위급 상황에서의 구조 요청, 계좌 잔액 조회, 냉난방 장치 가동, 가전 제어 등 다양한 작업 처리가 가능하다.

가상비서의 구현에는 기본적으로 인공지능 기술을 바탕으로 사용자 인터페이스에 따라 음성인식, 자연어 이해, 컴퓨터비전(Computer Vision) 등 여러 기술이 복합적으로 활용된다. 컴퓨터비전은 컴퓨터가 카메라 등의 시각 센서를 통해 입력받은 영상 및 이미지를 분석하여 화면 내의 물체와 환경에 대한 정보를 생성하는 기술이다. 컴퓨터비전은 주변 물체와 환경을 인식하고 적절하게 대응하여 작동해야 하는 로봇, 드론, 자율주행자동차 등에서 필수적으로 활용된다.

인공지능은 다양한 형태의 서비스로 구현될 수 있는데 그중에서도 가상비서는 최종 사용자와 직접 상호작용을 한다는 측면에서 아주 중요한 서비스이자 사업적 가치가 높은 비즈니스라고 볼 수 있다. 가상비서와 사용자가 상호작용을 하는 방식은 인터페이스에 따라 크게 두 가지로 구분할 수 있다. 하나는 사용자가 문자를 타이핑해서 대화하는 채팅 방식이다. 이 방식을 이용하는 사용자는 모바일 메신저 또는 별도의 앱에서 가상비서와의 채팅을 통해 원하는 작업을 처리할 수 있다. 또 다른 하나는 음성 대화 방식이다. 예를 들어 안드로이드폰 사용자는 깨우기 단어인 "오케이, 구글(OK, Google)"로 구글어시스턴트를 불러 대화를 시작하고 원하는 작업을 처리할 수 있다.

사용자와 대화한다는 관점에서 가상비서는 '챗봇(Chatbot)'의 일종이라고 볼 수 있다. 사실 챗봇의 기본적인 개념은 1950년 앨런 튜링에 의해 제안되었고(역시 앨런 튜링이다), 1960년대에 이미 '엘리자(ELIZA)'와 같은 초기 단계의 챗봇이 등장하기도 했다. 하지만 초창기 챗봇은 인공지능이라기보다는 사용자가 질문을 하면 사전에 구축된 대화 데이터베이스에서 답변을 찾아 그대로 반응하는 수준에 불과해 실용성이 상당히 떨어졌다.

하지만 인공지능 기술의 발달로 머신러닝과 딥러닝을 통해 가상비서가 데이터를 기반으로 학습할 수 있게 됨으로써 과거와는 비교할 수 없을 정도로 똑똑한 가상비서를 이용할 수 있게 되었다. 물론 여전히 가상비서의 활용성에 제약이 있긴 하지만 앞으로는 진짜 비서처럼 알아서 비행기표를 예약하고 미팅 일정도 잡는 등 사용자가 원하는 대부분의 작업을 대신 처리하는 방향으로 진화해 나갈 것이다.

최근 많은 기업이 고객을 상대하는 서비스에 가상비서의 도입을 검토하고 있다. 그 이유는 무엇보다 가상비서를 이용해 비용을 절감하고 수익을 증대시킬 수 있기 때문이다. 기업 입장에서 가상비서의 활용성을 좀 더 구체적으로 살펴보면 다음과 같은 세 가지로 정리해 볼 수 있다.

첫째, 가상비서를 고객서비스 채널로 사용함으로써 관련 비용을 절감할 수 있다. 기존에 인간 상담사가 수행하던 각종 안내 및 문의에 대한 답변을 가상비서가 제공하는 것은 물론이고 주문 취소, 반품, 환불 등 구체적인 고객서비스도 처리할 수 있다.

둘째, 가상비서를 e커머스 채널로 사용함으로써 직접적으로 수익을 창출할 수 있다. 가상비서가 고객에게 상품에 대해 설명하고 문의에 대답하는 것뿐만 아니라 상품을 주문받고 결제까지 수행할 수 있다.

셋째, 가상비서를 마케팅 채널로 사용함으로써 일대일 맞춤 서비스를 제공해 고객에게 호의적인 느낌을 갖게 하여 결과적으로 '고객충성도(Customer Loyalty)'를 증대시킬 수 있다. 고객충성도는 단순히 고객의 만족도가 아니라 같은 기업의 제품 및 서비스를 지속적으로 이용하는 정도, 그리고 제3자에게 제품 및 서비스를 추천하는 정도 등을 종합적으로 판단해 산정한다.

가상비서가 사용자의 성격, 라이프스타일, 행동 패턴을 학습하고, 이를 기반으로 감성적이고도 개인화된 커뮤니케이션을 수행함으로써 사용자와 정서적인 유대관계를 형성할 수 있다. 물론 현재의 가상비서가 이러한 수준까지 도달한 상태는 아니지만 이러한 방향으로 발전하게 될 것이다. 장기적인 관점에서 인공지능의 가능성은 무한하다. 기술 개발이 수익으로 연결되는 한, 기업의 욕구는 끝끝내 모든 것을 이루어 낼 것이기 때문이다.

가상비서의 진정한 가치는 현재의 모습이 아니라 미래의 모습에 있다. 가상비서는 사용자와 일대일 대화를 수행하는데, 대화량이 증가하면 할수록 사용자를 더 잘 이해하고 그에 맞는 답변을 제공할 수 있게 된다.

앞으로 가상비서는 사용자와 대화를 나눈 이력을 모두 분석하고 학습하는 것은 물론이거니와, 사용자의 소셜미디어를 읽어 사용자가 어떤 생각을 하고 있는가를 파악하고(유튜브 시청 기록도 파악하여 사용자를 이해할 것이다), 신용카드 결제 내역을 통해 소비 패턴을 파악하고, 금융기관의 계좌 내역을 통해 재테크 현황도 파악하게 될 것이다.

그러한 각종 데이터와 맥락을 분석해 결과적으로 사용자의 습관, 취향, 캐릭터를 파악하고 그에 따라 사용자에게 최적화된 맞춤 답변을 제공하고 사용자가 선호하는 제품을 정확하게 추천할 것이다.

일상에서 필수품이 되어 가는 챗봇과 AI스피커

모바일 메신저를 기반으로 하는 챗봇은 페이스북을 비롯한 전 세계 주요 모바일 메신저 업체들이 상당한 관심을 가지는 분야다. 수많은 모바일 서비스 중에서도 모바일 메신저는 그 어떤 앱들보다 이용률이 높다. 모바일 메신저 업체들은 지속적으로 모바일 사업의 우위를 점유하고 새로운 수익원을 발굴하기 위해 챗봇에 주목하고 있다.

페이스북은 자사의 모바일 메신저를 기반으로 챗봇 서비스를 제공한다. 특히 페이스북은 챗봇 관련 개발환경을 공개하고 외부 개발자들이 이를 이용해 비교적 손쉽게 챗봇을 만들 수 있도록 지원한다. 이를 통해 각종 정보 제공, 상품 판매, 식당 예약, 항공권 예매, 금융 거래 등을 제공하는 다양한 챗봇들이 시장에 출시되어 있는 상태다.

예를 들어 페이스북 메신저를 기반으로 작동하는 '앱솔루트 보드카(Absolut Vodka)'의 챗봇은 고객에게 무료 음료를 마실 수 있는 레스토랑이나 바를 알려 주고 고객이 방문해서 사용할 수 있는 코드를 생성해 준다. 챗봇이 알려 준 레스토랑이나 바에 방문해 바텐더에게 코드를 보여 주면 보드카나 탄산음료를 무료로 마실 수 있다.

페이스북의 챗봇은 향후 보다 거대한 인공지능 플랫폼으로 발전

앱솔루트 보드카의 챗봇[14]

하거나 또는 거대 플랫폼의 일부로 통합될 것으로 예상된다. 페이스북의 CEO 마크 저커버그(Mark Zuckerberg)가 큰 관심을 갖고 있는 분야 중 하나가 완전한 개인 비서 역할을 수행하는 인공지능 플랫폼이다.

저커버거는 이와 관련해 일부 내용을 공개한 바 있는데, 가정 내 가전 및 각종 전자기계 장치들을 제어하는 데 페이스북의 인공지능 플랫폼을 이용할 수 있다면서 이를 위해서는 API가 필요하다고 강조했다.[15] 이를 통해 페이스북이 단순히 소셜미디어 세계가 아니라 오프라인 공간에서도 영향력을 행사하려는 야심을 갖고 있음을 잘 알수 있다.

페이스북 메신저와 거의 동일한 비즈니스 모델을 갖고 있는 텔레그램, 위챗, 카카오톡, 라인 등도 페이스북의 사업 전략을 따라가고 있다.

챗봇 스타트업 '오즐로(Ozlo)'의 인공지능은 단순한 예/아니오 식의 답변보다는 대답하기 어려운 질문을 이해하고 적절한 답변을 제공한다. 예를 들어 사용자가 챗봇에게 자신이 구매하려는 상품을 알려 주고 구매해도 괜찮은지 물어보면 인공지능이 해당 상품에 대한 여러 후기를 분석한 다음 추천 여부를 알려 준다. 오즐로는 2017년 페이스북에 인수되었으며 이후 대외 사업을 중단한 상태다.

해외에서는 챗봇을 손쉽게 생성해 주는 '챗봇 빌더(Chatbot

Builder)'서비스를 제공하거나 특정 분야의 지식을 갖춘 인공지능을 통해 특화된 서비스를 제공하면서 주목받은 스타트업이 다수 존재한다. 기업고객을 위해 챗봇 빌더 서비스를 제공하는 기업만 해도 컨버스AI(Converse AI), 풀스트링(PullString), 더봇플랫폼(The Bot Platform), 아바모(Avaamo) 등 여러 업체가 있다. 이들 업체는 나름의 기술력을 앞세우며 기업고객의 니즈에 맞추어 그들의 비즈니스에 최적화된 챗봇을 생성해 준다는 것을 강조한다. 그 외에도 챗봇 생태계에 참여하는 기업들이 계속 늘고 있으며 서로 치열하게 경쟁하고 협력하면서 생태계가 계속 확장되고 있다.

그중 하나인 챗봇 스타트업 '카시스토(Kasisto)'는 금융에 최적화된 서비스를 제공하는 데 초점을 두고 있다. 유망 스타트업 중 하나로 꼽히는 카시스토는 마스터카드, 커머스벤처스 등으로부터 투자를 유치했다. 카시스토는 여러 은행 및 신용카드사와 연동하여 잔액조회, 지출 내역 확인, 금융 관련 조언 등을 제공한다. 특히 카시스토는 챗봇 기술을 플랫폼화하여 KAI(Kasisto AI)라는 명칭으로 제공하

카시스토의 챗봇 플랫폼 아키텍처[16]

며 이를 이용해 외부 기관이나 개발자들이 손쉽게 응용 서비스를 개
발할 수 있도록 지원한다.

가상비서가 탑재된 대표적인 기기로 스마트폰과 함께 'AI스피커'
를 꼽을 수 있다. AI스피커는 스피커에 음성인식을 지원하는 가상비
서 서비스가 결합된 기기로, 해외에서는 주로 '스마트스피커(Smart
Speaker)'라는 용어를 사용한다.

AI스피커를 이용해 사용자가 가상비서에게 음성으로 명령을 내리
면 가상비서가 처리 결과를 음성으로 알려 준다. 시중에는 알렉사,
구글어시스턴트, 시리, 코타나 등이 탑재된 다양한 AI스피커가 출시
되어 있으며 SK텔레콤, 네이버, 카카오 등의 국내 기업들도 자사의
가상비서를 탑재한 AI스피커를 출시한 상태다.

업계 최초의 AI스피커는 아마존의 '에코(Echo)'이며 에코에는 알
렉사가 탑재되어 있다. 앞서 알렉사에는 알렉사 스킬이라는 일종의
인공지능 애플리케이션이 다수 존재한다고 언급했다. 비즈니스 및
금융 분야에만 2,000개가 넘는 스킬이 존재한다. 예를 들어 신용카
드의 최근 결제 내역을 확인하거나, 지난달 마트에서 얼마나 지출했
는지 확인하거나, 은행계좌의 잔고와 대출 마감일자를 확인하거나,
암호화폐 지갑에 있는 비트코인 금액을 확인하는 등의 다양한 금융
서비스를 음성으로 편하게 이용할 수 있다.

페이스북이 자사가 우위를 점하고 있는 메신저를 기반으로 챗봇
생태계를 만들어 나가는 것과 마찬가지로, 구글은 자사가 강점을 지

닌 안드로이드 운영체제와 음성인식 기술을 기반으로 구글어시스턴트 생태계를 확장해 나가고 있다. 구글어시스턴트는 안드로이드폰을 비롯해 AI스피커 구글홈(Google Home), 안드로이드웨어(Android Wear) 기반의 스마트워치, 구글의 메신저 앱 알로(Allo) 등에 탑재되었으며 다양한 기기로 계속 확대되고 있는 추세다.

앞으로 가상비서는 필수적인 서비스로 자리잡을 전망이다. 그렇지만 한편으로 가상비서가 제공하는 개인화는 다양한 소스에서 취합한 방대한 개인정보를 바탕으로 분석한 결과에서 나오는 것이기 때문에, 이 과정에서 발생할 수 있는 개인정보의 과도한 상업적 이용이나 오용, 해킹 등의 위험도 함께 고려해야만 한다. 모든 기술에는 빛과 그림자가 있으므로 신기술의 역기능을 최소화하기 위한 노력 또한 중요하다.

CHAPTER 4

소셜 로봇: 인공지능과 로봇의 결합

우리는 미디어에서 인공지능이나 로봇을 주제로 한 기사를 심심치 않게 만날 수 있다. 그런데 신문기사나 방송을 보면 인공지능이나 로봇을 혼동하거나 각각의 기술을 구분하지 않고 섞어서 설명하는 경우가 종종 있다. 하지만 기술적인 관점에서 인공지능과 로봇은 분명히 구분된다. 이를 인간에 비유하자면, 인공지능은 뇌에 해당되고 로봇은 신체에 해당된다고 볼 수 있다.

여기에서 인공지능과 로봇의 관계를 좀 더 구체적으로 살펴보고, 고도의 인공지능이 탑재된 소셜 로봇(Social Robot)의 내용과 사례를 정리해 보자.

소셜 로봇의 개념과 세 가지 특성

데이터를 기반으로 학습하고 이를 바탕으로 어떤 판단을 내리거나 정보를 정리하고 분석하는 등의 작업을 하는 인공지능이라면 굳이 인간의 신체에 해당하는 물리적 장치를 갖고 있을 필요가 없다. 예를 들면 금융 정보를 분석해 투자에 대한 조언을 하거나 의료 영상을 분석한 후 암 진단을 하는 인공지능이 바로 그런 경우에 해당된다.

바둑을 두는 인공지능의 경우에도 마찬가지다. 물론 인공지능이 스스로 제어할 수 있는 로봇 팔로 직접 바둑돌까지 놓는다면 그건 로봇 팔을 가진 인공지능, 또는 인공지능을 가진 로봇이라고 볼 수 있다. 인공지능 연구자들 중 일부는 필요에 의해 로봇도 함께 연구하고 있다. 마찬가지로 로봇 연구자들 중 일부는 좀 더 인간처럼 로봇을 구동하기 위해 인공지능을 함께 연구하고 있다. 물리적 장치를 갖고 있지 않은 인공지능은 소프트웨어 형태로만 존재하기에 눈에 보이지는 않지만 이미 검색엔진, 음성인식, 이미지 처리, 번역, 금융 투자 등 여러 분야에서 활용되고 있다.

얼마 전까지만 해도 로봇 산업의 대부분을 차지했던 제조용 로봇은 공장에서 정해진 작업만 단순하게 수행하면 되기에 인공지능이 아예 탑재되지 않거나 단순한 인공지능이 탑재되는 수준에 불과했다. 하지만 이제 가정용이나 비즈니스용으로 사용되는 '서비스 로봇(Service Robot)' 시장이 커짐에 따라 인공지능의 중요성이 더욱 증대되는 추세다.

서비스 로봇이란 무엇일까? 국제로봇연맹(IFR: International Federation of Robotics)에 따르면, 서비스 로봇은 공장에서 사용되는 제조용 로봇을 제외하고 인간을 위해 유용한 서비스를 제공하면서 동시에 자율성을 갖춘 로봇을 뜻한다.[17] 여기에서 말하는 자율성이란 인간이 매번 지시하지 않아도 정해진 환경 및 조건에 따라 자신의 임무를 자동적으로 수행한다는 의미다.

인공지능 기술과 로봇 기술은 개별적인 연구 분야이면서 한편으로는 밀접한 관계를 맺고 있다. 인공지능의 측면에서 볼 때 응용 분야의 확대를 위해 로봇이 필요하며, 로봇의 측면에서 볼 때 이제 인공지능은 로봇을 구성하는 핵심 요소가 되어 가고 있기 때문이다.

특히 '소셜 로봇'에서는 인공지능이 아주 중요한 역할을 차지한다. 소셜 로봇은 서비스 로봇의 일종으로, 사회적 행동에 대한 규칙을 학습하며 이를 기반으로 인간 또는 다른 로봇이나 인공지능과의 상호작용에 특화된 로봇을 의미한다.

소셜 로봇도 로봇이기 때문에 휴머노이드(Humanoid)까지는 아니더라도 인간의 신체에 해당하는 물리적 장치를 일부라도 갖추고 있을 필요가 있다. 휴머노이드란 인간과 유사한 모습을 하고 있으며 인간과 같은 인식 기능과 운동 기능을 갖춘 인간형 로봇을 의미한다. 휴머노이드는 인공지능 및 물리적 작동의 측면에서 최대한 인간에 근접한 로봇을 추구하는데, 이를 개발하기 위해서는 상당한 고난이도의 기술이 필요하다. 굳이 휴머노이드를 만드는 이유는 인간과 비숫한 모습을 갖추고 비슷하게 말함으로써 로봇에 대한 거부감을 줄이고 나아가서는 친근감을 느끼게 할 수 있기 때문이다.

소셜 로봇은 인간과 커뮤니케이션할 수 있는 능력을 갖추고서 대화를 통해 상호작용하며 자율적으로 작동한다. 이 과정에서 소셜 로봇은 사회적 상호작용의 맥락을 고려해 작동하는데, 이는 로봇 자신에게 부여된 사회적 가치와 규범을 준수하고 필요하면 인간 및 다른 로봇과 협력할 수도 있다는 의미다.

소셜 로봇의 중요한 특성을 좀 더 구체적으로 살펴보면 다음과 같은 세 가지로 정리해 볼 수 있다.

첫째, 소셜 로봇은 마치 인간처럼 사용자와 자연스럽게 대화를 나눈다. 소셜 로봇은 대화를 통해 사용자의 요구사항과 감정 상태를 파악하고 사람이 원하는 정보를 제공하거나 작업을 수행한다. 앞으로 소셜 로봇은 단지 명령을 수행하는 기계가 아니라 대화 상대로서 사람의 감정 상태를 파악하는 것은 물론이거니와 로봇 자신의 감정 상태도 사람에게 전달하는 식으로 정서적인 상호작용을 하게 될 것이다.

둘째, 소셜 로봇은 자율적으로 작동한다. 소셜 로봇은 사람이 명령을 내렸을 때만 작동하는 것이 아니라 로봇 자신에게 주어진 역할과 규칙에 따라 주변 환경을 인식하며 필요하다고 판단되면 자율적으로 행동을 수행한다. 또한 소셜 로봇은 인간뿐만 아니라 다른 로봇이나 인공지능과도 대화를 나누거나 통신하면서 상태를 파악하고, 명령을 내리거나 협력하면서 작동할 수 있다.

셋째, 소셜 로봇은 학습 능력을 통해 발전한다. 소셜 로봇은 머신러닝 및 딥러닝에 기반한 데이터 학습을 통해 지속적으로 지능이 향상된다. 소셜 로봇은 사용자와의 상호작용이나 자율적으로 작동하면서 얻은 데이터를 바탕으로 사용자에게 점점 더 최적화되고 자율성이 지속적으로 개선된다.

이러한 소셜 로봇의 특성이 아직까지 완전히 달성된 것은 아니지만 이러한 지향점을 향해 진화하고 있다고 생각하면 된다.

사례: 지보, 로보혼, 소타

'지보(Jibo)'는 인간과 교감하는 소셜 로봇으로서의 성격을 전면에 내세우고 있는 대표적인 로봇이다. 지보는 MIT 교수이자 MIT 미디어랩 이사인 신시아 브리질(Cynthia Breazeal)이 스타트업을 창업해 개발했다. 브리질 교수는 소셜 로봇의 선구자로 1990년대부터 키스멧(Kismet), 레오나르도(Leonardo), 넥시(Nexi) 등 초기 단계의 여러 소셜 로봇을 만들어 공개한 사람이다.

지보는 개발 초기에 유명 크라우드펀딩 사이트 인디고고(Indiegogo)를 통해 자금을 모금하면서 큰 인기를 끌어 화제가 되기도 했다.[18] 하지만 처음에 약속한 출시일을 1년 이상 넘겨 논란이 되기도 했는데, 제품을 출시한 이후 쓸 만하다는 평가를 받아 논란이 어느 정도 불식되었다.

신시아 브리질과 지보[19]

지보는 자신만의 개성
(Personality)을 갖추고서 음성
으로 사용자와 상호작용을 하
는데, 사용자에게 농담을 하
거나 기분에 따라 춤추듯이
움직이기도 한다. 지보에게
인터넷 라디오를 재생하게 하
거나 지보에 내장된 카메라를 이용해 사진을 찍어 달라고 할 수 있
으며 조명, 냉난방 장치 등의 제어를 요청할 수도 있다.

'로보혼(RoboHon)'은 일본 기업 샤프(Sharp)가 도쿄대학교 로봇공
학 연구진과 함께 만든 로봇으로, 스마트폰에 인공지능과 로봇을 결
합한 소셜 로봇이다. 국내 케이블TV의 예능 프로그램에서 연예인 아
유미가 집에서 사용하는 것으로 소개돼 알려지기도 했다. 로보혼의
키는 19.5cm, 무게는 390g이며 로보혼의 등에는 터치스크린이 달려
있고 얼굴에 장착된 프로젝터를 통해 사진, 지도, 동영상 등을 사용
자에게 보여 줄 수 있다.

로보혼은 사람의 얼굴과 음성을 인식해 주인을 알아본다. 로보혼
은 사용자와 음성으로 대화하면서 사용자의 상태와 감정을 감지해
적절한 반응을 보인다. 샤프는 로보혼에 인간에게 공감할 수 있는
엔진을 탑재했다고 밝혔다.

로보혼은 스마트폰의 기능을 모두 수행하기에 전화를 걸거나 받

을 수 있고 도착한 문자를 사용자에게 알려준다. 또한 로보혼은 보행이 가능하고 허리를 굽혀 인사할 수 있고 관절도 움직인다. 주인 부재 시 집에서 사람을 감지하면 사진을 촬영해 주인에게 보내는 집보기 기능도 수행하며 주인이 없을 때

스마트폰과 소셜 로봇의 결합, 로보혼[20]

자녀가 집에 오면 알려 주기도 한다. 샤프는 로보혼을 고객 응대, 다국어 안내 등 상업용으로도 제공할 것이라고 밝혔다.

'소타(Sota)'는 일본 기업 브이스톤(Vstone)과 통신업체 NTT가 선보인 소셜 로봇이다. 소타는 'Social Talker'의 줄임말로 사람의 대화 상대라는 의미에서 붙여진 이름이다. 소타는 마치 반려동물이나 동반자의 느낌을 갖도록 만들어졌다.

특히 소타는 노인 생활을 지원하는 데 초점을 둔다. 소타는 각종 센서를 통해 노인의 생활 상태를 파악하고 상황에 맞는 행동을 능동적으로 수행한다. 예를 들어 "약은 먹었나요?" 등과 같은 질문을 하고 노인과의 대화를 통해 건강 상태를 파악한 후, 이를 원격의 의료진에게 전달하여 의료진이 적절한 처방을 제공할 수 있도록 한다.

일본은 특히 소셜 로봇에 대한 관심이 높은 나라인데, 그 이유는 노인 인구가 크게 늘고 젊은이들이 결혼을 기피함에 따라 혼자 사는 가구의 비중이 높아지는 사회문화적인 요인 때문이다. 같은 맥락에서 한국에서도 앞으로 소셜 로봇에 대한 관심이 점차 증대될 것으로 예상된다.

아직까지 소셜 로봇은 제한된 상호작용만 가능한 수준으로 초기 단계에 불과하지만 많은 잠재력을 지니고 있다. 소셜 로봇은 앞으로 시간이 흐를수록 점점 더 인간과 비슷해져 갈 것이다. 소셜 로봇은 대화 상대, 놀이 상대로서 인간과 교감을 나누고 집사, 가정부와 같은 역할을 수행함으로써 인간을 도와주고 한편으로는 반려 로봇으로 자리잡게 될 것으로 전망된다.

CHAPTER 5

기업 경영에서 활용되는 인공지능의 모습은?

이제 인공지능은 모든 산업의 모든 기업에서 관심을 가져야 하는 기술이 되었다. 그 이유는 인공지능을 이용해 비즈니스와 업무 생산성을 크게 향상시킬 수 있기 때문인데 인공지능에 관심을 갖는 기업들은 크게 다음과 같은 세 가지 유형으로 나누어 생각해 볼 수 있다.

첫째, 고객을 상대하는 외부 비즈니스에 인공지능을 이용하는 기업이다. 둘째, 조직 내부에서 업무 생산성 향상을 위해 인공지능을 이용하는 기업이다. 셋째, 내·외부를 막론하고 기업 경영 전반에 인공지능을 도입하는 기업이다.

여기에서 기업 경영 전반에 인공지능을 도입하고 활용하기 위해 필요한 전략과 관련 사례들을 살펴보도록 하자.

CAIO와 인공지능 전담 조직

인공지능을 기업 경영에 도입하려는 기업은 일차적으로 자사의 비즈니스와 업무 방식에 적합한 인공지능 기술 전략을 고민하고 찾아야 한다. 무엇보다 비즈니스와 인공지능 기술의 올바른 융합을 위해서는 내부의 비즈니스 전문가와 협력해서 일할 수 있는 인공지능 전문가가 필수적이다.

최근 들어 'CAIO(Chief AI Officer)'라는 명칭으로 기업 내 인공지능을 책임지는 고위 임원을 선임하고 타부서와 유기적으로 협력하는 인공지능 전담 조직을 만들어 운영하는 기업들이 늘고 있다. 기존의 CTO(Chief Technology Officer)나 CIO(Chief Information Officer)는 IT 전문가일 수는 있지만 인공지능 전문가는 아니기 때문이다.

CAIO 산하의 인공지능 전담 조직에서는 데이터 과학자(Data Scientist), 머신러닝 엔지니어, 수학자, 애플리케이션 개발자 등이 함께 일하게 된다. 데이터 과학자는 방대한 규모의 다양한 데이터 속에서 특정 비즈니스 목표를 달성하는 데 도움을 주는 인사이트(Insight)를 찾아내기 위해 데이터를 체계화하고 분석하는 전문가로, 미래 최고의 직업 중 하나로 꼽히고 있다.

1885년에 설립된 캐나다의 TD뱅크(TD Bank, 토론토도미니온은행)는 캐나다에서 가장 큰 은행이다. TD뱅크그룹의 CAIO인 조던 제이콥스(Jordan Jacobs)는 원래 인공지능 스타트업 레이어6(Layer 6 AI)의 공동 창업자인데 회사가 TD뱅크그룹에 인수되면서 CAIO를 맡게 되었다. 그는 TD뱅크그룹의 CAIO로서 "고객이 은행과의 상호작용에서 느끼는 경험을 인공지능을 통해 개인화하는 데 집중하고 있다"고 밝혔다.[21]

인공지능의 활용: 데이터 분석, 사이버보안

기업이 인공지능을 활용해 성과를 낼 수 있는 대표적인 분야가 바로 '데이터 분석을 통한 데이터 가치의 극대화'다. 기업의 비즈니스에서 발생되는 데이터의 규모가 점점 더 방대해지고 데이터의 생성 속도가 빨라지고 있기 때문에 사람이 전체 데이터의 흐름과 관계를 파악해 데이터에서 숨겨진 가치를 찾아내기란 몹시 어려운 일이 되었다. 하지만 인공지능의 도움을 받아 데이터 분석을 하게 되면 데이터의 규모, 생성 속도, 복잡성, 관계 등에 상관없이 신속하게 데이터를 처리하고 분석할 수 있다.

데이터 분석 기업으로 유명한 'SAS'는 자사의 서비스에 머신러닝, 자연어 처리 등의 기술을 도입했다. 사용자는 분석하려는 데이터를 준비한 후 도구를 이용해 데이터를 시각적으로 탐색하고, 데이터 분석 모델을 구축하고, 분석 결과를 기존 시스템이나 비즈니스 프로세

SAS의 머신러닝 기반 데이터 분석 솔루션[22]

스에 통합할 수 있다. 이를 이용해 기업고객은 리스크 및 사기 평가, 고객 피드백 분석, 문제 조기 탐색 등 비즈니스에서 발생할 수 있는 복잡한 문제점을 보다 빨리 파악하고 신속하게 대응할 수 있다.

시장에는 인공지능 기술을 이용한 데이터 분석 시스템들이 속속 출시되고 있는데 최근에는 데이터베이스에 보관된 데이터뿐만 아니라 소위 '다크데이터(Dark Data)'까지 분석할 수 있는 시스템이 주목받고 있다. 다크데이터란 저장되어 있지만 분석에 활용되지 않는 텍스트, 이미지, 동영상 등의 비정형(Unstructured) 데이터를 의미한다. 기업의 비즈니스와 관련된 다크데이터가 급속히 늘고 있기 때문에 이에 대한 기업의 정보 통제 및 규제 요건을 충족하고, 나아가서는 이를 이용해 비즈니스를 개선하기 위한 관심이 커지고 있다.

데이터 분석 스타트업 '래티스데이터(Lattice Data)'는 인공지능을 이용한 다크데이터 분석을 전면에 내세워 업계에서 주목을 받았다.

래티스데이터는 다크데이터에서 숨겨진 가치를 찾아내 비즈니스의 효율성을 높여 주는 서비스를 제공했다. 하지만 2017년 애플에 2억 달러에 인수된 이후 대외 사업을 중단했다(지금은 홈페이지 접속도 되지 않는다). 이것은 애플이 인수한 스타트업들의 특징인데, 애플은 인수한 스타트업의 대외 사업을 중단하고 스타트업의 기술이 자사 제품에만 쓰이도록 하는 경향이 있다.

'캐글(Kaggle)'은 데이터 과학자들과 머신러닝 엔지니어들을 위한 커뮤니티이자 데이터 분석 플랫폼이다. 스타트업으로 시작했고, 2017년 구글에 인수되었다. 데이터 분석을 위해 외부 전문가의 도움이 필요한 기업은 캐글에 과제를 등록할 수 있다.

이처럼 캐글에는 경연(Competition)이라는 명칭으로 각종 데이터 분석 과제들이 등록되어 있다. 각각의 경연에는 상금이 걸려 있으며 등수에 들면 상금을 획득할 수 있다. 참가자들이 데이터 분석 모델을 만들어 제출하면 실시간으로 점수가 산정되며 순위표에 표시된다. 등록된 경연 중 하나를 살펴보면, 의료 진단 개선을 위한 이미지 분석을 목표로 하는 과제가 있는데 1등에게는 5만 달러의 상금과 시가 6만 9,000달러 상당의 인공지능 컴퓨터 시스템이 부상으로 수여된다. 해당 경연에는 엔비디아가 스폰서로 참여했다.

캐글에는 경연 외에도 정부, 의료기관, 게임업체 등으로부터 확보한 1만여 개 이상의 공개된 데이터세트(Dataset)가 등록되어 있다. 데이터세트는 통계적 목적이나 데이터 처리를 위해서 '데이터 구조와 특성의 정의를 기반으로 만들어진 데이터 집합'을 의미하며, 특정 실험이나 이벤트를 위해 밀접하게 관련된 데이터를 모아 둔 것을 의미하기도 한다. 사용자는 캐글의 데이터세트를 이용해 다양한 방식으로 머신러닝 모델을 만들어 데이터를 분석할 수 있으며 다른 사용자와 팀을 이루어 분석하거나 자신만의 데이터세트를 만들 수도 있다. 또한 클라우드에서 바로 코드를 작성해 실행하고 커뮤니티로부터 피드백을 받을 수도 있다.

다양한 산업 분야에 종사하는 수십만 명에 달하는 데이터 과학자들과 머신러닝 엔지니어들이 캐글을 이용하고 있는데, 특히 기업의 비즈니스 과제를 해결하기 위해 이들의 전문성을 '크라우드소싱(Crowdsourcing)'으로 활용할 수 있다는 점에서 의미가 있다. 참고로 크라우드소싱이란 '대중(Crowd)'과 '외부 자원 활용(Outsourcing)'의 합성어로, 기업 활동의 전부 또는 일부 과정을 대중이 참여할 수 있도록 개방하고 참여자의 기여로 기업 활동이 향상되면 참여자에게 혜택을 제공하는 모델을 뜻한다.

독일의 핀테크 스타트업 '크레디테크(Kreditech)'는 기존 은행의 거래 데이터뿐만 아니라 페이스북, 아마존, 이베이 등에서의 고객 행동 패턴을 인공지능으로 분석해 신용 평가에 반영한다. 이를 통해 고객에게 보다 높은 신용등급을 제공함으로써 큰 각광을 받았으며 IFC(International Finance Corporation), 라쿠텐 등으로부터 설립 5년 만에 총 5억 달러에 달하는 투자를 유치했다.

특히 인공지능과 금융의 융합은 인공지능의 여러 응용 분야 중에서 가장 인기 있는 분야로(기술이 돈과 결합되면 인기가 있을 수밖에 없다), 시장에서는 제스트파이낸스(ZestFinance), 업스타트(Upstart), 어펌(Affirm), 뉴메라이(Numerai) 등의 관련 스타트업들이 주목받고 있다. 특히 뉴메라이는 암호화폐와 블록체인 기술을 활용한 인공지능 헤지펀드를 구축하는 실험을 하고 있어 그 추이를 지켜볼 필요가 있다.

사이버보안(Cybersecurity) 분야에서도 인공지능의 중요성은 나날이 커지고 있다. 네트워크에 합류되는 기기들이 계속 늘어나고 생성되는 데이터의 양이 방대해짐에 따라 보안 위협이 커지고 있는데, 혹시라도 보안 문제가 발생하게 되면 기업의 입장에서는 비즈니스에 치명적인 손상을 입을 수 있기 때문이다.

'스쿼럴(Sqrrl)'은 인공지능 기술을 이용한 사이버보안 시스템을 제공한다. 특히 스쿼럴은 페이스북의 소셜그래프(Social Graph)와 유사한 형태의 '보안그래프(Security Graph)'를 생성하고 시각화해서 보여 준다. 소셜그래프란 페이스북과 같은 소셜미디어 서비스상에서 개개인을 점으로 표시하고 지인 관계를 선으로 표시하면 사람들 간의 사회적 관계를 나타내는 거대한 그래프가 만들어지는데 원래 이를 뜻하는 용어다. 최근에는 인터넷 사용자들 간의 지인 관계를 나타내는 것으로 의미가 확대되었다.

보안그래프는 이러한 소셜그래프와 유사한 개념에서 만들어진 것으로, 이를 통해 보안 관리자는 데이터들의 숨겨진 관계와 비일반

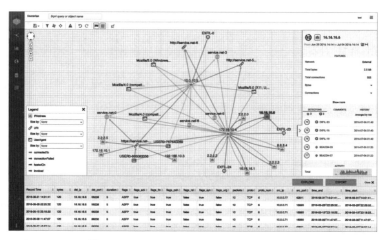

스쿼럴의 보안그래프[23]

적인 패턴을 발견하고 보안 위협의 맥락과 행위 내용을 파악할 수 있다. 스쿼럴은 이를 '위협 헌팅 플랫폼(Threat Hunting Platform)'이라고 부른다. 스쿼럴은 2018년 아마존에 의해 인수되었다.

또 다른 인공지능 기반의 보안 스타트업 '크라우드스트라이크(CrowdStrike)'는 특히 금융기관을 위한 서비스를 강조하고 있는데, 그것은 금융기관이 사이버 공격자들의 집중적인 범죄 대상인데다 엔드포인트(Endpoint, 네트워크의 최종 목적지를 뜻하며 일반적으로 사용자의 단말기)가 수만에서 수십만에 달해 고객 데이터의 보호가 점점 더 어려워지고 있기 때문이다.

크라우드스트라이크는 안티 바이러스 솔루션에 정교한 '머신러닝 기반의 악성코드(Malware, 악성 소프트웨어) 탐지' 기술을 탑재하고 있으며, 이를 통해 모든 엔드포인트에 대한 실시간 보호 및 탐지를 제공하고 사전에 위협 요소를 식별한다. 크라우드스트라이크는 설립 6년 만에 총 3억 달러에 가까운 투자를 유치할 정도로 높은 가치를 인정받았다.

크라우드스트라이크 외에도 사일런스(Cylance), 다크트레이스(Darktrace), 벡트라(Vectra) 등의 여러 기업이 인공지능 기반의 사이버보안 서비스를 제공하고 있다. 앞으로 사물인터넷의 확산에 따라 사이버보안의 위험은 더욱 커질 수밖에 없다. 그에 따라 인공지능 기술을 이용해 방대한 데이터를 자동으로 학습하고 분석함으로써 보안성을 강화하고 신규 위협에 빠르게 대처하는 것에 대한 관심이 더욱 높아지게 될 것이다.

결국 인공지능을 선도할 수 있는 조직문화가 중요하다

지금까지 살펴본 내용에서 알 수 있듯이, 인공지능 기술 경쟁이 심화됨에 따라 창업 초기의 스타트업을 곧바로 인수해 자사의 기술로 흡수해 버리는 현상이 빈번하게 나타나고 있다. 앞으로 기업 경영에서 인공지능이 가장 중요한 경쟁력 중 하나로 평가받게 될 것이기에 빠른 기술 확보를 위한 방편이라고 볼 수 있다.

다만 이 같은 전략을 실행하기 위해서는 자사의 비즈니스에 맞는 올바른 스타트업을 발굴할 수 있는 역량을 갖추어야 하며, 또한 그

렇게 인수한 스타트업을 자사의 조직문화와 잘 융합해 실질적인 성
과를 낼 수 있어야 한다.

　한편으로는 고객 응대, 데이터 분석 등 여러 분야에서 인공지능
의 역할이 너무 과대 포장되어 있다는 주장도 있다. 실제로 일부 업
체들은 인공지능을 마치 만병통치약처럼 내세우며 마케팅하기도
한다. 그렇기 때문에 인공지능을 기업 경영에 활용하려는 기업은 자
사의 비즈니스에 적합한 인공지능 기술이나 도구를 정확히 파악하
고 그것의 장단점을 이해할 수 있는 역량을 갖추고 있어야 한다. 가
능한 한 내부 구성원들을 위주로 인공지능팀을 구성하고, 필요하면
외부 전문가를 참여시키되 협업의 주체는 내부 전문가가 되는 것이
바람직하다고 볼 수 있다.

CHAPTER 6

인공지능의
특이점이 온다

<u>일본 소프트뱅크의 창업자이자 CEO인</u> 손 마사요시(한국명 손정의)는 2016년 6월 갑자기 예정된 은퇴를 번복하면서 "인류 역사상 가장 큰 패러다임의 전환이 일어나려 하고 있다. '특이점(Singularity)'이 온다. 인공지능은 지식뿐만 아니라 지성에서도 인간을 추월할 것이다. 특이점과 관련해 아직 내가 할 일이 남아 있다"고 밝힌 바 있다.[24]

그 당시 손 회장은 후계자로 니케시 아로라를 영입해 후계 수업까지 하고 있었지만 은퇴를 번복함으로써 후계자가 회사를 떠나는 해프닝까지 발생했다. 그렇다면 손 회장의 은퇴를 번복하게 만든 특이점은 과연 무엇일까?

특이점의 개념과 최신 인공지능 기술 동향

특이점이란 말 그대로 '특별히 다른 점'을 뜻한다. 수학적으로는 '곡선·함수·미분방정식 등에서 다른 것에 비해 특이한 형태를 나타내는 점'을 의미하며, 물리학적으로는 '현재 인간이 알고 있는 모든 물리 법칙이 적용되지 않는 지점'을 의미한다. 이처럼 특이점은 원래 과학 용어에서 유래하였으나, 지금은 일반적으로 '어떤 특정 공간이나 차원의 기준점이 되는 무언가'라는 의미로 사용되며 소설, 영화, 만화 등 여러 창작물에서도 즐겨 쓰이는 용어가 되었다.

한국계 일본인이자 소프트뱅크의 창업자로서 테크놀로지에 대한 열정이 넘치는 것으로 잘 알려진 손 회장은 미국 〈타임〉지가 발표한 '세계에서 가장 영향력 있는(Most Influential) 100인'에도 선정된 바 있는 유명 경영인이다.[25] 그가 언급한 특이점을 좀 더 정확히 표현하면 인공지능 관점에서의 '기술적 특이점(Technological Singularity)'이라고 볼 수 있다.

기술적 특이점이란 '기술의 가속적 발전으로 인해 인류 역사에 필연적으로 발생하게 될 변곡점'을 의미한다. 기술적 특이점의 기본 개념은 20세기 위대한 수학자 중 한 사람인 존 폰 노이만(John von Neumann)이 제시했으며, 이후에 미래학자 레이 커즈와일(Ray Kurzweil)이 2005년 출간한 도서 《특이점이 온다 The Singularity Is Near》를 통해 대중에게도 널리 알려졌다.

기술적 특이점이 반드시 인공지능을 필수 요소로 지목하는 것은 아니다. 기술적 특이점은 개념상으로 1) 기술의 발전으로 인해 발생하며 2) 인류가 가진 지식과 법칙들이 더 이상 통용되지 않는 어떤 한계점을 의미한다. 그렇기에 어떤 하나의 기술이 특이점을 가져온다고 단정할 수는 없다. 기술적 특이점은 여러 학문을 넘나드는 복잡한 개념을 갖고 있다.

하지만 최근 들어 깜짝 놀랄 만한 인공지능 사례들이 등장하면서 기술적 특이점 또는 줄여서 특이점을 인공지능의 관점에서 바라보는 것이 대세가 되었다. 그런 관점에 따르면, 특이점은 '인공지능의 발전이 가속화되어 모든 생물체의 지능을 합친 것보다 탁월한 비생물체의 지능(=초인공지능)이 출현하는 지점'을 의미한다. 손 회장이 언급한 특이점은 바로 이것이라고 볼 수 있다.

근래 인공지능이 특이점을 향해 가고 있음을 알 수 있는 사례가 다양한 분야에서 속속 등장하고 있다. 구글은 인공지능을 이용하는 '구글 신경망 기계번역(GNMT: Google Neural Machine Translation)' 시스템을 한국어 포함 수십여 개 언어의 번역 서비스에 적용하고 있다. 원래 신경망은 생물학에서 동물의 중추신경시스템(특히 뇌)을 의미하는데, 인공지능에서 사용하는 '인공신경망(ANN: Artificial Neural Network)'은 이에 영감을 받아 만들어진 통계학적인 학습 알고리즘이다. 인간의 뇌가 작동하고 학습하는 방식을 모방함으로써 일반적인 프로그래밍으로 해결하기 어려운 좀 더 복잡한 문제를 해결하는 데 사용한다.

기존의 번역 시스템이 단어, 문장 단위로 번역을 수행했다면 GNMT는 번역할 전체 문장의 문맥을 파악해 기존보다 더 자연스러운 번역을 수행한다. 네이버도 구글과 유사한 인공지능 기반 번역 서비스 '파파고'를 선보인 상태다. 이 같은 시스템의 발전 속도가 빠르기 때문에 머지않아 일반적인 통번역은 인공지능의 몫이 될 것으로 예상된다.

문서를 읽고 이해하는 독해 능력에서 인공지능은 이미 인간을 앞선 상태다. 알리바바(Alibaba)는 다양한 산업에서 사용할 수 있는 개방형 인공지능 플랫폼 'ET브레인(ET Brain)'을 출시했으며 인공지능에 상당한 투자를 하고 있는 대표적인 중국 기업 중 하나다. 알리바바의 인공지능은 위키피디아 문서에 대한 10만 개 이상의 질문과 답변으로 구성된 '스탠퍼드 질의응답 데이터세트(SQuAD: The Stanford Question Answering Dataset)' 테스트에서 인간 참가자의 점수를 넘어섰다.[26]

즉, 문서를 읽고 이해하는 독해 능력에서 인공지능이 인간을 능가하는 결과가 나온 것이다. 또한 알리바바는 자사가 소유한 온라인 쇼핑몰 티몰(Tmall)의 고객 상담에 고객 문의의 90퍼센트 이상을 이해하는 인공지능 기반 챗봇을 이용해 실제 고객 상담을 처리하고 있으며 상당한 성과를 내고 있다.

알파고를 개발한 회사인 '딥마인드(DeepMind)'는 원래 구글이 인수했으나 지금은 구글의 모회사 알파벳(Alphabet)의 자회사다. 딥마인드가 선보인 '웨이브넷(WaveNet)'은 인공지능 기반의 음성합성 기술로, 기존의 부자연스러운 기계 음성과 달리 인공지능 기술을 이용해 스스로 인간의 음성을 모방하는 학습과 훈련을 수행함으로써 인간과 흡사하게 말한다. 앞으로 음성만 들어서는 인간과 기계 여부를 분간할 수 없는 시대가 열릴 것이다.

딥마인드는 현재 몇 가지 중요한 프로젝트를 수행 중인데 그중 하나가 'DNC(Differentiable Neural Computer)'다. DNC는 인간의 뇌 구조를 모방하여 설계된 신경망을 탑재한 차세대 신경 컴퓨터로, 스스로 알아서 메모하고 추론하는 것이 가능하다. DNC는 신경망과 메모리 시스템을 결합해 지식을 신속하게 저장하고 이를 이용해 의사결정을 수행한다. 딥마인드는 DNC 관련 소프트웨어를 오픈소스로 공개한 상태다.

앞으로 DNC는 다량의 복잡한 데이터들 속에서 필요한 데이터 구조를 스스로 구축하고 이를 통해 마치 인간처럼 사고하는 방식으로 해답을 찾게 될 것으로 전망된다.

일본의 통신 및 전기 회사인 NEC가 선보인 새로운 채용 시스템은 인공지능 스스로 방대한 자료를 검토하고 학습할 수 있는 능력을 갖추고 있다. 해당 시스템은 기존 응시자들의 합격과 불합격 결과까지 분석해 채용 여부를 판단한다. 이 같은 인공지능 기반 채용 시스템을 도입하는 기업들이 점차 늘고 있는 추세다.

앞으로는 채용된 임직원의 업무 실적까지 학습함으로써 채용에 대한 판단을 더욱 정교화할 것으로 전망된다. 나아가서는 전체 임직원의 채용, 근무, 퇴사의 전 과정에서 발생하는 모든 데이터 일체를 인공지능이 학습해 인사 전반에 반영하게 될 것이다.

인공지능이 사람의 채용 여부를 결정하고 인사고과를 평가하는 세상이 오고 있다. 이것을 '인공지능에게 잘 보여야 살아남을 수 있는 세상'이라고 표현해도 과언이 아닐 것이다.

MIT 미디어랩은 공포소설을 쓰는 인공지능 작가 '셸리(Shelly)'를 선보였다. 인공지능의 이름은 공포소설 〈프랑켄슈타인 *Frankenstein*〉의 작가 메리 셸리(Mary Shelley)에서 따왔다. 셸리는 유명 커뮤니티 '레딧(Reddit)'의 공포소설 포럼에 등록된 14만여 개의 이야기를 학습한 후 공포소설을 집필하고 있다.

이제 인공지능의 창작 활동은 소설뿐만 아니라 작곡, 그림, 디자인 등 다양한 크리에이티브 분야로 확대되고 있다. 사실 모든 예술가는 무언가에 영감을 받아 창작을 한다. 유명 화가 파블로 피카소(Pablo Picasso)는 "좋은 예술가는 모방하고 위대한 예술가는 훔친다(Good artists copy; great artists steal)"라는 유명한 말을 남긴 바 있다.[27] 이 말은 애플의 창업자 스티브 잡스가 언급해 다시금 알려지기도 했다. 여기에서 훔친다는 표현은 단지 모방하는 데 그치지 않고 완전히 자기 것으로 만든다는 함의가 담겨 있다고 봐야 할 것이다.

인공지능만큼 잘 모방하고 잘 훔칠 수 있는 존재도 없을 것이다. 지구상의 모든 예술 작품을 딥러닝으로 학습한 인공지능을 생각해 보라. 미래에 인공지능은 예술가가 될 것이다. 최소한 좋은 예술가는 될 것이고, 위대한 예술가가 될 가능성도 충분하다.

인류는 과연 인공지능으로 인해 극적이고 불가역적인 변화를 겪게 될까?

인공지능과 기술 사회에 대한 긍정적인 시각과 부정적인 시각 사이에서 최대한 균형을 잡아 판단해 보자면, 그 시기가 문제일 뿐이지 인공지능이 특정 지식에 있어서 인간의 지적 능력을 뛰어넘는 시기가 도래하리라는 것은 기술적으로 분명히 합리적인 예측이다.

인공지능은 지식노동자의 업무 수행 능력뿐만 아니라 일반적인 창작 활동에 있어서도 인간을 추월하게 될 것이다. 딥러닝과 같은 최신 기술을 탑재한 인공지능은 인간의 두뇌와 흡사한 방식으로 학습함으로써 지속적으로 지적 능력을 개선한다. 이는 마치 인간이 학습을 통해 성장하는 것과 같기에, 인간이 학습을 통해 발전할 수 있다면 인공지능도 마찬가지로 할 수 있다. 그것을 위한 최소한의 기술적 토대는 이미 마련되었다고 볼 수 있다.

즉, 인공지능은 인간의 뇌 구조를 모방하는 방향으로 발전하고 있기 때문에 결국 인간이 할 수 있는 모든 것을 하게 될 수밖에 없다. 이러한 흐름은 이미 시작된 상태이며 언젠가는 극적인 지점에 도달하게 될 것이다.

그렇다면 SF 영화에서 나오는 것처럼 인공지능이 스스로 힘을 키워 인류와 대적하거나 인류를 정복하는 일도 발생할 수 있을까? 일단 그런 일이 반드시 발생한다고 단언하는 것도, 또한 절대 발생하지 않는다고 단언하는 것도 현 시점에서는 합리적이지 않다고 볼 수 있다. 현재 인류가 가진 기술 수준으로는 거기까지 정확히 예측할 수 없기 때문이다.

인공지능이 인류를 지배하는 미래가 도래하려면 인간이 만든 인공지능이 자신의 능력을 뛰어넘는 인공지능을 스스로 만들어 낼 수 있어야 한다. 그리고 그렇게 만들어진 인공지능이 더욱 뛰어난 인공지능을 다시 만들어 내는 식으로 무한히 반복되는 과정을 거쳐, 마침내 (일개 분야가 아니라) 인류가 가진 모든 지식과 경험을 압도하는 인공지능이 탄생해야 한다.

물론 그런 인공지능을 머릿속에서 상상할 수는 있지만 현실에서 구현이 되려면 현재 인류가 가진 기술 수준을 훨씬 초월하는 어떤 신기술이 필요하다. 그러므로 현 시점에서는 기술적 근거가 부족해 그런 미래가 올 것이라고 단언하긴 어렵다. 그런데 한편으로 인류는 과거에 상상한 모든 것을 차근히 실현해 왔고 또한 아직까지 못한 것은 언젠가는 반드시 실현할 정도로 집요한 존재이기에, 그런 미래가 절대 가능할 리 없다고 말하기도 어렵다.

중요한 것은 우리가 가진 기술을 과대평가해서도, 과소평가해서도 안 된다는 사실이다. 우리는 인공지능으로 인해 발생할 수 있는 다양한 가능성과 문제점에 대해 열린 마음으로 논의하고 대비해야 한다.

인공지능 기술의 투명성 확보, 인공지능 기술에 대한 통제권을 단일 기업이 가져도 무방한지에 대한 사회적 논의, 인공지능이 가져올 산업 구조 및 노동 구조의 변화와 대응책, 인공지능 시대에 맞는 새로운 교육 시스템의 마련, 인공지능이 지녀야 할 규범과 윤리 등 많은 쟁점이 우리 앞에 놓여 있다.

PART 3

클라우드

모든 서비스의 토대

CHAPTER 1

클라우드는 무엇이고
왜 활용되는 것일까?

<u>모든 것이 인터넷에 연결되는 시대</u>, 그 중심에 클라우드(Cloud)가 있다. 클라우드의 사전적 의미는 하늘에 떠 있는 구름이지만, IT 산업에서 이 용어는 '인터넷 어딘가에 존재하는 컴퓨터 자원'을 의미한다. 최근에는 그냥 클라우드라고 표기하는 경우가 많지만 원래의 정확한 명칭은 '클라우드 컴퓨팅(Cloud Computing)'이다.

소유하지 않고 빌려 쓰는 컴퓨터 자원

클라우드에서의 컴퓨터 자원은 일반적으로 데이터센터(Data

애플리케이션

플랫폼

인프라스트럭처

노트북

데스크탑

스마트폰

태블릿

클라우드의 모습

Center)에 대규모의 서버와 저장소(Storage) 등이 설치되어 운용되는 방식으로 구성되는데, 그렇게 여러 컴퓨터 자원이 통합되고 이용되는 모습이 하늘에 있는 구름과 비슷하게 보인다고 해서 클라우드라는 명칭이 붙여졌다.

데이터센터는 각종 컴퓨터 자원과 네트워크 회선 등을 24시간 365일 중단 없이 제공하는 시설로, 인터넷의 보급과 함께 폭발적으로 성장했다. 과거에는 기존 데이터센터를 인터넷 데이터센터(IDC: Internet Data Center)로, 클라우드를 위한 데이터센터는 클라우드 데이터센터(Cloud Data Center)로 불렸으나 요즘은 데이터센터라는 하나의 용어를 주로 사용한다.

원래의 용어인 클라우드 컴퓨팅은 '클라우드'라는 단어에 '컴퓨터를 이용하는 활동'이라는 뜻의 '컴퓨팅'이 결합해 만들어졌다. 그렇기 때문에 기술적으로는 클라우드 컴퓨팅이 더 정확한 표현이라고 볼 수 있지만, 현재는 줄여서 클라우드라고 부르는 경우가 더 많으므로 여기에서도 그렇게 사용하겠다.

일반 사용자들은 클라우드를 단지 파일이나 사진을 저장하거나 음악을 듣는 서비스 정도로 생각하는 경우가 많은데, 그것은 클라우드가 제공하는 극히 일부의 서비스에 불과하다. 클라우드는 그보다 훨씬 더 광범위한 내용을 담고 있다.

사실 클라우드에는 여러 기술 요소가 복합적으로 사용되며 어려운 내용이 다수 포함된다. 더군다나 기술의 발전에 따라 새로운 내용들이 계속 추가되고 있어 단순하게 설명하기가 쉽지는 않다. 다행히 이 책을 읽는 당신은 개발자나 엔지니어가 아니기 때문에 모든 내용을 이해할 필요는 없다.

대부분의 최신 기술이 그렇듯이 클라우드는 완전히 새로운 개념이라기보다는 기존 기술의 연장선상에 있다. IT 업계에서는 이전부터 클라우드와 흡사한 서비스를 지칭하는 여러 용어가 있었다. 예를 들어 인터넷을 통해 애플리케이션을 빌려서 사용한다는 개념의 ASP(Application Service Provider), 마치 전기나 가스처럼 사용한 만큼 요금을 지불한다는 개념의 '유틸리티 컴퓨팅(Utility Computing)', 필요한 만큼의 컴퓨터 자원을 곧바로 제공받아 이용할 수 있다는 개념의 '온디맨드 컴퓨팅(On-demand Computing)' 등의 용어가 그것이다.

즉, 클라우드는 각종 컴퓨터 자원을 인터넷을 통해 빌려 쓴다는 개념을 바탕으로 다양한 기술을 집대성한 것이며, 앞으로도 연관성이 있는 새로운 개념 및 기술들을 계속 흡수하면서 그 내용이 확장될 것이다.

클라우드의 실제 사용 효과에 대한 이해를 돕기 위해 한 기업이 온라인 쇼핑몰 사업을 시작하는 상황을 예로 들어 보겠다. 과거의 방식으로 온라인 쇼핑몰을 구축하기 위해서는 우선 서버 컴퓨터를 구매하고, 서버를 구동하는 데 필요한 각종 소프트웨어들도 구매해서 설치해야 한다. 쇼핑몰에서 사용되는 수많은 상품 이미지 파일을 저장해야 하기 때문에 하드디스크도 충분히 준비해야 한다.

서버는 값비싼 자원이다. 예상 고객 수에 따라 수십, 수백여 대 또는 그 이상의 서버가 필요할 수도 있으며, 그럴 경우 상당한 하드웨어 및 소프트웨어의 구매 비용과 유지보수 비용이 발생한다. 모든 장비와 소프트웨어를 설치하고 관리해야 하며, 시스템 운영 중 문제가 발생할 경우에 대비해 전문적인 기술을 가진 엔지니어도 있어야 한다.

갑자기 트래픽이 몰리거나 장비가 고장나는 등의 특별한 상황에 대비해 추가적인 컴퓨터 자원, 즉 예비 자원도 마련해 두어야 한다. 그 외에도 시스템의 설치, 운영, 유지보수를 위한 많은 요소가 존재한다. 한때는 모든 기업이 이런 방식으로 많은 비용을 들여 값비싼 컴퓨터 자원들을 구매해서 직접 설치하고 관리해야 했으며 그것을 당연하게 생각했다. 다른 방법이 없었기 때문이다.

하지만 클라우드를 이용하면 그러한 부담에서 상당 부분 벗어날 수 있다. 클라우드 사용자는 필요할 때 필요한 만큼의 서버, 저장소, 애플리케이션을 빌려서 이용하면 된다. 사용자는 언제 어디서 어떤 기기로든 클라우드 서비스를 이용할 수 있다. 클라우드 이용 요금은 측정된 컴퓨터 자원의 사용량에 따라 사용자가 이용한 만큼 과금된다.

클라우드상의 각종 컴퓨터 자원은 '자원 공유(Resource Pooling)' 방식으로 제공된다. 각종 컴퓨터 자원은 사용자의 요청에 의해 동적으로 할당되며, 상호독립적으로 여러 사용자에게 제공된다. 경우에 따라서는 하나의 컴퓨터를 여러 명의 사용자가 나누어 사용할 수도 있다. 이렇게 컴퓨터 자원을 공유하기 때문에 자원의 활용성이 크게 높아진다.

과거 클라우드에 대한 의구심이 존재하던 시절에는 신기술에 호의적인 일부 기업들만 클라우드를 이용했지만 이제는 대기업, 중소기업, 스타트업, 공공기관, 비영리단체 등 조직의 규모와 유형을 막론하고 클라우드의 이용 범위를 늘려 나가고 있다.

사례: 어도비, 나사

그래픽 소프트웨어로 유명한 어도비(Adobe)는 설치형 소프트웨어를 판매하던 방식을 버리고 클라우드를 통해 소프트웨어를 제공하는 방식으로 성공을 거두고 있다. 어도비는 주 고객층인 디자이너

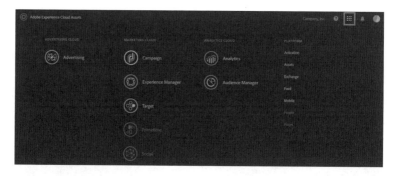

어도비 경험 클라우드[1]

들을 위한 '어도비 크리에이티브 클라우드(Adobe Creative Cloud)', 그리고 광고, 분석, 콘텐츠 관리, 마케팅, 개인화 등을 제공하는 '어도비 경험 클라우드(Adobe Experience Cloud)' 등 다수의 클라우드 서비스를 제공하며 수익을 올리고 있다.

　어도비는 자사 고객들을 위해 클라우드를 제공하는 클라우드 사업자이면서, 동시에 외부 공급업체의 클라우드를 이용하는 기업 사용자이기도 하다. 어도비는 자사가 구축한 클라우드 서비스들이 큰 인기를 얻어 빠르게 성장하면서 글로벌 대응, 신속한 확장, 대규모의 데이터 저장 등을 고민하기 시작했다. 어도비는 이를 위해 마이크로소프트의 클라우드를 이용하기로 결정하고 자사의 서비스에 단계적으로 적용해 나가고 있다.

　미국 나사(NASA)의 제트추진연구소(JPL: Jet Propulsion Laboratory)는 다용도 차량 로봇 '애슬릿(ATHLETE: All-Terrain Hex-Limbed Extra-

나사 제트추진연구소의 로봇, 애슬릿[2]

Terrestrial Explorer)'을 개발했다. 애슬릿은 6개의 다리에 각각 바퀴가 달려 있어 매끄러운 지형부터 거칠고 가파른 지형까지 다양한 장소에서 주행할 수 있는 로봇이다.

　제트추진연구소는 매년 애슬릿의 현장 테스트를 실시하는데 로봇 운전시 위치 조정, 상황 인식을 위해 고해상도의 거대한 위성 이미지가 필요하다. 제트추진연구소는 아마존의 클라우드를 이용해 신속하고 효율적으로 이미지를 처리하고 있다.

CHAPTER 2

클라우드의 세 가지
서비스 모델: IaaS, PaaS, SaaS

<u>**클라우드를 이해하는 데 있어서**</u> 가장 기본적이면서 핵심적인 사항은 바로 세 가지 서비스 모델을 이해하는 것이다. 본문에서 전문 용어가 나와 어렵게 느껴질 수도 있겠지만 클라우드를 이해하기 위한 필수적인 내용이므로 최대한 쉽게 살펴보도록 하겠다.

서비스 모델을 살펴보기 전에 먼저 '클라우드 서비스 제공업체(Cloud Service Provider)'와 클라우드 사용자의 개념을 알아보자. 클라우드 서비스 제공업체는 사용자들이 이용하는 실제 클라우드 서비스를 제공하는 업체다. 시장에서 상위권을 차지하는 대표적인 클라우드 서비스 제공업체로 아마존, 마이크로소프트, 구글, 세일즈포스닷컴(Salesforce.com), IBM, SAP, 오라클 등을 꼽을 수 있다.

클라우드 사용자는 클라우드 서비스를 이용하는 고객으로 기업, 정부 및 공공기관, 개인 등이 이에 해당된다. 예를 들어 기업고객은 내부에서 사용하는 정보시스템 또는 인터넷 비즈니스를 위한 웹사이트나 모바일 앱 등을 클라우드 기반으로 구축하고 운영할 수 있다.

클라우드는 서버, 개발 환경, 애플리케이션을 제공한다

이제 클라우드 서비스 모델 세 가지를 살펴보자. 여기서 다루는 내용은 일반적인 기준에 따른 것으로 클라우드 서비스 제공업체에 따라 그 범위와 내용에 차이가 있을 수 있다.

'IaaS(Infrastructure as a Service)'는 기본적인 인프라 자원인 서버, 저장소, 네트워크 등을 제공하는 서비스 모델이다. IaaS를 이용하면 사용자가 서버와 같은 기본적인 인프라 자원을 직접 설치하고 관리하는 데 따르는 비용 및 복잡성이 없어진다. 사용자는 각각의 자원에 대해 필요한 만큼 곧바로 제공받고 사용한 만큼 비용을 지불하면 된다.

IaaS는 기본적인 인프라 자원만 제공하기 때문에 운영체제 및 소프트웨어를 구매, 설치, 관리하는 것은 사용자의 책임이다. 물론 클라우드에 따라서는 운영체제와 많이 이용하는 주요 소프트웨어를 즉시 이용할 수 있도록 제공하기도 한다.

IaaS는 사용자가 클라우드 서비스 제공업체로부터 기본적인 인프라 자원만 제공받아 운영체제에서 애플리케이션까지 모든 소프트웨어를 직접 구성하고 관리하고 싶을 때 적절하다. 기본적인 인프라 자원만 제공받기 때문에 그만큼 사용자가 해야 할 일들이 많지만 한편으로는 사용자가 시스템을 자유롭게 구성할 수 있어 유연성의 측면에서 이점이 있다.

IaaS를 이용하는 사용자는 필요에 따라 수백, 수천 대에서 그 이상의 대규모 고성능 컴퓨터 자원을 제공받을 수 있기 때문에 슈퍼컴퓨터급의 연산이 필요한 경우에도 이용할 수 있다. 시스템에 문제가 발생할 경우에는 클라우드 서비스 제공업체의 전문 인력이 문제를 즉시 해결해 주기 때문에 비즈니스의 연속성이 보장된다.

'PaaS(Platform as a Service)'는 클라우드 기반 애플리케이션을 개발하고 배포(Deployment)할 수 있는 환경을 제공하는 서비스 모델이다. 여기에서 말하는 배포는 소프트웨어 업계에서 사용하는 용어로, 완전한 표현은 소프트웨어 배포(Software Deployment)이며 소프트웨어를 사용자가 이용할 수 있도록 하는 모든 활동을 의미한다. 소프트웨어의 설치, 정품 인증, 업데이트, 버전 추적 등을 모두 포함하는 개념이다.

PaaS에는 IaaS가 제공하는 서버, 저장소, 네트워크 등의 인프라를 비롯해 개발도구, 데이터베이스 관리 시스템, 데이터 분석 서비스 등 개발에 필요한 모든 개발환경이 포함되어 있다. PaaS는 애플리케이션 수명 주기에 따라 빌드(Build), 테스트, 배포, 관리할 수 있는 여러 도구를 제공한다. 소프트웨어 개발에서의 빌드란 소스코드(Source Code)를 이용해 컴퓨터에서 실행할 수 있는 독립적인 결과물(예를 들면 실행 파일 등)을 만드는 것을 의미한다.

PaaS를 이용하면 애플리케이션 개발에 필요한 각종 소프트웨어와 자원을 구매하고 설치하고 관리하는 비용과 복잡성이 없어진다. PaaS는 대개 클라우드 애플리케이션을 간편하게 개발할 수 있는 '프레임워크(Framework)'를 제공하며, 개발자는 이를 이용해 코딩하는 시간과 양을 줄일 수 있다. 프레임워크의 완전한 표현은 소프트웨어 프레임워크(Software Framework)이며, 소프트웨어의 기반이 되는 설계와 구현을 그대로 재사용하게끔 만들어 놓은 것이다. 이를 이용하면 완성도 높은 코드를 빠르게 작성하고 손쉽게 유지보수할 수 있다.

대부분의 PaaS 제공업체가 PC, 모바일 등 각각의 개발 옵션을 제공해 여러 기기를 지원하는 클라우드 애플리케이션을 한 번에 손쉽게 개발할 수 있다. 또한 PaaS는 인터넷을 통한 개발 환경을 지원하므로 동료들이 클라우드상에서 원격으로 팀을 이루어 공동으로 개발 작업을 할 수도 있다.

'SaaS(Software as a Service)'는 인터넷을 통해 사용자가 이용할 수 있는 클라우드 애플리케이션을 제공하는 서비스 모델이다. SaaS 제공업체는 사용자가 이용하는 클라우드 애플리케이션이 작동하기 위한 하드웨어 및 소프트웨어를 관리하고 작동을 보장한다. 그렇기 때문에 SaaS 사용자는 애플리케이션을 구매, 설치, 관리하는 데 시간

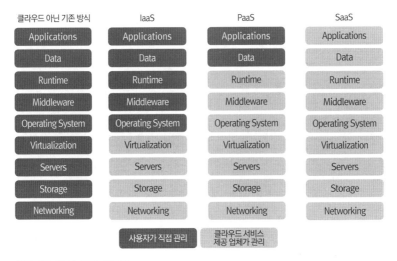

클라우드 아닌 기존 방식	IaaS	PaaS	SaaS
Applications	Applications	Applications	Applications
Data	Data	Data	Data
Runtime	Runtime	Runtime	Runtime
Middleware	Middleware	Middleware	Middleware
Operating System	Operating System	Operating System	Operating System
Virtualization	Virtualization	Virtualization	Virtualization
Servers	Servers	Servers	Servers
Storage	Storage	Storage	Storage
Networking	Networking	Networking	Networking

사용자가 직접 관리   클라우드 서비스 제공 업체가 관리

클라우드 서비스 모델의 비교

이나 비용이 들지 않는다. 사용자는 필요할 때 즉각 애플리케이션을 이용할 수 있으며 이용한 만큼만 비용을 지불하면 된다.

클라우드 애플리케이션은 이미 개발업체에 의해 PC와 모바일 기기에 모두 작동하도록 만들어진 상태이기 때문에, 사용자는 자신이 사용하는 기기에 상관없이 클라우드 애플리케이션을 이용할 수 있다. 또한 기기에 적합한 보안 환경도 기본적으로 제공된다. 무엇보다 데이터가 클라우드에 저장되기 때문에 언제 어디서나 어떤 기기로 접속하더라도 최신 데이터로 작업할 수 있으며 데이터의 유실에 대해서도 걱정할 필요가 없다.

최근에는 관리의 편의성 및 비용 절감을 이유로 그룹웨어(Groupware), ERP(Enterprise Resource Planning, 전사적 자원 관리), CRM(Customer Relationship Management, 고객 관계 관리) 등 기업에서 필

수적으로 사용하는 애플리케이션을 SaaS로 이용하는 기업고객들이 계속 늘고 있는 추세다.

클라우드를 이해하기 위해 서비스 모델 세 가지는 필수적으로 알아야 하지만, 사실 일반 사용자들이 직접 이용하는 SaaS를 제외하고 IaaS와 PaaS는 IT 전문 인력들이 이용하는 것이기 때문에 생소할 수밖에 없다. 하지만 이에 대한 개념을 알고 있으면 다른 신기술을 이해하는 데에도 분명 도움이 될 것이다.

사례: 애저 IaaS, 앱엔진, 오피스365, G스위트

마이크로소프트는 '애저(Azure) IaaS'라는 브랜드로 IaaS를 제공하고 있다. IaaS의 특성상 마이크로소프트는 기본적인 인프라 자원을 사용자에게 제공하고 자원에 대한 보안, 데이터 보호, 상태 모니터링 등의 서비스를 함께 제공한다. 애저 IaaS는 인프라 자원에 가해지는 실시간 위협을 감지해서 알려 주며 백업 서비스를 이용할 경우 랜섬웨어, 오류 등으로부터 데이터를 보호할 수 있다.

구글은 '앱엔진(App Engine)'이라는 브랜드로 PaaS를 제공하고 있다. 앱엔진을 이용하면 구글의 클라우드 플랫폼에서 곧바로 웹 및 모바일 애플리케이션을 제작할 수 있다. 개발도구를 설치하고 세팅하는 작업이 필요 없기 때문에 개발자는 코딩에만 집중할 수 있다. 앱엔진은 자바(Java), 루비(Ruby), C#, 고(Go), 파이썬(Python), PHP 등의 다양한 프로그래밍 언어를 지원한다.

SaaS의 대표적인 사례로 마이크로소프트의 '오피스365'를 꼽을 수 있다. 아직은 많은 사용자가 마이크로소프트 오피스를 가정용, 업무용 PC에 설치해서 이용하고 있지만, 오피스365는 워드, 액셀, 파워포인트, 아웃룩 등의 인기있는 오피스 애플리케이션을 클라우드로 제공하면서 오피스 제품의 성공을 이어가고 있다.

클라우드 기반의 오피스365를 이용하면 사용자는 소프트웨어를 다운로드하고 설치할 필요없이 웹브라우저에서 오피스를 사용할 수 있다. 작업한 문서 파일은 마이크로소프트의 클라우드에 저장되고 필요하면 다운로드할 수도 있다.

오피스365는 가정용, 비즈니스용 사용자에 따라 각기 다른 요금이 책정되어 있는데 매년 또는 매월 사용료를 지불하는 방식을 채택하고 있으며, 클라우드뿐만 아니라 PC나 맥(Mac)에 소프트웨어를 설치해서 이용할 수 있는 라이선스도 제공한다.

구글은 'G스위트(G Suite)'라는 브랜드로 오피스365와 유사한 SaaS를 제공하고 있다. G스위트는 과거에 구글앱스(Google Apps)라고 불렸던 서비스의 명칭을 바꾼 것으로, 2006년 구글이 사용자 도메인을 지원하는 G메일(Gmail for Your Domain)을 선보이면서 시작된 서비스다. 이후 마이크로소프트 오피스와 유사한 애플리케이션을 하나둘씩 추가하면서 현재의 모습을 갖추게 되었다.

G스위트는 특히 공동 작업에 효율적이다. G스위트를 이용하면 팀원들과 원격으로도 손쉽게 연결해 HD 화상회의를 진행할 수 있다. 또한 여러 기기에서 동시에 같은 파일에 대한 공동 작업을 할 수 있으며 변경 사항이 자동으로 저장되기 때문에 버전을 따로 관리할 필요도 없다. 기업고객의 경우에는 IT 관리자가 손쉽게 보안 설정을 하고 사용자를 추가하거나 삭제하는 등 회사 데이터에 대한 사용자 접근을 중앙에서 제어할 수 있도록 해 준다.

CHAPTER 3

클라우드의 세 가지 배포 모델: 퍼블릭, 프라이빗, 하이브리드

클라우드 서비스 모델이 클라우드가 제공하는 기능에 따른 구분이라면, '클라우드 배포 모델(Cloud Deployment Model)'은 클라우드의 자원이 배포되는 방식에 따른 구분이다. 클라우드는 일반적으로 외부 클라우드 서비스 제공업체의 데이터센터에 존재하는데, 경우에 따라 기업 사용자가 직접 관리하는 데이터센터에 존재하기도 한다.

어떤 클라우드 배포 모델을 선택할 것인가?

'퍼블릭 클라우드(Public Cloud, 또는 공용 클라우드)'는 공개된 인터넷

환경을 통해 제공되며 누구든지 이용할 수 있다. 퍼블릭 클라우드야 말로 가장 일반적인 클라우드 배포 모델로, 우리가 흔히 클라우드라고만 말할 때는 대부분 퍼블릭 클라우드를 의미한다.

퍼블릭 클라우드에서는 모든 하드웨어 및 소프트웨어, 기타 컴퓨터 자원을 클라우드 서비스 제공업체가 소유하고 관리한다. 퍼블릭 클라우드의 사용자는 인터넷이 가능한 환경이라면 언제든지 어떤 기기를 이용하든지 접속할 수 있다.

퍼블릭 클라우드는 거의 무제한에 가까운 확장성과 높은 안정성을 제공한다. 어떤 사용자라도 CPU, 저장소, 네트워크 대역폭 등의 사용량에 따라 비용을 지불하고 퍼블릭 클라우드를 이용할 수 있다. 일부 퍼블릭 클라우드 제공업체는 고객 유치를 위해 일정량의 자원을 무료로 제공하기도 한다.

퍼블릭 클라우드를 이용하는 경우의 장점은 명확하다. 이를 이용하면 사용자가 하드웨어 및 소프트웨어, 기타 컴퓨터 자원을 직접 구매, 설치, 관리, 유지보수할 필요가 전혀 없기 때문에 그에 따르는 비용 및 복잡성이 없어진다. 퍼블릭 클라우드 제공업체가 모든 것을 책임지고 담당하기 때문에 사용자는 빠르게 원하는 애플리케이션을 이용할 수 있고 거의 무한대로 확장 가능한 시스템을 구축할 수 있다.

'프라이빗 클라우드(Private Cloud, 또는 사설 클라우드)'는 사용자가 독점적으로 소유한 컴퓨터 자원을 기반으로 클라우드 서비스를 운영하는 것으로, 클라우드는 기업 내부에 있거나 타사의 데이터센터에서 호스팅되는 형태일 수도 있다. 그래서 '온프레미스(On-Premise, 사내에 직접 설치한다는 뜻) 클라우드'라고도 한다. 프라이빗 클라우드에서는 클라우드 서비스가 특정 기업 전용으로만 제공되기 때문에 특정 기업의 요구사항에 따라 '맞춤화(Customization)'가 가능하다.

프라이빗 클라우드는 결국 기업 내부 시스템에 퍼블릭 클라우드 기술을 적용한 것이라고 볼 수 있다. 즉, 프라이빗 클라우드에서는 최종 사용자가 손쉽게 컴퓨터 자원을 할당받아 이용할 수 있고, 서비스가 컴퓨터 자원을 공유하는 방식으로 제공되고, 필요에 따라 컴퓨터 자원을 간편히 확장하거나 축소하는 등의 기능을 제공하는데, 이러한 이점들은 클라우드가 아닌 기존 방식에서는 제공하지 못했던 것들이다.

프라이빗 클라우드의 가장 큰 장점은 앞서 언급한 것처럼 1) 원하는 수준으로 맞춤화가 가능하다는 것과 2) 이를 이용하는 기업이 원하는 만큼 강력한 보안 시스템을 적용하고 허가된 사용자 외에는 접근을 차단함으로써 높은 수준의 데이터 보호를 달성할 수 있다는 것이다. 그렇기 때문에 프라이빗 클라우드는 특별한 맞춤화가 필요하거나 또는 보안을 강화하고 데이터 노출 위험을 최소화하려는 조직에서 주로 선택하며 그러한 이유로 정부기관, 금융기관 등이 주로 이용하는 편이다.

하지만 프라이빗 클라우드의 가장 큰 단점은 사용하는 기업 스스로 프라이빗 클라우드의 구축과 운영에 대한 책임을 져야 한다는 점이다. 그렇기 때문에 적지 않은 초기 투자비용이 필요하고 관리 및 유지보수에 따르는 비용과 복잡성을 감수해야 한다.

즉, 프라이빗 클라우드를 이용하면 퍼블릭 클라우드의 기능 일부를 사용할 수는 있겠지만 시스템 관리의 책임은 과거와 마찬가지로 기업 사용자의 몫으로 남는다. 물론 프라이빗 클라우드의 구축과 관리를 대행해 주는 업체들도 있지만 그에 따르는 비용을 지출해야 하고 최종 책임은 여전히 기업 사용자의 몫이다.

'하이브리드 클라우드(Hybrid Cloud)'는 퍼블릭 클라우드를 이용하면서 동시에 내부 시스템이나 프라이빗 클라우드를 퍼블릭 클라우드와 결합하여 이용하는 것이다. 일반적인 하이브리드 클라우드 구성을 살펴보면, 중요한 작업이나 데이터는 기업의 관리하에 있는 내부 시스템이나 프라이빗 클라우드에서 처리하고, 덜 중요한 작업이나 데이터는 퍼블릭 클라우드에서 처리하는 방식으로 운영한다. 예를 들어 직원들의 정보 교환을 위한 사내 커뮤니티 사이트는 퍼블릭 클라우드를 통해 운영하고 인사고과 시스템은 프라이빗 클라우드에서 운영하는 식으로 하이브리드 클라우드를 구축해 사용하는 것이다.

만일 기업이 내부 시스템과 퍼블릭 클라우드 간에 애플리케이션 및 데이터를 공유하는 형태로 하이브리드 클라우드를 구축하면, 갑자기 내부 시스템에 대규모의 컴퓨터 자원이 필요할 때 일시적으로만 퍼블릭 클라우드의 컴퓨터 자원을 이용하는 방식으로 작업을 분산해 처리함으로써 상당한 비용을 절감할 수도 있다.

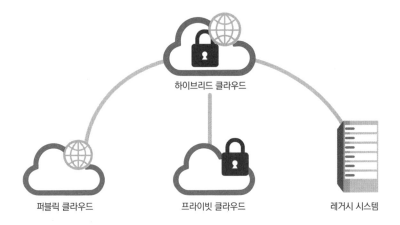

하이브리드 클라우드의 구성

하이브리드 클라우드는 데이터 노출 위험을 최소화면서 동시에 유연성, 확장성, 비용 절감 등 퍼블릭 클라우드가 제공하는 여러 이점을 누릴 수 있기 때문에 주로 대기업이나 정부기관에서 선호한다. 대기업이나 정부기관의 경우 내부에 레거시 시스템(Legacy System, 구식 시스템)이 많고 데이터 노출 위험에 대해 무척 예민하기 때문에 현실적으로 하이브리드 클라우드가 가장 최선의 답이라는 인식을 갖고 있다.

하이브리드 클라우드에 대한 관심이 높아짐에 따라, 최근 들어 퍼블릭 클라우드 기능 중 일부로 하이브리드 클라우드 환경에 적합한 보안, 성능, 가용성(Availability)을 지원하는 방향으로 발전하는 추세다.

클라우드의 배포 모델 중 어떤 것이 유일한 정답은 아니다. 기업 사용자의 비즈니스 요구사항, 적절한 시스템 아키텍처, 투자비용, 데이터 노출 위험에 대한 민감도, IT 전문 인력 보유 여부 등 수많은 변수를 고려해 자신에게 맞는 배포 모델을 선택하는 것이 합리적이다.

사례: 코세라, 시스코, 트러스트파워

온라인 강의 서비스로 잘 알려진 '코세라(Coursera)'는 스탠퍼드대학교, 듀크대학교, 프린스턴대학교, 런던정치경제대학교 등 유명 교육기관들이 참여해 큰 인기를 끌고 있다. 코세라는 약 150여 개에 달하는 협력 기관들과 함께 2,000개가 넘는 강좌를 제공하고 있으며 학생과 교수가 서로 상호작용할 수 있는 서비스도 제공한다. 코세라에 등록된 사용자 수는 3,000만 명이 넘는다.

만일 이러한 대규모의 서비스를 제공하기 위한 인프라를 직접 구축하고 운영한다면 엄청난 비용과 인력이 필요할 것이다. 하지만 코세라는 아마존의 클라우드를 이용해 매달 0.5페타바이트(PB: Petabyte), 즉 500테라바이트(TB: Terabyte) 규모의 트래픽을 효율적으로 처리하고 있다.[3]

어떤 조직은 특별한 비즈니스 요구사항에 따라 퍼블릭 클라우드를 이용하지 않고 프라이빗 클라우드를 선택하기도 한다. 네트워킹 솔루션 기업 '시스코(Cisco)'는 애플리케이션을 설계하고 개발하는 프라이빗 클라우드를 레드햇(Red Hat)의 클라우드 기술로 구축해 이용하고 있다. 1,000명 이상 되는 시스코의 개발자들은 프라이빗 클라우드 기반의 PaaS를 이용해 수백여 개의 애플리케이션을 개발하고 있다.[4]

시스코는 이 같은 환경을 통해 운영 효율성을 높이고 비용을 절감하고 보안을 향상시킬 수 있게 되었다. 또한 애플리케이션 개발 시간을 단축했고 개발자들이 창의적인 업무에 더 집중할 수 있게 되었다.

뉴질랜드의 전기회사 '트러스트파워(Trustpower)'는 39개의 발전소에서 재생에너지를 이용해 대부분의 전기를 생산하고 있다. 트러스트파워는 사무실을 이전하면서 개인에게 고정된 책상이 제공되지 않은 새로운 업무 공간을 설계했다. 직원들이 언제 어디서나 업무를 볼 수 있도록 사내에서 사용하는 176개에 달하는 레거시 시스템들을 클라우드와 연동해 최대한 하이브리드 클라우드 환경으로 전환하기로 결정했다.[5] 이를 통해 트러스트파워는 비용을 절감하고 새로운 비즈니스의 개발 기간을 단축할 수 있게 되었다.

CHAPTER 4

클라우드에서 이용하는
가상화와 가상머신

클라우드는 컴퓨터 자원의 탄력적인 운용과 더불어 사용자들이 신속하고도 간편하게 자원을 활용할 수 있도록 해 준다. 그것을 규모의 경제로 달성할 수 있도록 해 주는 핵심 기술이 바로 '가상화(Virtualization)'다.

만일 당신이 IT 전문 인력이 아니라면 가상화라는 용어가 생소하거나 또는 들어 본 적이 있더라도 그 내용을 정확히 이해하고 있지는 못할 것이다. 하지만 가상화는 클라우드를 구현하는 데 있어 아주 중요한 기술이므로 알아 둘 필요가 있다.

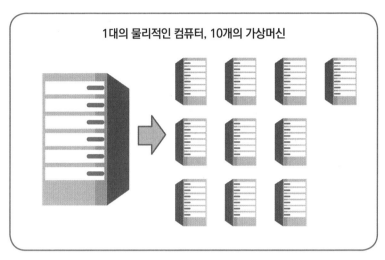

가상머신

가상화의 개념과 다양한 유형들

가상화란 물리적으로 단일한 컴퓨터를 마치 여러 대의 개별 컴퓨터가 작동하는 것처럼 만드는 것을 의미한다. 간단히 말해 컴퓨터 안에 컴퓨터를 만드는 것이다. 또한 여러 대의 물리적인 하드웨어를 통합해 하나의 장치로 보이게끔 만드는 것도 가상화의 일종이다.

가상화된 개별 컴퓨터를 '가상머신(VM: Virtual Machine)'이라고 한다. 가상머신은 실제 하드웨어와 직접적으로 연동되지 않는 가상 컴퓨터다. 즉, 가상머신은 마치 진짜 컴퓨터처럼 인식되고 작동하지만 사실은 가짜 컴퓨터인 것이다.

가상머신은 실제 하드웨어 자원을 공유하더라도 독립적으로 보이고 독립적으로 작동한다. 가상머신은 윈도우, 안드로이드, 리눅스 등 다양한 운영체제의 설치와 실행을 완전하게 지원한다. 또한 운영체제에서 구동되는 각종 소프트웨어도 모두 설치 및 실행할 수 있다.

가상화는 하드웨어와 소프트웨어의 협업으로 이루어지며, 실제 하드웨어 자원과 가상머신 사이에서 가상화를 제공하는 소프트웨어를 '하이퍼바이저(Hypervisor)'라고 한다. 가상머신이 운영되는 각각의 컴퓨터마다 하이퍼바이저가 탑재된다. 하이퍼바이저가 제어하는 하드웨어 자원의 설정은 시스템 관리자가 직접 설정할 수도 있고, 소프트웨어에 의해 자동으로 관리할 수도 있다.

각각의 가상머신에는 CPU, 램, 저장소, 네트워크 대역폭 등을 모두 다르게 설정할 수 있다. 하이퍼바이저는 설정된 내용을 바탕으로 가상머신들과 하드웨어 자원을 연계하고 사용을 중재하게 된다. 여러 개의 가상머신을 운영하는 물리적인 실제 컴퓨터를 '호스트(Host)'라고 하며 개별 가상머신을 '게스트(Guest)'라고 부른다.

가상머신은 자신을 진짜 컴퓨터라고 간주하고 작동한다. 가상머신에서 실행된 운영체제도 자신이 진짜 컴퓨터에서 실행되는 것으로 알고 있으며 애플리케이션이나 네트워크의 다른 컴퓨터도 모두 가상머신을 진짜 컴퓨터와 구분하지 못한다. 이처럼 가상머신은 물리적인 실제 컴퓨터와 사실상 동일하게 동작한다.

가상머신은 완전히 소프트웨어로만 구성되며 하드웨어 구성 요소를 직접적으로 포함하지는 않는다. 따라서 가상머신은 물리적인 실제 컴퓨터와 구분되는 다음과 같은 몇 가지 특징을 가진다.

가상머신은 하드웨어 독립성 및 호환성을 가지며 각각의 가상머신들은 격리되어 작동한다. 가상머신들이 실제 컴퓨터의 물리적인 하드웨어 자원을 공유하더라도, 마치 별개의 물리적인 컴퓨터에서 작동하는 것처럼 각각의 가상머신들은 완전히 격리된 상태를 유지한다. 각각의 가상머신들은 서로의 프로세스나 메모리 공간을 침범할 수 없을 뿐만 아니라 하나의 가상머신에 문제가 발생하거나 가동이 중지되어도 다른 가상머신은 계속 실행 가능하다.

가상머신은 파일 형태로 저장되며 이를 '가상머신 이미지(VMI: Virtual Machine Image)'라고 한다. 가상머신 이미지 파일 하나에 운영체제와 애플리케이션들을 모두 포함할 수 있어 사용 및 관리가 무척 용이하다. 가상머신 이미지를 가동하면 해당 이미지에 담긴 내용 그대로의 컴퓨터가 실행된다. 가상머신 이미지는 저장소 위치에 관계없이 한 위치에서 다른 위치로 복사 및 이동할 수 있을 뿐만 아니라 USB 메모리 등과 같은 이동형 디스크 및 네트워크상의 저장소에 저장해서 이용할 수도 있다.

가상머신의 생성과 실행이 기술적인 측면에서 구체적으로 어떻게 이루어지는지는 너무 전문적인 영역이므로 여기에서 다루지는 않겠다. 중요한 사항은 가상머신이 클라우드 서비스에서 광범위하게 사용되는 기본적인 구성 요소라는 점이다. 가상머신을 이용함으로써 클라우드는 컴퓨터 자원을 공유하고 필요에 따라 신속하게 확장하거나 축소할 수 있는 것이다.

가상머신은 가상화의 구체적인 결과물이지만 이것이 가상화의 전부는 아니다. 사실 가상화는 클라우드 개념이 등장하기 이전부터 존재했으며, 또한 클라우드에서만 가상화를 이용할 수 있는 것도 아니다.

우리가 지금까지 살펴본 가상화는 주로 서버 컴퓨터와 관련된 '서버 가상화(Server Virtualization)'에 대한 내용이었는데 가상화는 그 외에도 여러 분야에서 사용되고 있다. 예를 들어 물리적인 컴퓨터를 분리해 최종 사용자를 위한 가상 데스크톱 환경을 제공하는 '데스크톱 가상화(Desktop Virtualization)', 네트워크 대역폭을 분리해 특정 서버에 할당하는 '네트워크 가상화(Network Virtualization)', 애플리케이션을 하드웨어와 운영체제에서 분리하는 '소프트웨어 가상화(Software Virtualization)', 네트워크의 여러 저장소를 결합해 단일 저장소로 만드는 '저장소 가상화(Storage Virtualization)' 등 다양한 가상화가 존재한다.

클라우드의 관점에서 가상화는 떼려야 뗄 수 없는 깊은 관계를 맺고 있다. 특히 가상화는 단순한 서버 호스팅과 클라우드를 구분하는 가장 중요한 차이점이라고 볼 수 있다. 클라우드가 갖는 여러 장점 중 상당수는 가상화로부터 비롯된 것이다.

마지막으로 클라우드에서 가상화를 이용함으로써 얻을 수 있는 장점을 세 가지로 요약해서 살펴보겠다.

첫째, 가상화를 이용하면 컴퓨터 자원의 사용률을 극대화할 수 있다. 가상화되지 않는 환경에서는 자원의 사용률이 10~20퍼센트 정도에 불과한 반면에, 가상화를 이용하면 자원을 공유할 수 있기 때문에 자원의 사용률을 60~90퍼센트까지 높일 수 있다. 클라우드 서비스는 자원의 사용량을 계속 모니터링하면서 가상머신의 자원 사용량에 따라 유동적으로 자원을 재배치한다.

둘째, 가상화를 이용하면 비즈니스에 필요한 새로운 애플리케이션의 배포 시간을 크게 단축시킬 수 있다. 클라우드 서비스는 가상화와 관련된 다양한 자동화 기능을 보유하고 있으며 준비된 프로세스를 통해 신속하게 가상머신을 생성하고 애플리케이션을 배포할 수 있다.

셋째, 예상하지 못한 다운타임(Downtime), 즉 시스템을 사용할 수 없을 때 이를 복구하는 데 걸리는 시간을 크게 단축할 수 있다. 가상머신이 중단될 경우 신속하게 다른 가상머신을 할당해 시스템을 운영하는 것이 가능하다.

사례: 안드로이드 가상머신, 마이크로소프트 애저, VM웨어 호라이즌

일반 사용자가 클라우드 기반의 가상화를 직접 구현해 보기는 어렵지만, 개인 PC에서 손쉽게 가상머신을 체험해 볼 수 있는 방법이 있다. PC에서 안드로이드 가상머신을 이용해 안드로이드 전용 앱이나 게임을 실행해 보는 것이다. 블루스택(BlueStacks), 녹스 앱플레이어(NoxPlayer), 지니모션(Genymotion) 등 다양한 안드로이드 에뮬레이

블루스택을 이용해 PC에서 스마트폰 게임을 하는 화면[6]

터가 존재하니 관심있는 독자들은 직접 설치해 이용해 보기 바란다.

주요 클라우드 서비스 제공업체들은 모두 가상화를 핵심 기능으로 강조한다. '마이크로소프트 애저(Microsoft Azure)'라는 브랜드로 클라우드 사업을 하고 있는 마이크로소프트는 윈도우 서버, 리눅스, 오라클, SAP 등을 모두 지원하는 '애저 가상머신(Azure Virtual Machines)'을 제공한다. 이를 기반으로 개발, 테스트, 애플리케이션 실행을 할 수 있는 유연한 가상화를 내세우고 있다.

애저 가상머신은 몇 초 내에 생성할 수 있으며 클라우드를 통해 사용할 수도 있고 기업의 내부 시스템에서도 이용할 수 있다. 사용자는 자신이 사용할 가상머신 이미지를 직접 만들거나 또는 인증받은 '미리 구성된 가상머신 이미지' 파일을 '애저 마켓플레이스(Azure

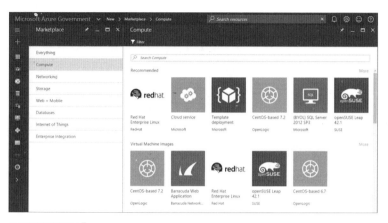

애저 마켓플레이스[7]

Marketplace)'에서 다운로드하여 사용할 수도 있다. 애저 마켓플레이스에서 제공하는 미리 구성된 가상머신 이미지에는 운영체제 및 소프트웨어가 설치되어 있기 때문에 파일을 다운로드해서 가동시키면 즉시 완전한 서버 컴퓨터를 이용할 수 있다.

가상화 전문 기업이자 지금은 주요 클라우드 서비스 제공업체 중 하나인 VM웨어(VMware)는 가상화와 관련된 여러 제품 및 서비스를 출시하고 있다. 'VM웨어 호라이즌(VMware Horizon)'은 최종 사용자의 기기나 장소에 관계없이 가상화된 데스크톱 환경을 제공한다.

미국의 통신기업 티모바일(T-Mobile)은 VM웨어 호라이즌을 이용해 직원들에게 가상 데스크톱 환경을 제공하고 있다. 이를 이용하면 모든 데이터와 파일이 클라우드에 저장되기 때문에 직원들은 어떤 기기에서 접속하더라도 마지막 작업 환경 그대로 작업할 수 있다.

CHAPTER 5

클라우드 시장을 이끄는 글로벌 기업들

<u>기업들의 클라우드 도입이</u> 지속적으로 늘어나고 클라우드 사업의 수익성이 높아지면서 클라우드 시장 경쟁이 점점 더 치열해지고 있다. 시장에는 수많은 클라우드 서비스 제공업체가 존재하는데 그 중에서 최상위권에 있는 4대 업체와 그 서비스에 대해 살펴보자.

클라우드의 강자들: 아마존, 마이크로소프트, 세일즈포스닷컴, 구글

인터넷 서점으로 출발해 종합 쇼핑몰로 자리잡은 아마존은 2006

년 일찍이 'AWS(Amazon Web Services)'라는 브랜드로 클라우드 사업을 시작해 클라우드 시장의 강자가 되었다. AWS는 오랫동안 클라우드 시장 점유율에서 1위를 차지했을 뿐만 아니라, 아마존의 전체 이익에서도 AWS가 차지하는 비중이 상당해 아마존의 효자 사업이다.

AWS의 하위에는 특정 기능을 제공하는 다양한 클라우드 서비스가 존재한다. 아마존은 특히 IaaS 분야의 강자인데 그중 대표 격인 'EC2(Elastic Compute Cloud)'는 웹 인터페이스를 통해 사용자가 필요로 하는 컴퓨터 자원을 간편하게 제공받고 구성할 수 있도록 되어 있다. 사용자는 EC2를 통해 즉시 이용할 수 있는 가상의 서버 컴퓨터를 거의 무한대로 생성할 수 있으며 소프트웨어를 마음껏 설치하고 테스트하고 실제 환경에서 운영할 수 있다.

'S3(Simple Storage Service)'는 99.999999999퍼센트의 내구성을 가진 클라우드 저장소를 제공하며 사용자는 이를 이용해 언제든지 용량에 관계없이 데이터를 저장하고 검색할 수 있다. S3에 저장된 데이터는 암호화를 통해 보호되며 의도하지 않은 사용자 작업, 애플리케이션 오류, 하드웨어 장애 등 논리적 장애 및 물리적 장애로부터 데이터가 손실되지 않도록 해 준다. 당연히 EC2와 S3 모두 사용한 만큼만 비용을 지불하면 된다.

마이크로소프트는 2010년 '윈도우 애저(Windows Azure)'라는 브랜드로 클라우드 사업을 시작했고 2014년 브랜드 명칭을 '마이크로소프트 애저(Microsoft Azure)'로 변경했다. 아마존에 비해서는 4년이나 늦게 클라우드 사업을 시작했지만, 마이크로소프트가 보유한 탄탄한 엔터프라이즈 고객층을 기반으로 빠르게 성장해 현재는 마이크로소프트에서 가장 성공적인 사업 부문 중 하나로 자리잡았다.

마이크로소프트는 특히 프로그래밍 언어와 개발도구 분야에서 상당한 저력을 갖고 있는데 애저의 PaaS에도 그런 특성이 잘 반영되어 있다. 애저 하위에는 100개 이상의 다양한 서비스가 제공되며 개발자들이 이를 이용해 웹사이트나 모바일 앱을 손쉽게 개발할 수 있도록 지원한다. 또한 애저를 통해 반복적이고 시간이 오래 걸리는 작업을 손쉽게 자동화할 수 있으며 애플리케이션 모니터링, 로그 분석, 패치, 백업 등도 기본적으로 제공한다.

세일즈포스닷컴은 1999년 설립되었으며 웹 기반의 CRM(Customer Relationship Management) 서비스를 제공하면서 인기를 끌기 시작했다. 세일즈포스닷컴은 일반 사용자들에게 그리 널리 알려진 기업은 아니지만 업계에서 탄탄한 입지를 가진 강력한 SaaS 제공업체 중 하나다. 세일즈포스닷컴은 미국 경제 전문지 〈포브스〉가 선정한 '세계에서 가장 혁신적인 기업 1위'로 선정되기도 했다.[8]

세일즈포스닷컴은 특히 기업고객을 위해 다양한 업무용 클라우드 애플리케이션을 제공하는 분야에서 두각을 나타내고 있다. 세일즈포스닷컴은 자사가 만든 클라우드 애플리케이션을 고객들에게 제공할 뿐만 아니라 '앱익스체인지(AppExchange)'라는 명칭의 스토어를 개설해 여러 외부 업체에서 만든 마케팅, 인적자원, 영업 등 다양한 분야의 클라우드 애플리케이션을 제공한다. 사용자는 앱익스체인지에서 자신이 원하는 애플리케이션을 선택해 즉시 이용할 수 있다.

또한 세일즈포스닷컴은 '포스닷컴(Force.com)'을 통해 클라우드 애플리케이션 개발을 위한 개발도구와 데이터베이스 등을 제공하는 PaaS도 서비스하고 있다. 개발자들은 포스닷컴을 이용해 클라우드 애플리케이션을 개발하고 이를 앱익스체인지에 올려 판매할 수 있다.

구글은 2011년부터 본격적으로 '구글 클라우드 플랫폼(Google Cloud Platform)'이라는 브랜드로 클라우드 사업을 전개하고 있다. 구글 클라우드 플랫폼의 하위에는 수많은 클라우드 서비스가 존재하는데 대표적인 것으로 '컴퓨트엔진(Compute Engine)', '앱엔진(App Engine)' 등을 꼽을 수 있다.

컴퓨트엔진을 이용하면 CPU와 메모리를 사용자가 원하는 대로 선택해 즉각 가상의 서버 컴퓨터를 제공받을 수 있으며 사용한 시간만큼 초 단위로 비용을 지불하면 된다. 앞에서 언급한 바 있는 앱엔진은 클라우드 애플리케이션을 개발할 수 있는 강력한 PaaS로, 이를 이용해 애플리케이션의 개발, 테스트, 배포 및 버전관리(Version Control)를 손쉽게 할 수 있다. 버전관리란 소스코드, 문서 등 파일 내용의 변경에 따라 달라지는 여러 버전을 관리하는 것을 의미하며, 이를 이용하면 문제가 발생했을 때 이전 버전으로 손쉽게 복구할 수 있다.

구글은 개발자 커뮤니티에서 인기가 높은 업체이기 때문에 앱엔진에 대해서도 관심을 가진 개발자들이 많으며, 이는 구글의 클라우드 사업에 유리하게 작용하고 있다.

지금까지 주요 클라우드 서비스 제공업체들을 살펴보았는데 이외에도 IBM, 레드햇, VM웨어, SAP, 오라클 등 주목할 만한 여러 클라우드 서비스 제공업체가 있다. 클라우드 서비스는 고도의 기술 집약체이며, 방대한 컴퓨터 자원을 제공하기 위해서는 대규모의 데이터센터가 필요하다. 그렇기 때문에 클라우드 서비스 제공업체는 뛰어난 기술력과 더불어 막강한 자본력을 갖추고 있어야 한다. 그런 이유로 인해 글로벌 IT 기업들이 클라우드 시장을 장악하고 있는 것이 현실이다.

일부 국내 기업들이 클라우드 시장에 뛰어든 상태이지만 기술력과 자본력뿐만 아니라 외부 개발자와 엔지니어의 충성도, 즉 생태계 조성에 있어서도 불리한 입장이기 때문에 성공을 낙관하기는 어려운 상황이다.

클라우드는 해외에서 등장 초기부터 큰 주목을 받으면서 여러 기업으로 확산되었지만, 국내에서는 보수적인 IT 조직문화와 여타 환경적인 이유들로 인해 클라우드 시장 전반이 해외에 비해 더디게 성장했다.

그러던 2016년 1월 아마존이 서울 리전(Region)을 정식으로 오픈하고 본격적인 마케팅과 기술 지원을 제공하면서 점차 국내 클라우드 시장도 달아오르기 시작했다. 참고로 리전은 클라우드 업체들이 데이터센터를 구축하고 주요 사업 거점으로 삼는 지역을 뜻하는 용어다.

아마존의 본격적인 국내 시장 개척과 함께 빅데이터, 인공지능 등 클라우드를 이용하지 않을 경우 대응이 쉽지 않은 신기술들이 쏟아지면서 국내 기업들도 클라우드 도입에 전향적인 입장을 취하게 되었다. 최근 들어 국내 클라우드 시장은 과거 지지부진하던 모습을 상상하기 어려울 정도로 크게 성장하고 있으며 앞으로의 시장 전망도 밝은 상태다.

아마존에 이어 마이크로소프트, 구글, 오라클 등이 국내에 리전 설치를 했거나 계획을 발표하면서, 클라우드 시장이 뒤늦게 활성화되었으나 성장세가 빠른 한국을 거점으로 아시아 시장을 적극 공략하려는 움직임을 보이고 있다. 앞으로 해외 시장은 물론 국내 시장에서도 1위 업체인 아마존과 이를 추격하는 마이크로소프트, 후발 주자인 구글의 경쟁이 몹시 치열해질 것으로 전망된다.

사례: 인터콘티넨탈호텔, MPAC, 파머스보험

유명 호텔 체인 '인터콘티넨탈호텔그룹(IHG: InterContinental Hotels Group)'은 전 세계 100여 개국에 5,200개 이상의 부동산을 보유하고 있다. 인터콘티넨탈호텔은 마이크로소프트의 클라우드를 호텔의 일부 분야에 적용해 본 후 성과에 만족해 4년에 걸쳐 단계적으로 자동화 제어, 데이터 분석, 보안 등 여러 기존의 시스템을 클라우드로 이전하기로 결정하고 직원들에게도 클라우드 기반의 오피스365를 이용하도록 했다.[9]

인터콘티넨탈호텔은 무엇보다 클라우드가 이용하기 쉽고 간편하게 애플리케이션을 배포할 수 있는 데다 무한대로 확장 가능하며 거의 실시간으로 변경 작업이 가능하다는 점에서 상당히 매력적이라고 밝혔다.

'MPAC'은 캐나다 온타리오주가 자금을 지원하는 독립적인 비영리법인으로, 주정부가 정한 법률 및 규정에 따라 온타리오주에 있는 500만 개 이상의 모든 부동산을 정확하게 평가하고 분류하는 부동산 감정 업무를 맡고 있다.

MPAC은 기존 시스템 대신 아마존의 클라우드를 이용함으로써 무려 10분의 1의 비용으로 5,000퍼센트나 빠르게 부동한 감정 계산 작업을 처리할 수 있게 되었다고 밝혔다.[10]

미국의 보험사 '파머스보험(Farmers Insurance)'은 보험에 가입한 고객에게 사고가 발생하면 손해를 산정해야 하는데 이는 복잡하고 시간이 많이 소요되는 과정이다. 기존 시스템을 이용할 때는 최초 보상 신고를 하는 데 평균 12분의 시간이 걸렸지만 세일즈포스닷컴의 클라우드와 연동되는 파머스보험의 모바일 앱을 이용하면 최소 3분이 걸리는 것으로 나타났다.[11]

파머스보험은 고객들과 직접 상호작용하기 위한 커뮤니티 서비스도 세일즈포스닷컴의 클라우드를 통해 운영하고 있으며 이를 통해 고객 관계를 개선할 수 있었다고 밝혔다.

CHAPTER 6

클라우드를 도입하면
기업이 어떻게 달라질까?

이제 업종을 막론하고 시장을 선도하는 기업의 대부분은 클라우드를 이용해 비즈니스를 구현하고 있다. 기업은 클라우드를 통해 비용을 절감하면서도 생산성과 경쟁력을 강화시킬 수 있게 되었다. 전사적인 관점에서 클라우드는 기업의 정보시스템 체계를 혁신하고 비즈니스의 효율성을 증대시킨다.

지금부터 기업들이 클라우드의 도입을 계속 확대하는 주된 이유를 세 가지로 정리해 보고, 마지막으로 클라우드와 차세대 기술과의 관계를 살펴보자.

기업이 클라우드를 도입하는 이유와 효과

첫째, 치열한 시장 경쟁으로 인해 '비즈니스의 민첩성'이 날이 갈수록 중요해지고 있다. 이제는 경쟁이 아니라 전쟁이라 할 만한 상황이 펼쳐지고 있으며, 그에 따라 새로운 비즈니스를 적시에 신속하게 구현함으로써 경쟁 업체보다 앞서 나가는 것이 무엇보다 중요해졌다.

클라우드는 기업이 필요로 하는 즉시 원하는 만큼의 컴퓨터 자원을 제공하고 언제든지 필요에 따라 확장하거나 축소할 수 있다. 또한 기업이 필요로 하는 많은 기능이 클라우드에서는 이미 쉽게 사용할 수 있는 서비스 형태로 만들어져 제공된다. 클라우드를 이용하면 기업이 원하는 애플리케이션의 개발 기간이 상당히 단축되며 애플리케이션의 배포도 빠르게 할 수 있다. 만일 사업이 실패할 경우에는 신속하게 철수할 수 있다.

둘째, 수익성 개선을 위한 '전략적 비용 절감'의 필요성이 커지고 있다. 과거의 비용 절감은 단기적 극약 처방에 그치는 경우가 많았으며 그로 인해 오히려 생산성이나 경쟁력이 약화되는 결과가 나오기도 했다. 하지만 클라우드를 통한 전략적 비용 절감은 비용을 줄임과 동시에 생산성 및 경쟁력을 강화하는 방법을 찾으려는 노력이다.

클라우드를 이용하면 기업은 IT에 들어가는 막대한 초기 투자비용을 절감할 수 있으며 비즈니스를 하는 데 필요한 만큼의 컴퓨터 자원만 제공받고 이용한 만큼의 비용만 지출하면 된다. 값비싼 컴퓨터 자원을 탄력적으로 이용할 수 있는 것이다. 특히 경제 불황 시기에는 IT 비용을 절감하여 비즈니스에 투입하려는 기업들이 늘어나는데, 클라우드를 효과적으로 이용해서 절감한 비용을 비즈니스 부문에 투자함으로써 오히려 생산성 및 경쟁력을 높일 수 있다.

예를 들어 사업 초기의 스타트업들은 레거시 시스템이라는 것이 아예 없는 데다 자본이 부족하기 때문에 자본을 시스템 비용에 매몰하기보다는 아이디어를 실현하고 테스트하는 데 사용할 수 있다. 그래서 스타트업들은 전체 시스템의 대부분을 클라우드 기반으로 운영하는 경우가 많고 클라우드 서비스 제공업체도 스타트업들을 주요 고객으로 삼고 각종 지원을 하고 있다.

팟캐스트(Podcast) 서비스 사업을 하는 스웨덴의 스타트업 '에이캐스트(Acast)'는 3명의 개발자로 사업을 시작했기 때문에 프로그래밍과 시스템 구축에 투자하는 비용을 최소화할 필요가 있었다. 에이캐스트는 한 달에 5,000만 건에 달하는 팟캐스트를 스트리밍하는데 이는 결코 적은 양이 아니다. 에이캐스트의 창업자는 "소프트웨어가 실행되는 기계가 무엇인지 걱정하는 것은 이제 낡은 사고방식"이라고 밝혔다.

에이캐스트는 사업 초기 구글, IBM, 마이크로소프트의 클라우드를 검토한 결과 마이크로소프트의 클라우드가 자사 서비스와 잘 맞다고 결정했으며 클라우드를 이용해 8시간 만에 애플리케이션을 개발하고 데모를 만들 수 있게 되었다고 밝혔다. 에이캐스트는 클라우드를 이용해 비즈니스의 민첩성과 전략적 비용 절감을 동시에 달성한 사례다.[12] 이처럼 자사의 비즈니스에 잘 들어맞는 클라우드를 도입할 경우에는 비즈니스 성격에 따라 경이로울 정도의 생산성 향상을 경험할 수도 있다.

셋째, 결국 최종 사용자들이 원하는 것은 IT의 최적화가 아니라 '비즈니스의 최적화'다. 모바일로 인해 최종 사용자들이 작업하는 방식과 욕구에 커다란 변화가 발생했다. 기업의 임직원들이 PC뿐만 아니라 스마트폰, 태블릿 등의 다양한 모바일 기기들을 이용해 언제 어디서나 어떤 기기로 접속하든지 회사 애플리케이션과 동일한 데이터, 문서에 접근해 곧바로 작업할 수 있는 환경이 필요해졌다.

물론 회사의 보안 정책에 따라 접근 제한이 필요할 수도 있고, 퇴근 후에도 회사 업무에 노출되는 것에 대한 우려도 존재하는데, 그것은 다른 주제이니 여기에서 다루지는 않겠다.

클라우드를 이용하면 최종 사용자들이 사용하는 각각의 기기마다 일일이 애플리케이션 및 데이터를 설치하거나 복사하지 않아도 언제나 최신의 것으로 사용할 수 있다. 이는 일관된 사용자 경험을 제공할 뿐만 아니라 불필요한 시간 낭비를 줄여 준다.

또한 클라우드의 자원을 이용하면 개별 기기가 가진 성능, 기능, 저장소의 한계도 극복할 수 있다. 사용자가 이용하는 기기는 단말기에 불과할 뿐 대부분의 처리가 클라우드상에서 이루어지고 사용자 기기에서는 화면 처리와 간단한 연산만 발생하기 때문이다.

해외에 있거나 재택근무를 하는 동료, 협력 업체 직원, 프리랜서 등 다양한 구성원이 협업을 통해 함께 프로젝트를 진행하는 경우도 늘고 있는데, 클라우드를 이용하면 장소, 시간, 기기에 구애받지 않는 실시간 협업과 실질적인 '스마트워크(Smart Work)'가 가능하다.

오해가 없도록 첨언하자면, 스마트워크는 기존의 고정된 사무 공간을 탈피하여 언제 어디서나 어떤 기기를 이용하든 업무를 수행할 수 있는 업무 환경을 통칭하는 말이다. 그런데 이는 단지 기술적인 측면이 아니라 시간과 장소에 얽매이지 않고 언제 어디서나 일할 수 있는 유연한 회사 정책과 조직문화가 반드시 뒷받침되어야 하는 문제다. 클라우드는 스마트워크를 위한 IT 환경만 제공할 뿐이다.

과거에 최종 사용자는 IT 부서가 제공해 주는 서비스만 이용할 수 있었지만, 이제는 최종 사용자 스스로 자신의 업무에 맞는 다양한 클라우드 애플리케이션을 선택해 이용하고 데이터를 분석할 수 있게 되었다. 결과적으로 클라우드는 최종 사용자가 자신의 업무를 개선하거나 창의적인 아이디어를 빠르게 구현하고 검증하는 데 큰 도움을 줄 수 있다.

차세대 기술들과 클라우드의 밀접한 관계

클라우드는 그 자체로도 상당한 중요성을 갖고 있지만, 클라우드의 진정한 미래지향적 가치는 클라우드가 인공지능, 블록체인, 빅데이터(Big Data), 사물인터넷(IoT: Internet of Things), 자율주행차, 드론 등 여러 신기술 및 차세대 기술의 중요한 '플랫폼' 역할을 하고 있다는 점이다.

예를 들어 인공지능이 쓸 만한 결과물을 도출하기 위해서는 방대한 데이터를 학습해야 하고, 인공지능에 외부 개발자들이 접속해 다양한 애플리케이션을 개발하고 구동할 수 있도록 해야 하는데 그러기 위해서는 상당한 컴퓨터 자원이 필요하다. 그런 이유로 IBM 왓슨, 아마존 알렉사 등 업계의 대표적인 인공지능 플랫폼들은 클라우드를 기반으로 구축되어 있으며 관련된 여러 서비스도 모두 클라우드로 제공되고 있다.

빅데이터의 경우에도 클라우드 없이는 실시간으로 쏟아지는 엄청난 양의 데이터를 빠르게 처리하는 것이 사실상 불가능하다. 사물인터넷도 여러 지역에 흩어진 수십만 개 이상의 기기들을 관리하고 데이터를 수집하기 위해서는 클라우드가 필수적이다.

클라우드 기반의 '아마존 머신러닝(Amazon Machine Learning)' 서비스는 시각화 도구와 마법사를 제공함으로써 개발자들이 복잡한 머신러닝 알고리즘을 배우지 않고서도 손쉽게 머신러닝을 이용할 수 있도록 해 준다. 참고로 딥러닝은 머신러닝의 일부이기 때문에 업계에서는 딥러닝 기법과 다른 머신러닝 기법을 모두 포괄하는 개념에서 머신러닝이라는 용어를 사용하는 경우가 많다.

이외에도 아마존은 챗봇을 빠르고 쉽게 개발할 수 있도록 해 주는 클라우드 서비스도 제공하는데, 해당 서비스에는 아마존의 인공지능 플랫폼 알렉사에 탑재된 것과 동일한 인공지능 기술이 사용되고 있다. 또한 아마존은 머신러닝 기술로 이미지 분석을 해 주는 서비스도 제공하며, 개발자가 이를 이용하면 정교한 비주얼 검색 및 이미지 분류 기능을 자신의 애플리케이션에 손쉽게 탑재할 수 있다. 아마존은 머신러닝 기술로 텍스트를 음성으로 합성해 출력하는 서비스도 제공하며 이를 이용해 한국어 포함 수십여 개 이상의 언어로 사람 목소리를 합성할 수 있다.

이처럼 여러 다른 신기술 및 차세대 기술의 중요한 토대로서 클라우드의 역할이 점점 더 중요해지고 있다. 그에 따라 거의 모든 클라우드 서비스 제공업체는 인공지능, 블록체인, 빅데이터, 사물인터넷 등을 지원하는 서비스를 계속 강화하고 있는 추세다.

물론 모든 경우에 있어서 대안은 있기에 클라우드가 유일한 선택은 아니지만, 많은 경우 클라우드를 이용하는 것이 가장 효율적이라는 점은 분명하다.

PART 4

빅데이터

기업의 궁극적인 디지털 자산

CHAPTER 1

빅데이터가 기존 데이터 분석과 다른 점은 무엇일까?

<u>빅데이터(Big Data)는 2010년을 전후로</u> IT업계에서 크게 주목받는 새로운 트렌드로 떠올라 현재까지 인기를 끌고 있다. 앞으로도 데이터 분석 분야에서 빅데이터를 대체하는 새로운 키워드가 등장하기 전까지는 당분간 주요 트렌드로 자리매김할 것으로 전망된다. 그렇다면 빅데이터란 도대체 무엇이며 왜 인기를 끌고 있는 것일까?

IT 용어들이 대부분 그렇듯이 딱 하나의 해석만 존재하는 것이 아니기에, 빅데이터라는 용어도 전문가나 기업에 따라 다 다르게 해석하는 경우가 많다. 여러 내용을 종합해서 그 개념을 정리해 보면 '빅데이터는 전통적인 데이터베이스(Database)를 이용해 저장·관리·분석할 수 있는 규모를 초과하는 데이터로, 다양한 유형의 데이터로

190

구성되어 있으며 이를 신속하게 활용해 가치를 창출하는 것'으로 정의해 볼 수 있다.

빅데이터에 대해 좀 더 구체적으로 설명하기 전에 먼저 데이터와 데이터베이스에 대해 간단히 살펴볼 필요가 있다. 그리고 그간 데이터 분석이 어떻게 변해 왔으며 빅데이터가 기존의 전통적인 데이터 분석과 어떤 차이가 있는지 살펴보도록 하자.

데이터베이스와 비즈니스 인텔리전스

데이터는 사전적인 의미로 증명, 판단, 결정 등을 위한 자료를 뜻하는데 IT업계에서는 그러한 자료가 문자, 이미지, 소리, 동영상 등의 형태로 컴퓨터에 저장되어 있는 것을 의미한다. 데이터베이스는 그러한 데이터를 체계화해서 모아 둔 데이터의 묶음 파일이다.

데이터베이스의 일종인 '관계형 데이터베이스(RDB: Relational Database)'는 데이터를 키(Key)와 값(Value)의 관계로 표현해 행렬로 테이블화한 것으로, 키를 통해 값을 곧바로 찾을 수 있기 때문에 활용성이 아주 높아 오랫동안 업무용 애플리케이션 개발에 필수적으로 사용돼 왔다.

사실상 대부분의 애플리케이션은 데이터를 입출력하면서 작동된다. 좀 더 자세히 말하자면, 애플리케이션은 입력된 데이터를 처리해 이를 저장하고 사용자가 원하는 방식에 맞추어 데이터를 출력하는 형태로 동작한다고 볼 수 있다. 우리가 일상적으로 사용하는 포털, 검색엔진, 메신저, 배달 앱 등이 모두 데이터베이스를 이용해 이런 식으로 데이터를 처리한다.

이처럼 IT 산업에서 데이터베이스는 중요한 위상을 차지하며 이를 제품화해 성공한 기업에게 막대한 부를 안겨 주었다. 오라클(Oracle)은 데이터베이스 관련 제품을 주력으로 삼아 성장했는데 일반 소비자들에게는 그리 알려지지 않은 기업이다. 하지만 오라클은 관계형 데이터베이스 제품으로 엔터프라이즈 시장에서 큰 성공을 거두었고 마이크로소프트, 구글, IBM 등과 함께 전 세계 소프트웨어 기업 순위에서 매출 기준 톱5에 드는 최상위 기업이다.

다음으로 데이터 분석을 살펴보자. 앞서 언급한 것처럼 데이터베이스는 애플리케이션의 주요 구성 요소다. 기업들은 데이터베이스를 이용하는 각종 업무용 애플리케이션을 직접 개발하거나 외부에서 도입해 비즈니스 전반을 점차 '정보시스템(Information System)'으로 구현하게 되었다. 이것이 바로 '정보화(Informatization)' 과정이다.

이러한 정보화를 통해 계속 데이터가 축적되면서 이렇게 쌓인 데이터를 좀 더 효과적으로 활용하고자 하는 욕구가 생겨났다. 그러한 기업고객의 욕구를 간파한 업체들이 데이터 분석 솔루션을 개발해 시장에 출시했고, 그것이 인기를 끌면서 전통적인 데이터 분석 분야가 태동되었다.

전통적인 데이터 분석은 주로 내부 의사결정을 지원하는 데 초점을 두었다. 즉, 데이터 분석 담당자가 그간 모은 데이터를 분석해 경영진에게 보고하고 경영진은 좀 더 합리적인 의사결정을 내리는 데 이를 참고했다. 이러한 전통적인 데이터 분석은 지금까지 OLAP(Online Analytical Processing, 온라인 분석 처리), '비즈니스 인텔리전스(BI: Business Intelligence)' 등의 용어로 불리어 왔다.

OLAP는 사용자가 동일한 데이터 세트를 이용해 여러 관점에서 다양한 방식으로 다차원 데이터를 분석할 수 있도록 지원하는 시스템이다. 특히 최종 사용자가 그리 어렵지 않게 데이터를 분석할 수 있도록 하고 이를 의사결정에 활용할 수 있도록 했다는 점에서 의미가 있었다.

비즈니스 인텔리전스는 기업의 비즈니스 전략을 수립하고 실행하는 데 필요한 데이터를 수집 및 분석하고 이를 통해 적절한 의사결정을 도와주는 것을 목적으로 하는 시스템 및 관련 기술의 모음을 뜻한다. 비즈니스 인텔리전스는 여러 기술 요소로 구성되어 있으며 OLAP도 그중 하나로 이용된다.

빅데이터가 갖는 의미

빅데이터는 그러한 전통적인 데이터 분석, 즉 데이터를 분석해 내부 의사결정에 활용하는 수준에서 한층 더 나아간다. 빅데이터에서는 데이터 분석 결과를 직접적으로 제품 및 서비스에 반영하는 것을 목표로 한다. 빅데이터는 데이터베이스를 비롯해 데이터베이스에 속하지 않고 별도로 존재하는 '비정형 데이터(Unstructured Data)'까지 분석 대상으로 삼으며, 수십 테라바이트 이상의 대용량 데이터를 분석하고 그 속에서 가치를 찾아내 활용하고자 한다.

비정형 데이터는 미리 정의된 방식으로 정리되어 있지 않은 데이터, 즉 비구조화된 데이터를 의미한다. 예를 들어 이미지, 동영상, 음성 등이 대표적인 비정형 데이터다.

'빅'이라는 명칭 때문에 이를 단지 대용량의 데이터라고 생각하는 사람이 많지만 그것이 전부는 아니다. 사실 빅데이터라는 용어에는 데이터를 1) 빠르게 분석하고 2) 즉각 비즈니스에 반영한다는 의미가 내포되어 있다.

무엇보다 빅데이터가 기존 데이터 분석과 크게 다른 점은, 빅데이터가 데이터 변화의 흐름에 초점을 두고 있다는 사실이다. 기존 데이터 분석에서는 먼저 데이터를 모아서 정적인 데이터세트를 만들고, 분석 도구를 이용해 다양한 방식으로 분석하고, 분석 결과를 토대로 보고서를 만들고, 이를 기반으로 비즈니스 계획을 세워 프로젝트를 추진하고, 이후에 그 결과를 평가하는 방식으로 진행했다. 즉, 기존의 방식에서는 데이터를 모으고 데이터를 분석하고 개선안을 만들고 개선안을 수개월 또는 수년에 걸쳐 추진한 후 그 결과를 평가하는 과정까지 적지 않은 시간이 소요되었다.

반면에 빅데이터에서 중요한 것은 '속도'다. 데이터를 쏟아내는 원천이 늘어나고 양 또한 막대해짐에 따라 이제는 기업이 분석할 수 있는 속도보다 더 빠르게 데이터가 축적되고 있다. 이러한 추세는 앞으로 점점 더 가속화될 것이다. 시장조사기관 IDC에 따르면, 전 세계 데이터양은 매년 빠르게 증가해 2025년에는 175제타바이트(ZB: Zettabyte, 1ZB는 1조 GB에 해당됨)에 달할 것으로 전망했다.[1] 빅데이터에서 관심을 갖는 데이터는 취합해서 모아 놓은 정적인 데이터세트가 아니라 계속해서 빠르게 실시간으로 유입되는 유동적인 데이터 흐름이다. 그렇기 때문에 기존 방식과는 다른 새로운 접근 방식과 새로운 기술이 필요할 수밖에 없다.

정리하자면, 전통적인 데이터 분석이 주로 경영상 의사결정을 지원하는 정도에 초점을 두고 있었다면, 빅데이터는 빠르게 데이터를 분석하고 그 결과를 고객이 사용하는 제품 및 서비스에 신속하게 반영하는 것에 직접적으로 초점을 두고 있다.

빅데이터는 기존 제품의 개선뿐만 아니라 신제품의 개발 과정 및 개발 속도에 직접적인 영향을 미친다. 빅데이터를 성공적으로 활용하면 거의 즉각적인 매출 증대 및 비즈니스 향상의 효과가 있을 수 있기 때문에 앞으로 빅데이터 활용에 성공한 기업과 실패한 기업의 경쟁력 차이는 점점 더 크게 벌어질 수밖에 없다.

그런 맥락에서 앞으로는 빅데이터 역량을 갖추고서 이를 기반으로 1) 데이터를 빠르게 이해하고 2) 똑똑한 대응 방안을 빠르게 마련하고 3) 빠르게 실행하는 '데이터 민첩성(Data Agility)'이 중요한 기업 경쟁력 중 하나로 평가될 것이다.

사례: 구글, 도미노, 넷플릭스

구글은 빅데이터를 가장 잘 활용하는 기업 중 하나다. 구글의 거의 모든 제품은 빅데이터를 기반으로 만들어져 있어 '구글은 빅데이터 기업'이라고 표현해도 무방할 정도다. 구글은 특히 강력한 빅데이터 기술력을 바탕으로 경쟁 업체가 흉내 낼 수 없는 수준의 제품을 만들어 경쟁력을 확보하고 있다.

구글의 주 수입원이라 할 수 있는 검색엔진 및 광고 서비스의 각종 알고리즘은 빅데이터 그 자체이며, 또한 빅데이터를 통해 지속적으로 서비스를 최적화함으로써 수익을 극대화하고 있다. 최근에는 빅데이터를 기반으로 한 딥러닝에도 많은 투자를 하고 있다.

구글은 자사의 클라우드를 통해 빅데이터를 대화식으로 분석할 수 있도록 해 주는 '빅쿼리(BigQuery)' 서비스를 제공하고 있다. 사용자가 직접 대규모의 데이터를 저장하고 분석하기 위해서는 상당한 컴퓨터 자원이 필요하며 시스템 구축에도 적지 않은 비용과 시간이 소모된다. 빅쿼리를 이용하면 즉시 구글의 막강한 클라우드와 빅데이터 인프라를 이용해 초고속으로 빅데이터를 처리 및 분석할 수 있다.

피자 배달업체 '도미노(Domino's)'는 고객 정보, 주문 빈도, 주문 방법 등 자사가 보유한 데이터를 분석해 소비자 행동 및 선호도를 더 깊이 이해하기를 원했다. 도미노는 구글의 빅쿼리와 추가적으로 몇 가지 클라우드 서비스를 함께 이용해 다양한 원천에서 수집한 각

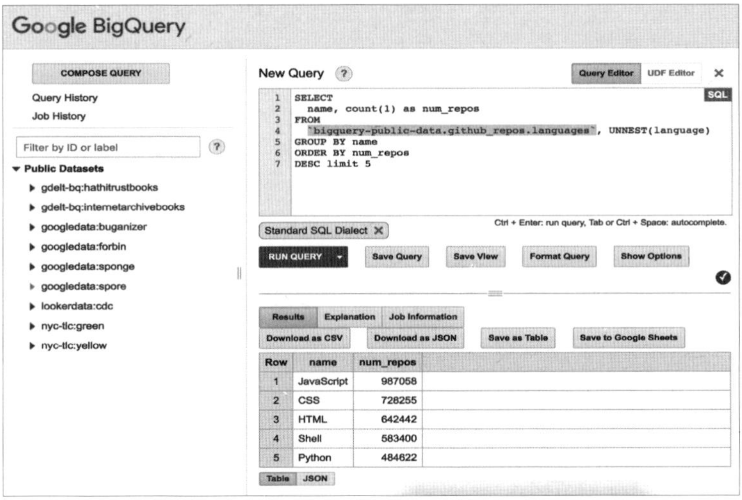

구글의 빅쿼리를 사용하는 화면[2]

종 데이터를 통합하고 고객 행동을 추적함으로써 광고 및 운영비용을 상당히 절감할 수 있게 되었다고 밝혔다.[3]

사업 초기부터 빅데이터를 적극 이용해 경쟁 업체를 압도한 대표적인 기업으로 '넷플릭스(Netflix)'를 꼽을 수 있다. 넷플릭스는 고객에게 다양한 영상 콘텐츠를 제공하고 매월 멤버십 비용을 받는 단순한 사업 구조를 갖고 있다. 그런데 어떤 사업이든 고객에게 매월 고정적으로 돈을 받는다는 것은 결코 쉬운 일이 아니다. 고객이 호기심에 가입했다가 별로 이용하지 않거나 실망해서 탈퇴하는 것을 막기 위해서는 고객이 회원 상태인 동안에 어떻게든 고객을 사로잡아 멤버십을 유지시켜야 한다.

넷플릭스는 빅데이터를 기반으로 하는 고도의 콘텐츠 추천 모델

'시네매치(CineMatch)'를 개발했다. 시네매치는 영화의 각종 속성과 사용자의 영화 감상 패턴을 분석하고 예측한 결과를 바탕으로 고객에게 소위 취향 저격의 콘텐츠를 추천한다.

넷플릭스는 시네매치를 더욱 개선하기 위한 목적으로 '넷플릭스 현상금(Netflix Prize)'이라는 명칭의 공모전을 개최하여 사용자의 취향에 따라 영화를 추천하는 정확성을 높인 개인이나 팀에게 100만 달러를 지급하기도 했다. 시네매치를 통해 넷플릭스에서는 고전 영화, 극장에서 성공하지 못한 영화, 저예산 독립 영화들도 많은 조회수를 올리게 되었다.

이와 같은 빅데이터 기반의 영리한 알고리즘을 통해 넷플릭스에 사로잡힌 가입자의 상당수는 멤버십을 유지하고 있으며, 그러한 고정 수입을 발판으로 삼아 넷플릭스는 매년 수천억 원 이상을 투자해 전용 콘텐츠 제작에 나서고 있다. 물론 그러한 전용 콘텐츠 개발 전략도 빅데이터에 기반을 두고 수립된다. 그렇게 만들어진 전용 콘텐츠는 오로지 넷플릭스에서만 볼 수 있기 때문에 신규 가입자 유치 및 멤버십 유지에 커다란 역할을 하고 있다.

이처럼 넷플릭스는 빅데이터를 통해 경쟁력을 더욱 강화하고 있으며 많은 영화제작사가 수익 저하로 어려움을 겪고 있는 것과 달리 넷플릭스는 콘텐츠 유통 시장에서 막강한 존재가 되어 가고 있다.

CHAPTER 2

빅데이터의 3대 속성:
규모, 다양성, 속도

<u>업계에서 정의하는 빅데이터의</u> 기본 속성 세 가지로 규모(Volume), 다양성(Variety), 속도(Velocity)를 꼽을 수 있다. 각각의 속성을 좀 더 자세히 살펴봄으로써 빅데이터의 구체적인 성격과 궁극적으로 목표하는 바가 무엇인지 이해해 보자.

데이터에서 가치를 찾아 비즈니스에 빠르게 접목한다

첫 번째로 살펴볼 속성은 '규모(Volume)'다. 빅데이터라는 이름에서 알 수 있듯이 빅데이터는 규모가 큰 데이터를 대상으로 한다. 그렇다면 과연 어느 정도 규모의 데이터가 크다고 볼 수 있을까? 이에 대해 명쾌한 기준이 있는 것은 아니다.

데이터 규모의 판단 기준은 빅데이터가 쓰이는 산업과 적용 분야에 따라 다 다르며, 또한 시간이 흐를수록 계속 변하고 있다. 일반적으로 빅데이터는 수십 테라바이트 이상의 데이터를 의미하는데 경우에 따라서는 1페타바이트(1,000테라바이트)가 넘는 데이터를 의미하기도 한다.

규모의 관점에서 바라본 빅데이터는 1) 수집하고 저장하고 관리하고 분석하는 대상으로서 그 물리적인 규모가 클 뿐만 아니라 2) 그것을 이용해 창출하는 가치 또한 크다고 볼 수 있다.

두 번째 속성은 '다양성(Variety)'이다. 다양성을 이해하기 위해서는 먼저 데이터의 유형이 구조화의 정도에 따라 정형(Structured), 비정형(Unstructured), 반정형(Semi-structured)으로 구분된다는 사실을 알아야 한다.

정형 데이터는 일정한 규칙을 가지고 체계적으로 정리된 데이터, 즉 구조화된 데이터다. 그렇기 때문에 의미 파악이 쉬우며 바로 활용할 수 있다. 데이터 구조가 엄격하게 정해져 있어야 애플리케이션에서 데이터의 입출력을 신속하고 오류 없이 처리할 수 있다. 대표적인 정형 데이터는 데이터베이스가 요구하는 구조에 맞추어 저장된 문자, 숫자, 기호 등이다.

비구조화 데이터라고도 부르는 비정형 데이터는 미리 정의된 데이터 구조로 정리되어 있지 않은 데이터를 의미한다. 즉, 엄격한 데이터 구조를 준수하기 어려운 변칙성과 모호성을 가진 데이터로 이미지, 음성, 영상 등이 대표적인 비정형 데이터다. 과거에 이런 비정형 데이터는 애플리케이션에서 다루기 어려웠기 때문에 파일로 보관한 후 거의 활용되지 않거나 일정 기간이 지난 후 아예 삭제되는 경우도 많았다. 활용성이 떨어지는 반면에 저장 공간의 비용은 비쌌기 때문이다.

반정형 데이터는 데이터베이스의 정형 구조에 맞추어 저장된 것은 아니지만 나름의 구조를 갖추어 저장된 데이터를 의미한다. 예를 들어 HTML(HyperText Markup Language), XML(eXtensible Markup Language) 등 자체 구조를 가진 데이터들이 이에 속하며 인터넷이 등장한 이후 증가 추세에 있다.

XML은 여러 종류의 데이터 구조를 기술하는 데 사용할 수 있는 다목적의 마크업 언어로, HTML 표준을 만든 W3C(World Wide Web Consortium)에서 마찬가지로 표준을 만들었다. 마크업 언어란 태그를 이용해 문서나 데이터 구조를 기술하는 언어의 한 형태다.

세 가지 데이터 유형 중에서 가장 대용량을 차지하면서 가장 가파르게 증가하고 있는 데이터 유형이 바로 비정형 데이터다. 매일매일 사람들이 생산해 내는 사진 및 동영상의 양과 그 증가 추세를 생각해 보면 이해가 쉬울 것이다.

과거의 전통적인 데이터 분석은 주로 정형 데이터만 대상으로 삼았으나 빅데이터에서는 정형, 비정형, 반정형 데이터를 모두 대상으로 삼는다. 특히 폭발적으로 증가하고 있는 비정형 데이터에서 가치를 발견해 내는 것을 중요한 목표로 삼는다.

과거에 기업들은 내부 데이터를 주로 다루었는데 사실 내부 데이터조차도 활용되지 않는 경우가 많았다. 하지만 빅데이터는 모든 내부 데이터는 물론이거니와 외부 데이터까지 분석의 대상으로 삼는다.

빅데이터에서 다루는 외부 데이터에는 많은 것이 포함될 수 있다. 소셜미디어의 콘텐츠, 경쟁 상품이나 연관 상품에 대한 정보, 기상 정보, 정치적 변동성 등 분석 목표와 조금이라도 관련이 있거나 영향을 미칠 수 있는 것이라면 무엇이든 분석의 대상이 될 수 있다. 선도적인 빅데이터 기업들은 경쟁 업체뿐만 아니라 경쟁 업체의 협력 업체와 그들의 고객 데이터까지 분석한다. 빅데이터에서의 다양성은 이처럼 1) 구조화 측면에서 다양한 데이터 유형을 다루는 것을 의미할 뿐만 아니라 2) 데이터 원천의 다양성도 포함한다.

세 번째 속성은 '속도(Velocity)'다. 빅데이터는 빠르게 수집하고 빠르게 분석되어야 하며 결과적으로 빠르게 활용되어야 한다. 지금의 시장 환경에서 경영 속도는 그 무엇보다 중요한 요소이며 날이 갈수록 그 중요성이 더 커지고 있다. 그렇기 때문에 빅데이터는 그런 경영의 속도에 맞추어 실시간으로 활용되는 것을 목표로 한다.

경영의 속도를 뒷받침하기 위해서는 빅데이터에서 빠른 속도로 가치를 찾아야 하고 또한 그렇게 발견된 가치가 실제 제품 및 서비스에 신속하게 반영되어야 한다. 이렇듯 빅데이터의 속도는 실제로 비즈니스 가치를 창출하는 데 초점을 두고 있으며, 많은 빅데이터 전문가들은 빅데이터의 여러 속성 중에서 '속도'를 가장 중요한 요소로 꼽는다.

사례: 마스터카드, 페이스북, 아마존

비즈니스 성격상 매일매일 다량의 데이터가 발생하고 이를 빠르게 처리해야 하는 업종들이 있다. 특히 신용카드 업종은 빅데이터와 밀접한 관계를 맺고 있는 대표적인 업종으로, 결제를 매개로 수많은 소비자와 가맹점을 연결해 주는 역할을 하고 있다.

'마스터카드(Mastercard)'는 전 세계 210여 개 국가에서 20억 명에 달하는 카드 소지자, 수천만 개의 가맹점들을 대상으로 신용카드 서비스를 제공하고 있다. 마스터카드는 빅데이터를 자사의 신용카드 서비스 개선에 활용할 뿐만 아니라 빅데이터를 익명으로 가공해서 유통업체, 은행, 정부기관 등에 판매해 상당한 수익을 올리고 있다.

예를 들어 유통업체는 자사의 점포 내에서 고객들이 어떤 상품을 구매하는지는 잘 알지만 점포 밖에서 일어나는 일에 대해서는 알지 못한다. 마스터카드는 자신들의 빅데이터 분석 결과를 바탕으로 유통업체가 원하는 맞춤형 정보를 제공하는데 많은 기업이 기꺼이 비용을 지불하고 이를 구매한다. 유통업체는 마스터카드가 제공하는 정보를 이용해 어떤 상품의 재고를 마련하고 어떻게 진열하고 어떻게 마케팅해야 할지 등등의 각종 전략을 수립하는 데 실질적인 도움을 얻을 수 있다.

페이스북은 비정형 데이터를 분석해 서비스를 개선하고 광고 수익을 극대화하는 데 많은 투자를 하고 있다. 페이스북에는 매일매일 엄청난 양의 사진과 동영상이 등록된다. 인터넷 초창기에는 그러한 비정형 데이터가 단지 저장 공간을 차지하는 애물단지 콘텐츠에 불과했다. 하지만 이제 페이스북처럼 딥러닝 기반의 이미지 인식 기술을 갖춘 기업들은 사진, 동영상 등과 같은 비정형 데이터도 수익을 올리는 데 활용한다.

여기까지 정독한 독자라면 간파했겠지만, 빅데이터와 딥러닝은 서로에게 마치 소울메이트(Soulmate)와 같은 존재다. 서로 함께 함으로써 행복하고 더 멋진 존재가 된다.

페이스북은 사용자가 올린 사진에 아기가 있는지 고양이가 있는지 또는 사용자가 어떤 친구들과 함께 사진을 찍었는지 자동으로 파악할 수 있다. 페이스북은 이를 기반으로 사용자의 관심사를 이해하고, 유사한 관심사를 가진 사용자들을 연결하고, 사용자의 취향에 맞는 적절한 광고를 보여 줌으로써 엄청난 수익을 올리고 있다. 페이스북은 2018년 회계연도에 약 60조 원의 매출을 올렸는데 영업이익률이 무려 44.6퍼센트에 달했다.[4]

아마존의 CEO 제프 베조스(Jeff Bezos)는 특히 비즈니스의 속도를 중요하게 생각하는 대표적인 경영자다. 제프 베조스는 빅데이터에 대해 명확한 철학을 갖고 있으며 이를 기반으로 아마존의 성공을 이끌었다. 그는 여러 번 '고속 의사결정(High-Velocity Decision Making)'에 대해 강조한 바 있다. 의사결정은 기본적으로 불확실성과의 싸움이며 경영은 수많은 의사결정의 연속으로 이루어진다. 그렇기 때문에 의사결정에 따라 비즈니스의 성공과 실패가 정해진다고 볼 수 있다.

과거의 경영 방식에서는 충분한 양의 정보를 얻을 때까지 몇 주에서 몇 개월을 기다렸으며 그렇게 얻은 정보를 바탕으로 안정적인 의사결정을 하는 것을 당연하게 생각했다. 하지만 빠르게 변화하는 시장 환경에서 그러한 전통적인 접근 방식은 오히려 위험할 수 있다.

제프 베조스는 "의사결정을 위해 필요한 정보를 빠르게 확보해야 하며 '원하는 정보의 70퍼센트 정도가 채워진 시점'에서 신속하게 결정을 내려야 한다. 원하는 정보의 90퍼센트 이상이 채워질 때까지 완벽한 정보를 기다리면 기회를 놓칠 수 있다"고 주장했다.[5]

물론 빠른 의사결정을 내리게 되면 추후 교정이 필요할 수도 있다. 그렇다면 그러한 교정에 드는 비용과 느린 결정으로 인해 치러야 할 비용 중 어떤 것이 더 크고 더 나쁠까? 물론 경우에 따라 다르겠지만, 고속 의사결정의 중요성이 점점 더 커지고 있는 것만은 분명하다.

CHAPTER 3

빅데이터 수집부터 활용까지 어떤 기술들이 사용될까?

빅데이터에는 데이터를 수집하고 가공하고 분석하기 위해 여러 기술이 복합적으로 사용된다. 빅데이터는 기존의 전통적인 데이터 분석과는 다른 철학, 즉 '대량의 다양한 데이터를 빠르게 처리한다'는 목표를 갖고 있다. 그렇다고 하더라도 빅데이터가 전통적인 데이터 분석과 완전히 동떨어져 있는 것은 아니며 전통적인 데이터 분석에서 쓰던 여러 기술도 필요에 따라 사용된다.

빅데이터는 하나의 기술이라기보다는 여러 기술의 복합적인 집합체다. 빅데이터는 지금까지 데이터 분석을 위해 활용되어 온 수많은 기술과 관계를 맺고 있으며 또한 빅데이터에 적합하게 개발된 여러 신기술을 활용한다.

빅데이터의 수집, 저장, 처리, 분석, 활용

빅데이터에는 상당히 난이도가 높은 기술적 내용들이 다수 포함되어 있기 때문에, 여기에서는 빅데이터 분석이 이루어지는 전체 과정에 따라 연관된 주요 기술의 기능을 간단히 소개하는 정도로 살펴보겠다.

빅데이터는 크게 다음과 같은 5단계를 거친다. 그 과정은 1) 데이터 수집 2) 데이터 저장 3) 데이터 처리 4) 데이터 분석 5) 데이터 활용의 순서다.

빅데이터는 다양한 원천으로부터 수집된 다양한 유형의 데이터를 다룬다. 과거에는 분석하지 않았거나 기술적 한계로 분석하지 못했던 이미지, 동영상 등의 데이터를 비롯해 페이스북, 트위터 등과 같은 소셜미디어 데이터, 사물인터넷 기기에서 취합된 센서 데이터, 외부 기관의 데이터 등 조직 내부 및 외부에 분산되어 있는 여러 데이터를 수집해서 이용한다.

빅데이터에 가장 부합하는 수집 방법 중 하나는 데이터 공급자(=데이터의 원천)가 제공하는 '오픈API(Open API: Open Application Programming Interface)'를 통해 자동적이고 실시간으로 데이터를 수집하는 것이다. 오픈API는 누구나 사용할 수 있도록 공개된 개발환경의 일종이다. 포털, 소셜미디어, 공공기관 등의 여러 웹사이트가 자신의 기능 및 데이터의 일부를 오픈API를 통해 제공하고 있다.

그 외에도 웹 서버, 각종 애플리케이션, 보안 시스템 등으로부터로그(Log) 데이터를 수집하거나 '웹 크롤링(Web Crawling)' 기법을 통해 자동으로 웹페이지들을 가져와 거기에서 원하는 데이터를 추출해 사용할 수도 있다. 구글, 페이스북, 마이크로소프트 등 많은 기업이 인터넷에서 짧은 시간 내에 대용량의 데이터를 수집할 수 있는 웹 크롤링 소프트웨어를 개발해 이용하고 있다.

수집된 데이터는 저장되어야 한다. 빅데이터는 데이터의 규모가 크기 때문에 과거의 방식으로는 저장이 불가능하거나 또는 저장이 가능할지라도 엄청난 비용을 치러야 한다. 그렇기 때문에 빅데이터에서는 빅데이터에 특화된 기술을 사용한다. 빅데이터의 저장 및 처리 기술에는 여러 가지가 있는데 대표적으로 아파치 하둡(Apache Hadoop: Apache High-Availability Distributed Object-Oriented Platform), NoSQL, 맵리듀스(MapReduce) 등을 꼽을 수 있다.

사실 이들 기술은 빅데이터 전문가의 영역이지만 빅데이터를 대표하는 중요한 기술들이라, 빅데이터에 대한 전반적인 이해를 돕기 위해 최대한 간결하게 살펴보려고 한다. 굳이 기억할 필요 없이 한 번 읽고만 지나가도 충분하다.

'하둡'은 다수의 컴퓨터를 이용해 대용량의 데이터를 저장하고 처리할 수 있는 '분산 파일 시스템(DFS: Distributed File System)'이다. 일반적인 파일 시스템이 로컬 디스크에 저장된 파일을 다루는 데 사용되는 반면에, 분산 파일 시스템에서는 네트워크로 연결된 컴퓨터들에 파일이 분산 저장되어 있으며 이를 마치 로컬 디스크의 파일처럼 다루는 것이 가능하다. 하둡을 이용하면 여러 컴퓨터에 대용량의 파일들을 나누어서 저장할 수 있다. 이때 데이터는 중복해서 저장되기 때문에 일부 컴퓨터에 장애가 발생하더라도 데이터가 유실되지 않아 데이터의 안전성이 높다.

'NoSQL'은 데이터베이스의 일종으로, 전통적인 관계형 데이터베이스에 비해 다양한 데이터 모델을 지원하며 훨씬 확장성이 높고 유연하고 경제성이 높다. NoSQL은 분산형 구조로 되어 있어 분산 시스템의 특징을 그대로 갖고 있다.

'맵리듀스'는 분산 시스템을 이용해 데이터를 병렬로 빠르게 처리하기 위한 기술로 구글의 개발자들에 의해 만들어졌다. 맵리듀스의 고성능 병렬 데이터 처리 기술을 이용하면 대량의 데이터 처리 작업을 간소화할 수 있으며 결과를 신속하게 생성할 수 있다.

빅데이터 분석은 방대하고 복잡한 데이터 속에서 데이터들 간의 관계를 찾아내고 숨겨진 패턴을 발견하는 과정이다. 이를 위해서 다양한 '데이터 마이닝(Data Mining)' 기법을 이용한다. 데이터 마이닝이란 대규모 데이터에서 통계적 규칙이나 패턴을 찾아내는 것이다. 이는 결국 유용하고 가치 있는 지식을 찾아내는 것과 마찬가지기 때문에 '지식 탐사(KDD: Knowledge Discovery in Databases)'라고도 한다. 데이터 마이닝을 통해 동일한 데이터를 갖고서 여러 기준과 다양한 방식으로 다차원 분석을 할 수 있고 구조화되지 않은 다량의 데이터로부터 가치 있는 정보를 추출해 낼 수 있다.

빅데이터 분석의 속도와 정밀성을 높이기 위해 최근에는 인공지능 기술 및 '유전자 알고리즘(Genetic Algorithm)' 기법이 빅데이터에 접목되고 있다. 유전자 알고리즘이란 생물의 유전 및 진화 메커니즘을 이용하는 것으로, 유전자에 규칙을 심어 환경에서의 진화 과정을 통해 최적의 값을 찾는 알고리즘이다. 이 기법은 데이터의 양이 많거나 데이터가 계속 업데이트되는 상황에서 알고리즘이 계속 작동하며 스스로 해답을 찾도록 만들 수 있어 유용하다.

빅데이터의 분석 결과를 일반 사용자가 비즈니스에 활용하기 위해서는 이해하기 쉽도록 표현되어야 한다. 이를 위한 분야를 '데이터 시각화(Data Visualization)'라고 한다. 데이터 시각화란 데이터의 분석 결과를 사용자가 이해하기 쉽도록 그림, 그래프 등 다양한 시각적 형태로 표현하는 것이다. 이를 통해 데이터 분석 결과의 핵심을 명확하고 효과적으로 전달할 수 있다. 우리가 미디어를 통해 종종 접하는 '인포그래픽(Infographic)'도 데이터 시각화의 한 형태다.

빅데이터의 여러 기술과 도구 중에서 최종 사용자와 가장 밀접한 관계를 맺고 있는 것이 바로 데이터 시각화 도구다. 데이터 시각화 도구를 이용하면 기술적인 지식이 없는 경영진도 거의 실시간으로 데이터에 접근해서 데이터를 이해하고 검토할 수 있다. 다양한 시각화 방식을 통해 데이터에 숨겨진 트렌드를 발견하거나 예상하지 못한 데이터의 상관관계를 찾아낼 수도 있다. 데이터 시각화는 보고서, 회의, 프레젠테이션 등을 통해 다른 사람들에게 데이터 분석 결과를

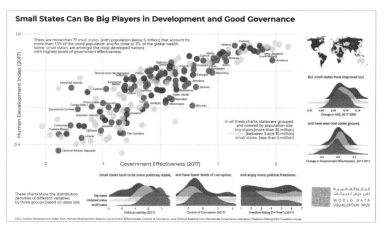

데이터 시각화의 사례[6]

보여 줄 때도 유용하다.

이처럼 빅데이터에는 여러 과정이 존재하고 사용되는 기술 요소도 많다. 여기에서는 일부 내용만 다루었을 뿐이며 보다 깊이 있는 내용은 많은 시간을 투자해서 학습하고 훈련해야 하는 전문가 영역이다. 일반 사용자 입장에서는 빅데이터가 수집, 저장, 처리, 분석, 활용의 과정을 거쳐 다루어지며 여기에서 살펴본 몇몇 기술이 복합적으로 이용된다는 정도만 알고 있어도 충분하다고 볼 수 있다.

사례: 씨티은행, 아멕스, SAP

이미 많은 기업이 다양한 빅데이터 기술을 활용해 데이터에서 숨겨진 가치를 발견하고 이를 비즈니스에 응용해 실질적인 성과를 내고 있다. 특히 많은 금융기관이 하둡의 분산 파일 시스템에 큰 관심을 갖고 있으며 그중 일부는 실제 시스템에 적용하고 있다. 금융기관들이 하둡에 관심을 갖는 이유는 무엇보다 금융기관에서 발생하는 데이터의 양이 대규모라서 이를 저장하고 처리하는 데 막대한 비용이 발생하기 때문이다.

기존에는 전통적인 방법, 즉 값비싼 관계형 데이터베이스와 스토리지를 구매해서 저장하고 처리해야만 했다. 하지만 하둡을 이용하면 전통적인 방법과는 비교할 수 없을 정도의 저렴한 비용으로 대규모 데이터를 저장하고 처리할 수 있기 때문에 이에 대해 관심을 갖는 금융기관들이 계속 증가하고 있다.

'씨티은행(Citibank)'은 140여 개 국가에서 2억 명 이상의 계좌 보유자를 갖고 있는 글로벌 은행이다. 씨티은행은 고객들과의 거래에서 발생하는 엄청난 양의 데이터를 분석하기 위해 하둡 및 맵리듀스 기술로 빅데이터 분석 시스템을 구축했다. 씨티은행은 이를 고객 마케팅에 이용하고 있을 뿐만 아니라 리스크 및 사기 탐지에도 활용하고 있다. 나아가서는 고객들이 미래에 원하는 것을 예측하는 데에도 활용하고 이러한 시스템을 전 세계에 적용하는 것을 목표로 하고 있다.

'아멕스(American Express)'는 하둡을 이용해 데이터를 저장하고 사기 탐지에 활용하고 있다. 사기 탐지는 데이터에서 패턴과 예외를 찾아내는 것인데 빅데이터에 잘 들어맞는 분야라서 많은 금융기관이 관심을 갖고 있다.

또한 아멕스는 고객 추천 서비스에도 빅데이터를 활용하고 있다. 아멕스의 빅데이터 기반 고객 추천 서비스는 고객에게서 특정 유형의 식당을 지속적으로 이용하는 패턴이 발견되면, 고객의 거주 지역 근방에서 고객이 방문해 본 적이 없지만 선호할 만한 특정 유형의 식당을 추천해 준다.

빅데이터의 분석 결과를 전문가가 아닌 보통의 비즈니스 사용자가 쉽게 이해하고 즉각 활용하기 위해서는 데이터 시각화 도구를 이용해야 한다. 시중에는 IBM, 마이크로소프트, SAP, SAS 등 대형 IT기업을 비롯해 여러 전문 업체가 만든 다양한 데이터 시각화 도구들이

SAP의 데이터 시각화 도구 루미라[7]

출시되어 있다.

엔터프라이즈 애플리케이션 분야의 유명 기업 'SAP'는 셀프 서비스를 통한 데이터 시각화를 강조하면서 사용의 간편성에 초점을 둔 데이터 시각화 도구 '루미라(Lumira)'를 선보였다. 이를 이용하면 대화형 대시보드와 필터, 계층적 탐색 등을 통해 다양한 데이터 시각화 결과물을 만들 수 있다.

CHAPTER 4

데이터 과학자는 어떤
사람이고 무슨 일을 하는가?

<u>시장조사기관 가트너(Gartner)는</u> 빅데이터를 "21세기의 원유
(The oil of the 21st century)"라고 표현했다.[8] 이러한 비유에는 크게 두
가지 의미가 담겨 있다. 하나는 그만큼 다양한 곳에 필수적으로 사
용될 만큼 중요한 가치를 지니고 있다는 의미고, 또 다른 하나는 정
제해서 제대로 사용하지 않는다면 끈적거리는 화석 찌꺼기에 불과
할 수도 있다는 의미다.

그렇다면 21세기의 원유라 불리는 빅데이터를 발굴하고 정제해
서 사용할 수 있도록 만드는 사람은 누구일까?

빅데이터를 다루는 고급 전문가

앞서 살펴본 것처럼 빅데이터를 이용해 가치를 창출하기 위해서는 데이터 수집, 저장, 처리, 분석, 활용의 여러 단계를 거쳐야 한다. '데이터 과학자(Data Scientist)'는 이러한 빅데이터의 전반적인 과정에서 데이터를 능숙하게 다루면서 결과를 만들어 내는 전문가다. 데이터 과학자는 데이터를 이용해 복잡한 비즈니스 문제를 해결할 수 있는 기술적 능력을 가진 사람이다. 데이터 과학자라는 직종이 등장하기 이전에 데이터 분석을 수행하는 사람이 없었던 것은 아니다. 데이터의 중요성을 일찍이 깨우친 일부 기업은 데이터 분석 도구와 전문 인력을 이용해 사업에 필요한 데이터 분석을 진작부터 하고 있었다.

현재 업계에서 경력이 풍부한 데이터 과학자들은 원래 통계학자나 계량분석가(Quantitative Analyst) 또는 전통적인 데이터 분석으로 경력을 쌓은 사람들이다. 계량분석가는 수학, 컴퓨터, 통계 등을 이용해 계량적인 분석을 하는 사람으로, 줄여서 '퀀트(Quant)'라고도 한다. 주로 금융업계에서 계량적인 방법을 이용해 금융 시장을 예측하는 사람을 지칭하는 말로 쓰인다.

2010년 전후로 주요 인터넷 기업들에서 새로운 데이터 전문가를 지칭하는 데이터 과학자라는 직종이 유행하면서 그 수요가 늘기 시작했다. 그 당시는 빅데이터 관련 기술이 다양하게 쏟아지던 시기였다. 즉, 과거에는 기술의 한계로 인해 제대로 이용되지 못했던 다

216

양한 유형의 대규모 데이터를 분석할 수 있는 빅데이터 기술이 보급되면서 이를 다루는 핵심 인력으로서 데이터 과학자가 크게 주목받게 된 것이다.

그렇다면 데이터 과학자가 갖추어야 할 자질과 역량은 무엇일까? 일단 데이터 과학자는 기술적인 측면에서 볼 때 프로그래밍 역량을 갖추고 있어야 한다. 데이터 과학자는 대규모의 데이터를 수집하고 이를 유용한 형식으로 변환하고 분석하는 등 다양한 데이터 관련 작업을 수행해야 하는데 R, 파이썬(Python), 자바(Java) 등과 같은 프로그래밍 언어를 이용해 그러한 작업들을 처리한다.

여기에서 말하는 'R'은 통계 계산 및 데이터 분석을 위한 프로그래밍 언어다. R은 다양한 통계 기법 및 수치 해석 기능, 뛰어난 데이터 시각화 기능을 제공해 데이터 과학자 및 통계학자가 선호하는 프로그래밍 언어로 평가받고 있다.

또한 데이터 과학자는 수학적 지식을 갖추고 다양한 통계적인 기법을 사용하며, 각종 데이터 도구를 능숙하게 다루고 머신러닝, 딥러닝 등과 같은 최신 기술을 자신의 업무에 적극 이용할 수 있어야 한다. 데이터 관련 기술들은 빠르게 진화하고 있으며 관련된 신기술들도 계속 등장하고 있다. 그렇기 때문에 데이터 과학자는 새로운 기술과 접근 방식을 학습하고 응용하는 것에 대해 매우 개방적이고 적극적인 태도를 지니고 있어야 한다.

뛰어난 데이터 과학자로서의 성과는 학위와 직접적인 관계가 없다. 데이터 과학자와 관련이 있는 학위가 존재하기는 하지만 필수 요소는 아니다. 실제로 업계에는 독학과 실무 경험만으로 유능한 데이터 과학자로 자리잡은 사람들이 여럿 있다.

데이터 과학자는 그 명칭에서 드러나듯이 과학자로서의 직업윤리를 갖추고 있어야 한다. 과학자는 실험을 계획하고, 실험 방식을 설계하고, 실험에 필요한 각종 재료와 장치들을 준비한 후, 실제 실험을 수행하고, 실험 결과를 정리해서 논문이나 보고서 등의 형태로 타인에게 전달하는 사람이다. 진실한 결과만 전달해야 하기 때문에 과학자에게는 엄격한 직업윤리가 요구된다. 데이터 과학자도 마찬가지다. 데이터를 조작하거나 거짓 결과를 전달해서는 안 된다.

마지막으로 데이터 과학자는 충분한 커뮤니케이션 역량을 갖추고 있어야 한다. 데이터를 수집하고 분석하는 과정에서 현업 부서의 여러 사람과 커뮤니케이션해야 하는 경우가 많다. 또한 분석 결과를 최고 경영자에게 직접 보고하거나 경영진 회의에 참석해 의사결정에 도움이 될 만한 조언을 해야 하는 경우도 있다.

데이터 과학자가 이렇게 비즈니스와 밀접한 관계를 맺을 수밖에 없는 이유는 빅데이터가 추구하는 목표 때문이다. 빅데이터는 데이터에 기반을 둔 제품 및 서비스 개선, 신제품 개발, 마케팅 효과 증대, 의사결정 지원 등 기업의 비즈니스 전반에 거의 실시간으로 긍정적인 영향을 미치는 것을 지향한다. 그렇기 때문에 데이터 과학자의 조언을 필요로 하는 사람과 데이터 과학자 사이에 중개자가 있는 것은 바람직하지 않다. 정확하고 충분한 정보를 전달하기 위해 데이터 과학자는 실무자 및 경영진과 직접 커뮤니케이션해야 한다.

조직에 따라서는 데이터 과학자라는 명칭 대신 다른 용어가 사용될 수도 있다. 데이터를 분석하는 업무에 좀 더 초점을 둔 사람을 '데이터 분석가(Data Analyst)'라고 하며, 시스템 및 인프라 구축에 좀 더 초점을 둔 사람을 '데이터 엔지니어(Data Engineer)'라고도 한다. 데이터 엔지니어에게는 수학, 통계 등의 지식보다는 강력한 빅데이터 시스템을 구축하고 관리할 수 있는 기술적 역량이 더 요구된다고 볼 수 있다.

데이터 과학자는 데이터에서 새로운 가치를 찾아내는 사람이지만 그렇다고 해서 데이터 과학자가 모든 문제를 해결할 수는 없다. 기업의 비즈니스 범위에 맞는 데이터 과학자의 역할과 책임을 고려해야 한다.

또한 일부 조직에서 데이터는 여전히 비용으로 취급되는데 그런 조직에서 일하는 데이터 과학자는 필요한 데이터를 충분히 확보하지 못하거나 분석에 어려움을 겪게 될 가능성이 크다. 만일 데이터 과학자에게 충분한 권한과 환경이 주어지지 않는다면 그런 조직에서의 데이터 과학자는 그저 명목상의 데이터 과학자일 뿐이다.

사례: 구글, 링크드인, JP모간

이미 전 세계의 많은 기업이 데이터 과학자를 두고 있다. 특히 구글, 마이크로소프트, 페이스북, 트위터, 인텔, IBM, 아마존, 애플, 이베이, 페이팔 등은 IT업계에서 가장 많은 데이터 과학자를 보유한 기업으로 알려져 있다.

'구글'의 데이터 과학자는 까다롭고 복잡한 여러 문제를 해결하기 위해 데이터를 수집·처리하고 고급 분석 기법을 이용해 포괄적인 분석을 수행한다. 이를 위해 다양한 팀의 사람들과 커뮤니케이션하고, 개발자와 긴밀히 협조하여 구글 제품의 개선 기회를 찾고 설계하고 평가한다. 구글의 데이터 과학자는 광고 품질 평가, 검색 품질 평가, 사용자 행동 모델링, 비용편익(Cost-Benefit) 분석, 예측 등을 위한 각종 실험을 수행하고 그 결과를 '비즈니스 권장 사항(Business Recommendations)'으로 만들어 이해관계자들에게 효과적으로 전달한다.

참고로 비용편익 분석이란 어떤 선택이 가져오는 긍정적인 효과와 부정적인 효과를 평가하여 계량화한 것이다. 이를 통해 선택된 대안에 들어가는 비용과 그 대안으로 인해 발생하는 편익을 파악함으로써 해당 대안이 선택할 가치가 있는지를 평가할 수 있으며 다른 대안들과 체계적으로 비교할 수도 있어 유용하다.

직장인을 위한 소셜미디어로 잘 알려진 '링크드인(Linkedin)'은 빅데이터를 효과적으로 이용해 사업에서 큰 성공을 거둔 대표적인 기업 중 하나다. 링크드인에서 일하는 데이터 과학자가 제안한 '알 수도 있는 사람(People You May Know)' 기능은 사용자와 1촌으로 연결된 사람들을 분석해 사용자의 '지인의 지인' 등 사용자가 관심을 가질 만한 사람을 추천해 준다.

링크드인의 데이터 과학자는 사용자의 경력사항, 그가 일했던 기업 및 직책 등 여러 요소를 계량화하고 사용자들 간의 친화도를 분석해 사용자가 관심을 가질 가능성이 높은 사람을 추천하는 기능이 서비스 이용률을 높일 것이라고 경영진에게 제안했다. 경영진이 이를 적극 수용한 결과 링크드인은 클릭률을 30퍼센트나 증가시킬 수 있었고 사업의 성공에 큰 도움이 되었다.[9] 결국 링크드인은 262억 달러라는 높은 가치로 마이크로소프트에 인수되었다.

이제 데이터 과학자는 IT 산업뿐만 아니라 모든 산업에서 중요한 직종이 되어 가고 있다. 세계에서 가장 오래된 금융기관 중 하나인 'JP모간(J.P. Morgan)'은 조직 내부에 데이터 과학자들이 다양한 실험을 해 볼 수 있는 연구 공간을 운영하고 있다. 이를 통해 JP모간은 은행의 250만 개 계정에서 무작위로 선정된 10만 개의 계정을 대상으로 수입 및 지출 패턴을 분석했다.[10]

그 결과 JP모간은 미국인들의 소득 격차에 따른 지출 규모의 차이를 확인했다. 그리고 사람들이 월요일에 가장 많은 지출을 하며 일요일에 가장 낮은 지출을 한다는 사실도 발견했는데, 일요일에 비해 월요일의 지출이 3배나 많았다. 이처럼 JP모간은 빅데이터를 이용해 실물 경제 현황을 파악하고 대중에 대한 이해도를 높이고 있다.

CHAPTER 5

빅데이터와 인공지능의
융합이 만들어 내는 결과

최근 들어 빅데이터에 대한 관심이 더욱 높아진 주된 이유는
인공지능 때문이다. 인공지능은 여러 기술이 포함된 일종의 기술 집
합체인데 그중 하나가 머신러닝이다.

머신러닝은 컴퓨터가 주어진 데이터를 바탕으로 규칙이나 지식을
학습하는 것인데, 그러한 학습 능력을 더 고도화한 것이 머신러닝의
일종인 딥러닝이다.*

---

* 자세한 내용은 〈Part 2. 인공지능〉을 참고.

빅데이터와 인공지능의 끈끈한 관계

인공지능은 그간 몇 번이나 기술의 한계에 부딪쳐 어려움을 겪어 온 기술이다. 그러던 최근에 인공지능이 다시금 부흥기를 맞이할 수 있게 된 중요한 요인 중 하나가 바로 빅데이터다. 학습을 하는 인공지능은 더 많은 데이터를 공급받을수록 더 뛰어난 결과를 만들어 낸다. 하지만 과거에는 인공지능에 공급할 수 있는 데이터의 표본수가 적어서 인공지능이 학습하는 데 상당한 제약이 발생했다.

그런데 빅데이터 기술을 통해 대규모의 데이터를 빠르게 수집하고 처리할 수 있게 되었고 사진, 동영상과 같이 구조화되지 않은 데이터까지 빠르게 분석할 수 있는 기술도 이용할 수 있게 되었다. 빅데이터 기술이 발전하면서 사람이 발견하기 어려운 데이터 간의 상관관계를 찾아낼 수 있게 되었고, 그러한 빅데이터를 끊임없이 학습해 진화하는 딥러닝이 큰 인기를 끌게 되었다.

그로 인해 인공지능은 한층 도약하게 되었으며 이제 인공지능은 모든 IT 분야 중에서 가장 뜨거운 관심을 받고 있다. 이처럼 인공지능이 높은 위상을 달성하는 데 있어서 숨겨진 주역이 바로 빅데이터인 것이다.

딥러닝 기반의 인공지능이 만들어 내는 결과물을 향상시키기 위해서는 '학습 알고리즘(Learning Algorithms)'을 훈련시켜야 하는데 이를 위해서는 데이터가 필요하다. 더 많은 데이터가 인공지능에 공급될수록 인공지능은 더 많이 훈련할 수 있고 그 결과로 더 스마트해

지고 더 성공적으로 작동한다.

과거에는 실제 데이터가 부족했기 때문에 샘플 데이터를 만들어 인공지능에 공급했고 제한된 학습만 할 수 있어 성능이 크게 떨어졌다. 하지만 이제는 빅데이터를 통해 실제 데이터를 아주 풍부하게 제공할 수 있게 됨으로써 학습 능력이 크게 개선되었다.

빅데이터와 인공지능은 아주 좋은 궁합을 갖고 있다. 이들 기술을 동시에 효과적으로 이용함으로써 다양한 서비스를 개선하거나 새롭게 제공할 수 있는데 여기에서 이를 응용한 몇몇 구체적인 서비스 시나리오를 살펴보면 다음과 같다.

- **추천 서비스:** 사용자가 구매한 제품, 관심을 갖고 살펴본 제품, 비슷한 취향을 가진 수많은 사람의 데이터를 기반으로 적절한 제품을 추천한다. 사용자가 해당 제품을 구매하려고 할 때 연관성이 높은 제품을 추가로 추천해 함께 구매하도록 유도한다.
- **가격 결정:** 시장 상황, 경쟁 업체의 제품 가격, 고객 선호도, 향후 판매 가능성 등 여러 데이터를 기반으로 제품 가격을 결정한다. 아마존과 같은 선도적인 유통업체들은 이미 매일매일 변동되는 수백만 개의 제품 가격을 빅데이터와 인공지능을 통해 자동으로 결정하고 있다.
- **사진 및 동영상 분류:** 구글, 페이스북 등과 같은 인터넷 기업들은 수많은 사용자가 등록한 엄청난 양의 사진과 동영상을 분석하고 자동으로 분류한다. 이를 광고 사업에 이용해 수익을 올리고 서

비스 개선이나 문제점을 발견하는 용도로도 활용한다. 예를 들어 구글은 유튜브에 등록된 동영상의 저작권, 동영상에 사용된 음악의 저작권 등을 자동으로 파악해 적절한 후속 조치를 한다.

- **자연어 처리**: 자연어 처리는 인공지능이 인간과 의사소통을 하기 위한 필수 요소다. 이제 풍부한 텍스트와 음성 데이터를 인공지능에 공급할 수 있게 되어 인공지능이 방대한 언어 및 사투리까지 학습하고 있다. 이를 통해 인공지능의 자연어 이해 능력이 크게 향상되었으며 문자를 음성으로 변환하는 TTS(Text To Speech)의 성능도 크게 개선되어 점점 더 인간과 흡사한 음성을 만들어 내고 있다. 여기서 TTS란 컴퓨터 소프트웨어를 이용해 인간의 음성을 구현해 내는 것으로, 우리말로는 음성합성 시스템이라고 한다.

- **실시간 타깃팅**: 빅데이터를 기반으로 제품을 구매할 가능성이 가장 높은 고객들을 선별하고 각각의 고객에 가장 적합한 마케팅 메시지를 만들어낼 수 있다. 그렇게 만들어진 마케팅 메시지는 개인화되어 있으므로 고객의 소비를 이끌어 낼 가능성이 높다.

- **정밀 의학**: 당뇨나 고혈압과 같은 성인병에 걸려 지속적인 관리를 받아야 하는 환자에게 맞춤형 헬스케어를 제공할 수 있다. 환자의 유전자 정보 분석 결과, 일생 동안의 진료 기록 및 의사 메모, 투약 이력, 생활환경 및 식습관, 환자의 소셜미디어 콘텐츠, 매일매일의 운동량 측정 데이터 등 환자의 각종 정보와 일상에서 실시간으로 측정된 데이터를 모두 종합하여 분석함으로써 정밀한 진단과 개인화된 처방을 제공할 수 있다.

인공지능 기술의 융합을 빅데이터의 관점에서 보면, 데이터를 분석해 숨겨진 패턴을 발견하거나 데이터로부터 지식을 추출하는 과정에서 인공지능을 이용함으로써 더 빠르게 더 많은 양의 데이터를 효율적으로 분석할 수 있게 되었다. 이를 인공지능의 관점에서 보면, 빅데이터에 기반한 학습을 통해 인공지능은 새로운 단계로 진입했으며 앞으로도 빅데이터를 통해 인공지능의 새로운 발전을 이루게 될 것으로 전망된다.

이처럼 빅데이터와 인공지능은 상호보완적이며 떼려야 뗄 수 없는 끈끈한 관계다.

사례: 월마트, 내러티브 사이언스

세계 최대의 유통업체 '월마트(Walmart)'는 전 세계에 있는 1만여 개의 점포와 10여 개의 웹사이트에 방문하는 약 2억 5,000여만 명의 고객을 보유하고 있다. 월마트는 매시간 100만 명의 고객으로부터 발생하는 엄청난 양의 데이터를 수집하고 있다.

월마트는 고객 정보, 고객이 구매한 상품 등 고객으로부터 발생한 직접적인 거래 데이터뿐만 아니라 소셜미디어에서 인기 있는 상품, 날씨가 판매에 미치는 영향 등 여러 채널에서 빅데이터를 수집하고 분석한다. 이러한 빅데이터는 월마트의 인공지능에게 제공되고, 인공지능은 이를 이용해 자동적으로 각 점포가 보유해야 하는 상품 목록 및 재고 수량을 파악하고, 미래 수요를 예측해 필요한 상품을 공급업체들에게 스스로 주문한다.

이 같은 내용을 통해 알 수 있는 흥미로운 사실이 있다. 과거에는 빅데이터의 분석 결과를 인간이 수신했으나 이제는 기계(인공지능)가 수신하는 경우가 늘고 있는 점이다. 이러한 '기계를 위한 빅데이터' 추세는 앞으로 점점 더 가속화될 것으로 전망된다.

이미 선도적인 미디어 기업들은 기사를 작성하는 데 빅데이터 및 인공지능을 이용하고 있다. 그렇게 자동으로 만들어진 기사는 인간이 작성한 것인지 인공지능이 작성한 것인지 구분할 수 없는 수준에 도달한 상태다. 예를 들어 스포츠 기사를 자동으로 작성하는 시스템은 먼저 경기장에 설치된 수많은 센서와 카메라를 통해 경기 내내 게임을 상세하게 모니터링하면서 방대한 데이터를 수집한다. 그러한 데이터를 분석하면서 득점 상황, 반칙, 경기의 흐름, 실감 넘치는 장면 등을 자동으로 찾아내고 소셜미디어에서의 경기에 대한 반응도 종합적으로 검토하여 기사를 스스로 작성한다.

이 같은 분야는 자연어를 생성한다는 의미에서 'NLG(Natural Language Generation)'라고 하는데, 과거에는 기술의 한계로 제한적인 결과만 생성했으나 이제는 빅데이터와 인공지능을 이용해 한층 진화된 결과를 만들고 있다.

최근에는 기존 NLG와 구분하기 위해 차세대 NLG를 '자동화된 내러티브 생성(Automated Narrative Generation)'이라고 한다. 내러티브는

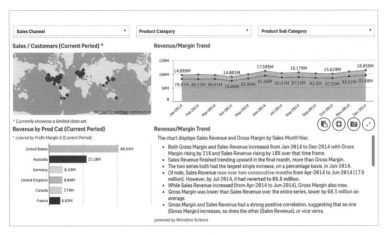

내러티브 사이언스의 솔루션이 자동 생성한 보고서[11]

스토리와 유사한 의미로 쓰이지만 단지 이야기의 내용만 의미하는 것이 아니라 일련의 사건이 가진 서사성, 이야기를 전달하는 방식, 이야기를 전달하는 데 사용된 소품, 대사, 음악 등 이야기를 구성하는 총체적인 서사를 뜻한다.

자동화된 내러티브 생성 솔루션을 제공하는 전문 업체로 내러티브 사이언스(Narrative Science), 오토메이티드 인사이트(Automated Insights) 등이 시장에서 주목받고 있다.

기업들은 이 같은 자동화된 내러티브 생성 솔루션을 이용해 정기적으로 사용되는 보고서를 자동으로 작성하거나, 빅데이터 분석 결과로 나온 차트를 보완하는 설명을 자동으로 만들거나, 특정 고객에게 개인화된 메일을 자동으로 작성해 발송하기도 한다.

CHAPTER 6

기업 경영을 위한
빅데이터의 내재화와 문화

빅데이터에서 궁극적으로 가장 중요한 것은 기술 자체라기보다
는 기술이 기업에게 제공하는 가치다. 즉, 빅데이터 기술을 이용해
더 많은 데이터를 더 빨리 처리하고 분석함으로써 비용을 절감하고
제품 및 서비스를 개선하고 더 나은 의사결정을 하는 것이다.

빅데이터의 활용 효과를 높이기 위해서는 빅데이터의 분석 결
과가 기업 내 비즈니스 절차 및 자동화된 시스템의 일부로 '내재화
(Internalization)'될 필요가 있다. 이를 통해 빅데이터를 더 신속하고도
효과적으로 이용할 수 있으며 누군가 임의로 빅데이터의 활용을 회
피하려는 시도를 제한할 수 있다.

빅데이터를 도입하려는 기업을 위한 질문

빅데이터를 이용해 개선할 수 있는 사업 분야가 다양하기 때문에 빅데이터를 적용하려는 기업은 무엇보다 목표와 우선순위를 정해야 한다. 기업은 먼저 다음과 같은 질문들에 대해 충분히 숙고하고 판단할 필요가 있다.

- 우리 사업에 빅데이터가 적합한가? 즉, 우리 사업과 관련된 대규모의 데이터가 존재하며 데이터의 유형이 다양하며 빠른 분석이 필요한가?
- 빅데이터를 이용하면 사업의 어느 부분에 도움이 될까? 예를 들어 기존 제품 및 서비스 개선이나 신제품 개발에 활용하거나 또는 비즈니스 절차를 개선하거나 의사결정과 관련해 실질적인 지원을 받는 등의 이점과 그 수준을 고려해야 한다.
- 빅데이터 시스템을 도입하게 되면 기존의 전통적인 데이터 분석 시스템을 이용하는 것과 비교해 실제로 만족할 만한 혜택(시간 절약, 비용 절감, 새로운 가치 창출 등)을 얻을 수 있는가?

이미 적지 않은 기업들이 빅데이터를 이용해 고객을 전방위적으로 분석하고 있다. 유통 산업을 예로 들면 고객은 기업이 보유한 여러 채널(웹사이트, 모바일 앱, 오프라인 매장, 콜센터, 서비스센터 등)에 방문해 다양한 활동을 한다. 상품을 구매하기 전에 웹사이트에서 살펴볼 수도 있고, 실제로 상품을 구매하고, 구매한 상품에 불만이 있거나 AS가 필요한 경우 콜센터에 전화하기도 한다. 이처럼 한 사람의 고객만 보더라도 여러 채널에서 기업과 상호작용하는 다양한 활동 내역이 존재할 수 있다.

빅데이터를 도입한 기업은 고객이 웹사이트의 어떤 페이지에 방문해서 얼마나 머물렀는지, 실제로 구매한 상품은 무엇인지, 오프라인 매장의 방문 기록 및 고객 동선, 콜센터의 상담원과 통화한 음성 녹음 기록 등 고객과 관련된 모든 데이터와 소셜미디어, 경쟁 업체 현황 등 외부 데이터까지 모두 통합해 합리적인 비용으로 다양한 관점에서 빠르게 분석할 수 있다.

어떤 기업은 빅데이터로 고객을 좀 더 상세하게 이해하고 고객과 관련된 문제를 발견하길 원할 수도 있다. 좀 더 구체적인 예를 들면 향후 몇 개월 내에 이탈 가능성이 가장 높은 고객들을 식별해 그들에게 파격적인 프로모션을 제안할 수도 있고, 소셜미디어에서 회사 제품에 불만을 가진 고객들을 식별해 고객 간담회를 개최할 수도 있다.

또는 빅데이터를 분석해 충성도가 높은 고객들을 식별하고 그들에게 새로운 정보를 제공하고 각종 지원을 함으로써 그들을 '고객 에반젤리스트(Customer Evangelist)'로 만들 수도 있다. 고객 에반젤리스트는 종교에서 유래한 용어로, 특정 기업의 제품이나 서비스에 대해 강한 신뢰를 갖고서 다른 사람들에게 자발적으로 구매 및 사용을 설득하는 고객을 뜻한다. 그러한 고객 에반젤리스트를 발굴하고 확산시키기 위한 마케팅을 '에반젤리즘 마케팅(Evangelism Marketing)'이라고 한다.

빅데이터를 'SCM(Supply Chain Management)'에 적용해 전체 프로세스를 최적화하고 비용을 절감할 방법을 찾을 수도 있다. SCM은 부품·자재 공급업체로부터 생산자, 유통업체, 소비자에 이르는 전체 물류의 흐름을 가치사슬 관점에서 파악하고 지원하는 시스템을 뜻한다. 우리말로는 공급망 관리 또는 공급사슬 관리라고 하며 세부적으로 수요 예측, 생산 관리, 유통 관리, 재고 관리, 주문 관리, 물류 관리 등 여러 요소를 포함한다.

빅데이터를 인사 시스템 및 회계 시스템과 결합하면 전체 직원과 고객, 매출 관련 데이터를 종합적으로 분석해 고객에게 가장 긍정적인 영향을 미치는 직원을 식별하고 인적자원 관리를 효율화할 방법을 찾을 수도 있다.

빅데이터 문화와 CDO

빅데이터를 고객 문제 해결에 활용하든 아니면 내부 경영에 활용하든, 기업들이 간과해서는 안 되는 중요한 사항이 바로 '빅데이터 문화(Big Data Culture)'다. 빅데이터 문화란 빅데이터 중심의 조직문화를 통해 일종의 빅데이터 공동체를 만드는 것이다. 빅데이터를 이용해 장기적으로 비즈니스에서 성과를 내기 위해서는 빅데이터 문화의 확립이 필수적이라고 볼 수 있다.

빅데이터가 주로 인터넷 기업들에서 시작되고 확산될 수 있었던 주된 이유 중 하나는 해당 기업들이 신생 기업으로서 기존의 전통적인 데이터 분석 시스템 및 관련 문화가 존재하지 않았기 때문이다. 인터넷 기업은 사업 과정에서 자연스럽게 빅데이터를 생산하고 있었으며 이를 효과적으로 활용하는 것이 자연스러운 비즈니스 및 문화의 일부였다.

하지만 일반적인 기업의 입장에서는 바람직한 빅데이터 문화의 확산을 위한 전략적인 노력이 필요하다. 바람직한 빅데이터 문화란 1) 빅데이터 시스템과 이를 원활하게 운용할 수 있는 '데이터 과학(Data Science)' 팀이 구축되어 있고 2) 경영진과 실무자들이 원한다면 손쉽게 빅데이터에 접근해 분석 결과를 받아 보거나 최종 사용자용 데이터 시각화 도구를 이용해 스스로 분석할 수 있으며 3) 그렇게 얻어진 데이터 분석 결과를 각종 의사결정에 활용하거나 제품 및 서비스에 적용하는 것이 장려되는 조직문화를 의미한다.

이러한 빅데이터 문화를 확립한 기업에서 경영진은 빅데이터에 근거해 의사결정을 하고, 실무자는 업무에서 발생하는 각종 문제의 해결책을 찾기 위해 빅데이터로 다양한 실험을 해 볼 수 있다. 이 같은 문화가 확산되면 기업의 여러 비즈니스 절차와 빅데이터 기반의 의사결정이 결합되고, 자동화된 시스템의 일부로 빅데이터 분석 결과가 이용되는 내재화가 이루어져 빅데이터를 통한 기업 경쟁력을 극대화할 수 있게 된다.

최근에는 빅데이터 문화를 확립하기 위한 방안의 하나로 'CDO

(Chief Data Officer, 최고 데이터 책임자)'를 임명하는 기업들이 늘고 있다. CDO는 경영진의 일부로 전사적인 데이터 수집, 처리, 분석 등 데이터와 관련된 포괄적인 비즈니스 책임이 부여된 임원이다. CDO는 빅데이터를 통해 새로운 비즈니스 기회를 탐색하고 차세대 시장과 경쟁 업체에 앞서 나가기 위한 전략을 수립한다. 또한 CDO는 임직원들이 빅데이터에 쉽게 접근해 사용할 수 있는 빅데이터 시스템을 마련하고 빅데이터를 통해 얻은 교훈이 전사적으로 공유될 수 있도록 한다.

CDO는 인터넷 기업, 금융기관 등에서 확산되기 시작해 이제는 사실상 업계 표준이 되어 가고 있다. 〈포춘 Fortune〉 1,000대 기업을 대상으로 한 조사에 따르면, 응답 기업 중 3분의 2 가량이 CDO를 보유하고 있는 것으로 나타났다.[12] 미국에서는 기업뿐만 아니라 정부기관에도 CDO가 있다.

데이터는 기업의 중요한 자산이고 CDO는 빅데이터 문화를 조직에 전파하는 데 중요한 역할을 맡고 있기 때문에, 앞으로 빅데이터와 CDO는 전체 산업으로 확산되어 갈 것이다.

일부 선도적인 빅데이터 기업은 빅데이터를 자신만 이용하는 것이 아니라 협력 업체들에도 개방한다. 구글은 '애드워즈 캠페인 실험(AdWords Campaign Experiments)' 서비스를 통해 광고주들 스스로 광고 효과를 높일 수 있는 여러 가지 실험을 해 볼 수 있게 했다.[13]

빅데이터 시대에 승자가 되기 위해서는 관련 기술 및 전문 인력을 확보하는 것만으로는 부족하다. 데이터 과학자, 일반 임직원, 나아가서는 협력 업체까지 연결하고 빅데이터에 기반을 둔 업무 수행과 협업, 공유의 문화를 장려해야 할 것이다.

빅데이터 관련 이슈 및 전망

빅데이터와 관련해 사회적으로 풀어야 할 과제도 있다. 그것은 빅데이터를 활용하고 공유하는 과정에서 개인정보 유출 및 프라이버시 침해가 발생할 수 있다는 우려다.

기업 내부에서 생산된 데이터의 경우 그 소유권이 명확하고 통제하기도 수월하겠지만, 빅데이터에서는 조직 외부에 있는 데이터를 적극적으로 이용하며 다른 기업에 데이터를 제공할 수도 있다. 그럴 경우 데이터 소유권에 대한 문제, 데이터에 개인정보가 포함되어 있을 경우 프라이버시 침해 문제, 데이터의 도용이나 악용이 발생할 경우의 책임 소재 등 데이터를 이용하거나 다른 기업에 데이터를 제공하는 것과 관련된 법적, 윤리적 책임이 존재한다.

기업은 더 많은 데이터, 더 구체적인 데이터를 폭넓게 활용하고 싶어하지만 이에 대해 우려하는 시각도 만만치 않다. 이 문제에 대한 지속적인 연구 및 사회적 합의가 필요하고 그에 맞추어 법제도의 정비가 이루어져야 한다. 만일 그러지 못한다면 이 문제는 빅데이터 시대의 가장 큰 골칫거리가 될 것이다.

빅데이터는 1) 대규모의 데이터이자 2) 대규모의 복잡성을 가지며 3) 대규모의 기회를 제공한다. 앞으로 더 많은 기기가 네트워크에 연결됨에 따라 빅데이터에 담긴 '대규모'의 기준은 더욱 극적으로 커질 것이다.

PART 5

사물인터넷

모든 것을 연결한다

CHAPTER 1

사물인터넷은 무엇이고
어떤 가치를 제공하는가?

사물인터넷(IoT: Internet of Things)**이란** 사물을 인터넷에 연결해 그 기능과 활용성을 극대화하는 기술을 의미한다. 대부분의 신기술이 그렇듯이 사물인터넷은 완전히 새롭다기보다는 기존 기술의 연장선상에 있다. 하지만 과거에는 그 방식이 매우 제한적이었던 반면에 사물인터넷은 무한한 연결과 가치 창출을 추구한다.

그렇다면 사물인터넷에서의 '사물'은 과연 무엇이고 그것들이 인터넷에 연결됨으로써 어떤 새로운 가치를 만드는 것일까?

사물인터넷은 마치 인간의 신경계와 같은 것이다

우리에게 익숙한 기존의 인터넷이 컴퓨터를 매개체로 삼아 사람들을 네트워크에 연결하는 형태였다면, 사물인터넷에서는 무엇이든 네트워크에 연결할 수 있다. '사물(Things)'이라는 용어를 사용하는 이유는 그야말로 세상에 존재하는 모든 것이 대상이 될 수 있기 때문이다. 예를 들어 동물, 식물, 자동차, 침대, 의류, 칫솔, 쓰레기통까지 모두 사물인터넷의 일원이 되어 다른 사물과 상호작용할 수 있다.

사물인터넷의 개념이 완전히 새로운 것은 아니다. 인터넷이 대중화되기 이전에도 사설 네트워크를 통해 여러 기기를 연결해 사용하는 시스템이 구축된 바 있으며, 1990년대 중반 이후 인터넷이 확산되면서부터는 TV, 냉장고 등의 기기를 인터넷에 연동하려는 시도들이 계속되어 왔다.

사물인터넷이라는 명칭을 처음 창안한 사람은 영국의 IT 전문가 케빈 애쉬튼(Kevin Ashton)이다.[1] 그는 1999년 프록터앤드갬블(P&G)에서 브랜드 매니저로 일하던 당시, 임원들에게 새로운 서비스를 제안하기 위한 발표 자료를 준비하면서 이 용어를 처음으로 만들어 사용했다. 그는 컴퓨팅(Computing) 기능이 없는 사물에 컴퓨팅 기능을 탑재해 인터넷에 연결한다는 개념을 바탕으로 용어를 만들었다고 밝혔다.

시간이 흐르면서 무선인터넷이 확산되고 하드웨어 비용이 대폭 하락한 반면 네트워크, 하드웨어, 소프트웨어의 성능은 크게 높아졌다. 그에 따라 온갖 사물을 인터넷에 연결하려는 다양한 시도가 폭발적으로 늘면서 사물인터넷이 본격적으로 인기를 끌게 되었다.

'M2M(Machine to Machine)'은 사물인터넷과 유사하게 사용되는 용어인데 주로 기기의 원격 관리와 데이터 수집에 초점을 둔 개념이다. M2M은 우리말로 '사물통신' 또는 '사물지능통신'이라고 한다. 시스코와 같은 일부 기업은 세상의 모든 것이 연결된다는 의미에서 '만물인터넷(IoE: Internet of Everything)'이라는 용어를 사용하기도 한다.

하지만 M2M은 사물인터넷의 일부고, 만물인터넷은 사물인터넷의 유사어로 마케팅적인 표현에 가까우니 굳이 구분해서 이해할 필요는 없다. 여기에서 우리가 다루는 사물인터넷은 모든 사물이 연결될 수 있는 가장 방대한 규모의 인터넷으로서 M2M과 만물인터넷을 포함한다.

사물인터넷의 작동 원리를 살펴보면, 사물인터넷 네트워크에 연결된 각각의 사물은 '센서(Sensor)' 및 내장된 컴퓨터를 통해 자신의 주변 환경을 인식하고 데이터를 수집 및 공유하며 적절한 작업을 수행한다. 센서는 환경의 변화를 감지하고 취득한 데이터를 다른 전자 장치로 보내는 모듈이다. 빛, 온도, 습도, 소리, 진동, 압력 등을 감지하는 센서들이 스마트폰, 가전, 자동차 등 여러 장치에서 폭넓게 사용되고 있다. 기본적인 센서 외에도 특정 화학 물질을 감지하는 화학 센서(Chemical Sensor), 생명공학 및 의료 분야에 사용되는 바이오 센서(Biosensor) 등 다양한 유형의 센서가 존재한다.

사물의 종류 및 사물이 놓인 환경에 따라 공유하는 데이터의 정도와 사물이 수행하는 기능은 다 다르며 몹시 다양하다. 케빈 애쉬튼은 사물 각각이 가진 센서와 작동의 체계를 인간에 비유해 사물인터넷이 마치 인간의 '신경계(Nervous System)'처럼 작동한다고 표현했다.

컴퓨팅 기능이 없는 사물이 사물인터넷의 일원이 되기 위해서는 컴퓨팅 기능이 탑재되는 과정을 거쳐야 한다. 컴퓨팅 기능이 탑재되는 방법은 사물에 따라 각기 다를 수 있다. 예를 들어 동물의 경우에는 주사 가능한 바이오칩(Biochip)을 피부 아래에 삽입해 동물의 상태와 질병 이력 등 동물의 일생을 추적하고 관리할 수 있다. 도시의 쓰레기통에는 센서와 통신 장치를 부착해 쓰레기통이 꽉 차게 되면 이를 환경미화원에게 알려 줄 수 있다.

장소적 측면에서 사물인터넷은 집, 사무실, 공장, 도시 등 모든 공간에서 다양한 방식으로 이용될 수 있다. 그렇다면 사물이 다른 사물과 연결되어 상호작용함으로써 창출되는 가치는 무엇일까?

먼저 기업의 관점에서 보면, 사물인터넷은 조직이 '디지털화(Digitization)'하는 중요한 기반이 된다. 여기에서 말하는 디지털화란 전사적으로 기업 내의 모든 자산 및 자원, 프로세스를 디지털로 구현하는 것을 의미한다. 특히 물리적인 세계를 디지털로 연결함으로써 스마트한 환경을 조성하고 이를 통해 경쟁력을 강화하려는 목적을 가진다. 이미 사물인터넷은 제조, 에너지, 도소매, 물류, 의료 등 모든 산업에 영향을 미치고 있다.

예를 들어 기업은 사물인터넷을 제조 분야에 적용함으로써 운영 리스크 및 다운타임(Downtime)을 감소시킬 수 있으며, 나아가서는 완전한 지능형 생산 시스템을 갖춘 '스마트팩토리(Smart Factory)'를 구현할 수 있다. 또한 기업은 사물인터넷을 이용해 지식노동자를 위한 최적의 근무 공간을 제공하는 '스마트워크플레이스(Smart Workplace)'를 구축하여 생산성 및 효율성 향상을 기대할 수 있다.

정부는 사물인터넷을 통해 건물, 가로등, 도로, 전력, 상하수도 등 도시의 모든 자산과 자원을 연결하고 효율적으로 관리하는 '스마트시티(Smart City)'를 구현할 수 있다. 개인은 사물인터넷을 통해 집 안의 가전, 조명, 도어락, 냉난방 장치 등을 편하게 제어하고 집 안의 모든 요소가 개인에게 맞춤화되어 자동으로 작동하는 '스마트홈(Smart Home)'을 구현할 수 있다.

지금까지 사람들은 제품이 제공하는 본연의 기능, 디자인, 품질, 가격 등을 따져서 구매를 결정했다. 하지만 사물인터넷의 시대에는 해당 제품이 사물인터넷에 연결됨으로써 얼마만큼의 추가적인 가치를 만들어 내는가가 구매의 중요한 요소 중 하나가 될 것으로 전망된다.

사례: 에어비주얼, 코펜하겐시, 콘티넨탈

미세먼지는 전 세계적인 골칫거리다. 물론 한국에서는 최고의 골칫거리다. '에어비주얼(AirVisual)'은 전 세계 약 70개 국가 9,000개가 넘는 도시들의 공기 오염도를 웹과 모바일 앱을 통해 제공하고 있다. 에어비주얼은 초미세먼지(PM2.5), 미세먼지(PM10), 오존, 이산화탄소, 아황산가스, 일산화탄소 등 주요 공기 오염 물질을 파악해 실시간으로 정보를 제공하고 24시간 추이를 그래프로 표시해 주는데, 세계 최초로 미세먼지 예보를 제공해 화제가 되기도 했다.

사물인터넷의 관점에서 에어비주얼의 서비스를 주목해야 하는 이유는 공기 데이터를 수집하고 분석하고 공유하는 방식에 있다. 에어비주얼은 가정이나 사무실에 놓아 두고 공기 오염을 측정할 수 있는 공기질 측정기 '에어비주얼 프로(AirVisual Pro)'를 판매해 수익을 창출한다.

에어비주얼 프로는 실시간으로 공기를 수집하고 분석해 공기가 좋지 않을 때는 경고해 주고 적절한 행동 요령도 알려 준다. 사용자는 측정기를 실외에 배치함으로써 관측소로 지정할 수 있다. 그렇게 하면 측정기가 실외 공용 관측소가 되고 다른 사용자들에게 공기질 정보를 제공할 수 있게 된다. 에어비주얼은 이러한 방식으로 전 세계 각지에 관측소를 설치하고, 이를 통해 방대한 공기 데이터를 수집하여 빅데이터 및 인공지능 기술로 분석함으로써 슈퍼컴퓨터를 보유한 정부기관이나 기상 전문 업체보다 앞서 세계

공기질 측정기, 에어비주얼 프로[2]

최초로 미세먼지 예보를 제공할 수 있게 된 것이다.

덴마크의 '코펜하겐시'는 가로등의 절반 이상을 스마트 LED 조명으로 교체했다. 가로등에 탑재된 센서 시스템은 시간, 달의 밝기, 보행자 또는 자전거를 타는 사람이 있는지 등의 여부를 감지해 LED 조명의 밝기를 자동으로 조절한다. 이를 통해 코펜하겐시는 안전한 도시 환경을 제공하면서도 에너지 비용을 절감하게 되었다고 밝혔다.

타이어 제조업체 '콘티넨탈(Continental)'은 디지털 타이어 모니터링 플랫폼 '콘티커넥트(ContiConnect)'를 선보였다. 대형 트럭의 운행 중 타이어 파열로 인한 사고는 커다란 인명 피해 및 높은 비용을 발생시키기 때문에 이를 예방하는 것이 몹시 중요하다.

콘티커넥트 기반의 타이어를 트럭에 장착하면 타이어 압력 데이

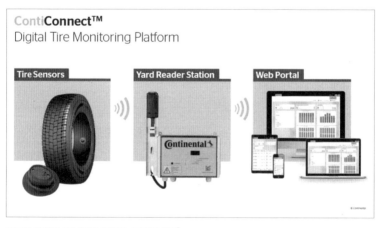

디지털 타이어 모니터링 플랫폼, 콘티커넥트 [3]

터가 실시간으로 중앙 시스템으로 수집되고 분석된다. 이를 통해 타이어 파열 위험성을 사전에 감지해 운전자와 차량 관리자에게 알려줌으로써 사고를 방지하고 차량 가동 시간을 극대화할 수 있다.

CHAPTER 2

사물인터넷의 작동 원리 및 차세대 기술과의 융합

사물인터넷은 사람과 사물을 연결하고 사물과 다른 사물을 연결한다. 세상의 수많은 사물이 서로 연결되고 상호작용을 하기 위해서는 고도의 기술 요소들이 복합적으로 필요하다.

사물인터넷 게이트웨이, 클라우드, 빅데이터, 인공지능

사물인터넷에서 사용되는 기술 요소는 크게 나누어 1) 사물이 디지털 장치로서 동작하기 위한 하드웨어 기술 2) 사물들이 서로 연결되어 통신을 수행하기 위한 네트워크 및 통신 기술 3) 다양한 상황에 맞는 사물인터넷 애플리케이션을 개발하고 구동하기 위한 소프트웨어 기술 4) 사물인터넷에서 발생하는 대규모의 데이터를 수집하고 처리하고 분석하기 위한 데이터 기술 등이 있으며 계속해서 차세대 기술들이 복합적으로 적용되고 있는 추세다.

사물에는 모든 종류의 물건과 살아 있는 동식물도 포함될 수 있다. 사물인터넷에서 사물이라는 표현은 사실 '사물 + 그것을 사물인터넷에 합류시키는 장치'를 의미한다. 물론 그 둘은 결합되어 작동하기 때문에 하나의 새로운 사물로 볼 수 있다. 예를 들어 보행자를 감지해 자동으로 LED 밝기를 조정하고 보행자 데이터를 수집하는 지능형 가로등은 기존의 가로등에 사물인터넷 장치가 결합된 형태라고 볼 수 있다. 간단히 말해 사물인터넷화된 가로등인 것이다.

실제 사물과 결합된 사물인터넷 장치는 센서를 통해 소리, 온도, 습도, 빛(광량), 특정 화학 성분 등 여러 환경 데이터 중에서 자신에게 필요한 데이터를 수집한다. 다양한 환경에서 사용할 수 있는 수백 가지가 넘는 다양한 종류의 센서가 시장에 출시되어 있다. 센서는 사물의 주변 데이터를 캡처하는 중요한 역할을 하므로 매우 정확하게 작동해야 한다.

사물은 센서를 통해 물리적 환경을 파악하고 상황에 맞추어 자동으로 적절한 동작을 수행한다. 그리고 다른 사물과 연결해 상호작용하거나 '사물인터넷 게이트웨이(IoT Gateway)' 또는 클라우드(Cloud)와 통신한다.

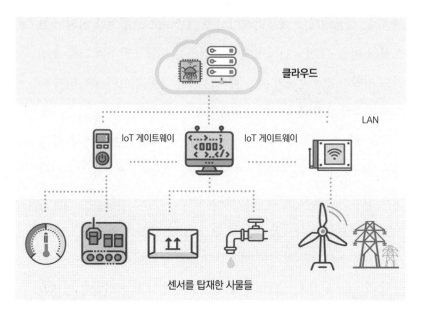

사물인터넷 시스템의 작동 구조

    사물인터넷 시스템은 필요에 따라 다양한 형태로 구성할 수 있다. 개개의 사물이 클라우드와 직접 통신할 수도 있지만, 대개의 경우 클라우드와 사물의 중간에서 관리 및 제어를 담당하는 사물인터넷 게이트웨이를 두는 경우가 많다.

    게이트웨이는 컴퓨터 네트워크에서 서로 다른 통신망을 사용하는 네트워크 간의 통신을 가능하게 하는 하드웨어 장치와 소프트웨어를 뜻하는 용어다. 사물의 수가 많아지고 그로 인해 발생하는 데이터가 늘어나면 클라우드의 부담이 커져서 처리 속도가 지연되는 등의 문제가 발생할 수 있고, 이는 결국 높은 비용의 부담 및 낮은 효율성으로 이어질 수 있다.

그런 이유로 클라우드의 역할을 일부 분산하기 위해 사물인터넷 게이트웨이를 두고, 해당 사물인터넷 게이트웨이가 자신의 관리하에 있는 사물들과 상호작용하면서 필요한 제어를 하고 데이터를 수집하거나 매개하는 역할을 담당하는 것이다. 사물인터넷 게이트웨이라는 용어 대신 '사물인터넷 허브(IoT Hub)'라는 용어를 사용하는 업체도 있다.

사물인터넷 시스템에는 수천, 수만 또는 그 이상의 사물들이 존재할 수 있다. 그러한 사물들에 탑재된 소프트웨어를 업데이트하고(보안 패치 포함), 사물들에 명령을 내리고, 데이터를 취합하는 등의 종합적인 사물인터넷 시스템 관리를 위해 일반적으로 클라우드를 이용하며 경우에 따라서는 블록체인을 이용할 수도 있다.

사물인터넷의 사물들에서는 상당한 데이터가 발생된다. 실시간으로 끊임없이 발생되는 엄청난 양의 데이터를 사람이 일일이 수동으로 취합하고 분석할 수는 없는 노릇이다. 만일 사물인터넷에서 발생되는 데이터가 제대로 이용되지 않는다면 사물인터넷의 가치는 크게 하락할 수밖에 없다. 그렇기 때문에 사물인터넷과 빅데이터는 밀접한 관계를 맺고 있다.

빅데이터는 대규모의 다양한 데이터를 빠르게 분석하여 가치를 찾아내고 그 결과를 신속하게 이용해 비즈니스를 개선하기 위한 기술이다. 사물인터넷에서 흐르는 데이터를 빅데이터 인프라로 취합하고 이를 분석해 데이터의 활용성을 극대화하는 것은 몹시 중요한 일이다.

인공지능이 향상되기 위해서는 지속적인 학습이 필요하며 이를 위해서는 인공지능에 데이터를 공급하는 것이 필수적이다. 사물인터넷은 인공지능에 데이터를 공급하는 중요한 원천 중 하나다. 사물이 센서를 통해 실시간으로 데이터를 수집하고 이를 인공지능에 공급함으로써 인공지능은 끊임없이 학습할 수 있고 그 결과로 점점 더 똑똑해질 수 있다.

같은 맥락에서 사물인터넷이 보다 스마트하게 작동하기 위해서는 인공지능의 도움이 필요하다. 사물인터넷에서 발생한 데이터를 인공지능이 분석하고 학습하는 구조를 만들어 지속적으로 사물인터넷을 개선할 수 있다. 이 같은 과정을 통해 사물인터넷에 연결되는 사물의 규모와 처리 가능한 데이터의 규모가 크게 확장될 수 있으며 사물인터넷을 통해 창출되는 가치도 크게 높일 수 있게 된다.

앞으로 사물인터넷은 인공지능에게 데이터를 제공해 인공지능을 향상시키고, 그렇게 향상된 인공지능의 지원을 받아 사물인터넷이 다시금 향상되는 선순환 구조를 달성하는 방향으로 진화하게 될 것이다.

사례: 베뉴넥스트, 리테일넥스트

'비콘(Beacon)'은 사물인터넷 장치 중 하나로, 저전력 블루투스 기술인 BLE(Bluetooth Low Energy)를 이용해 수백 미터 거리 내에 있는 고객의 스마트폰이나 태블릿에 정보를 발송하는 작은 기기다. 비콘

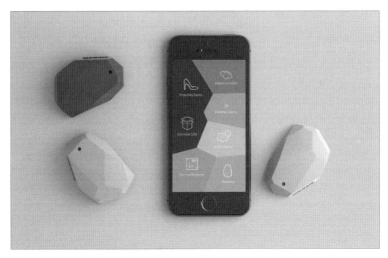

비콘 전문 기업 에스티모트(Estimote)의 비콘 제품[4]

을 소매점, 공항, 박물관, 경기장 등 실내에 설치하면 고객이 어느 장소에서 얼마나 머물렀는지 파악할 수 있다. 또한 비콘의 범위 내에 있는 고객의 동선을 추적하고 적절한 마케팅 메시지를 발송할 수도 있다.

스타트업 '베뉴넥스트(VenueNext)'는 미국 캘리포니아주의 산타클라라에 위치한 미식축구 경기장(리바이스 스타디움)에 2,000여 개의 비콘을 설치했다. 그리고 비콘과 스마트폰 앱을 연동해 경기장 안내 정보를 제공하고 식음료 주문도 받기 시작했다.

그 결과 사용자의 33퍼센트가 경기장 안내 기능을 이용한 것으로 나타났다. 또한 비콘과 고객의 스마트폰을 연동함으로써 고객의 위치를 파악할 수 있기 때문에 고객이 음식이나 음료를 주문하면 10분이내에 고객의 자리까지 배달해 줄 수 있다. 이로 인해 고객의 만족도가 크게 높아졌으며 이전 방식에 비해 주문이 67퍼센트 증가한 것으로 나타났다. 이 같은 사례는 비콘과 같은 사물인터넷 장치가 적절한 장소에서 적절한 소비자를 대상으로 사용되는 경우 효과적인 기술이 될 수 있다는 사실을 보여 준다.

'리테일넥스트(RetailNext)'는 사물인터넷 장치를 통해 매장에 방문하는 고객 정보를 수집한 후 이를 분석하고 시각화해서 매출 신장에 도움을 주는 정보를 제공한다. 리테일넥스트가 선보인 '오로라(Aurora)'라는 장치는 매장의 천장에 설치해서 고객의 동선과 행동을 파악하는 일종의 고객 측정 센서다.

리테일넥스트의 고객 측정 센서와 서비스는 컴퓨터비전 기술을 이용해 고객의 성별 및 연령대, 특정 고객이 얼마나 자주 방문했으며 관심사가 무엇인지, 얼마나 많은 수의 고객이 매장에 방문했는지, 그들이 얼마나 머물렀는지, 어떤 상품에 얼마나 관심을 보였는지, 고객들의 매장 방문 순서와 구매 여부 등을 자동으로 측정한다.

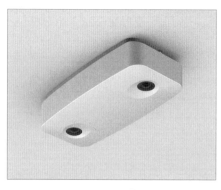

리테일넥스트의 고객 측정 센서[5]

이렇게 취합된 데이터는 리테일넥스트의 클라우드로 전송되고, 빅데이터 및 인공지능 시스템을 이용해 고객 정보와 고객 동선에 담긴 '마케팅 인사이트(Marketing Insight)'를 찾아낸다. 마케팅 인사이트란 소비자 행동을 변화시킬 수 있는 기회와 관련된 창의적인 아이디어를 의미한다.

리테일넥스트의 서비스는 분석 결과를 바탕으로 매출 증가를 가져올 수 있는 상품 진열 방법을 추천한다. 고객 정보뿐만 아니라 직원의 생산성, 직원의 동선, 직원이 고객과 상호작용하는 방식, 직원이 매장 매출에 미친 영향 등도 측정하고 분석할 수 있다.

CHAPTER 3

사물인터넷을 구현하는 '사물인터넷 개발 플랫폼'

사물인터넷은 스마트홈, 사람의 몸에 착용하는 웨어러블 (Wearable) 기기, 자동차, 제조, 유통, 물류, 에너지, 공공 설비 등 모든 산업과 모든 분야에서 활용될 수 있다. 다양한 사물인터넷 시스템을 구현하기 위해서는 사물의 디지털화를 위한 하드웨어와 이를 구동하기 위한 소프트웨어가 필수며 이를 유연하게 활용할 수 있어야 한다.

안드로이드씽스, 아두이노, 라즈베리파이

'사물인터넷 개발 플랫폼(IoT Development Platform)'은 사물인터넷 시스템을 빠르고 손쉽게 구현하고 테스트하고 배포하기 위해 사용된다. 사물인터넷 개발 플랫폼은 사물인터넷을 위한 운영체제와 각종 개발도구로 구성된다.

물론 사물인터넷 시스템을 개발할 때 시중에 나와 있는 사물인터넷 개발 플랫폼을 이용하지 않고 완전히 처음부터 하드웨어 및 소프트웨어의 모든 요소를 직접 개발할 수도 있다. 하지만 그럴 경우 상당한 시간과 비용이 들어간다. 더욱이 뛰어난 성능과 안전성이 보장된 시스템을 갖추기란 결코 쉬운 일이 아니다. 기술의 복잡성이 나날이 커지고 있기 때문이다. 그래서 많은 기업이 상용 또는 오픈소스 기반의 사물인터넷 개발 플랫폼을 이용해 사물인터넷 시스템을 개발한다. 이는 스마트폰에서 안드로이드 개발도구를 이용해 스마트폰 앱을 개발하는 것과 유사한 개념으로 이해하면 된다.

사물인터넷 시스템을 개발하고 테스트하고 신속하게 확장하기 위해서는 사실상 사물인터넷 개발 플랫폼의 이용이 필수적이다. 사물인터넷이 앞으로 거대한 수익을 가져다 줄 것으로 기대됨에 따라 구글, 삼성, 인텔, 퀄컴(Qualcomm), 버라이즌(Verizon), 아날로그 디바이스(Analog Devices) 등 여러 IT 기업이 사물인터넷 개발 플랫폼 경쟁에 뛰어든 상태다.

구글은 '안드로이드씽스(Android Things)'라는 명칭의 사물인터넷 개발 플랫폼을 선보였다. 구글은 개발자들이 이를 이용해 더 쉽고 빠르고 안전하게 풍부한 기능을 탑재한 사물인터넷 시스템을 만들 수 있다고 밝혔다. 구글은 모바일 플랫폼 1위 사업자로서 우월한 시

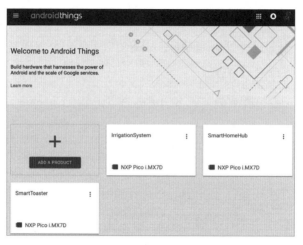

구글 안드로이드씽스의 관리 화면[6]

장 지위와 확고한 개발자 생태계를 보유하고 있기 때문에 사물인터 넷 분야에서도 유리한 상황이다.

삼성은 사물인터넷 개발 플랫폼 '아틱(ARTIK)'을 선보인 후 기존에 인수한 하만(HARMAN)과 스마트씽스(SmartThings)의 기술을 연동해 다양한 사물인터넷 시스템 개발에 적용하겠다고 밝힌 바 있다. 하지 만 삼성은 2018년 말에 아틱 사업을 접는다고 발표했다. 기대만큼 성과를 내지 못한 것이 아틱 사업을 접는 가장 큰 이유로 보이며, 이 를 통해 삼성은 그간 개발 플랫폼에서 한 번도 성공한 적이 없다는 사실을 다시 한 번 증명했다.

기업이 상용으로 출시한 사물인터넷 개발 플랫폼들 외에 오픈소스로 공개되어 누구든지 무료로 사용할 수 있는 사물인터넷 개발 플랫폼도 있다. '아두이노(Arduino)'는 업계와 학계에서 큰 인기를 끌고 있는 대표적인 오픈소스 기반 플랫폼이다. 아두이노는 작은 하드웨어 보드와 개발도구로 구성되어 있으며 손쉽게 프로그래밍할 수 있는 장치다. 아두이노는 특히 다양한 센서를 다루는 데 최적화되어 있어 사물인터넷 장치를 개발하는 데 유용하다.

아두이노는 그 응용 범위가 상당히 넓어 스마트홈, 로봇 제어, 미디어 아트, 환경 모니터링, 기타 상용 제품의 개발 등 다양한 분야에서 활용되고 있다. 아두이노를 사물인터넷 개발에만 이용할 수 있는 것은 아니지만 사물인터넷과 관련된 분야에 많이 이용되고 있어 사물인터넷 개발 플랫폼 중 하나로 분류된다.

예를 들어 아두이노를 이용하면 사람의 유무를 감지하여 냉난방 장치를 자동으로 제어하는 시스템을 만들 수 있다. 또는 미세먼지를 감지해 사람에게 경고해 주거나, 식물에 수분이 부족하면 물을 주고, 비가 내리면 자동으로 창문을 닫는 장치를 만들 수도 있다.

이처럼 아두이노는 누구든지 저렴한 비용으로 자신의 아이디어를 직접 구현해 볼 수 있는 플랫폼이라는 것이 가장 큰 장점이다. 물론 이를 위해서는 전문가까지는 아니더라도 어느 정도의 하드웨어 및 프로그래밍 지식을 갖추고 있어야 한다.

'라즈베리파이(Raspberry Pi)'는 아두이노와 함께 많이 이용되는 오픈소스 기반 플랫폼이다. 라즈베리파이는 영국에서 개발된 소형 컴퓨터 보드로 CPU, GPU, USB 포트, HDMI 포트 등을 갖추고 있는데 모델에 따라 하드웨어 구성에 차이가 있다. 무엇보다 라즈베리파이는 안드로이드, 리눅스, 윈도우10 IoT 코어(Windows 10 IoT Core) 등의 다양한 운영체제를 설치해서 이용할 수 있는 완전한 컴퓨터라는 점에서 큰 의미가 있다. 범용 운영체제를 이용할 수 있기 때문에 개발이 수월하고 확장성이 높다. 윈도우10 IoT 코어는 마이크로소프트가 개발한 윈도우 계열 운영체제 중 하나로, 명칭에서 알 수 있듯이 사물인터넷 장치에서 사용 가능하도록 비교적 가볍고 단순하게 만든 운영체제이며 관련 개발도구를 함께 제공한다.[7]

컴퓨터가 필요한 곳이라면 어디든지 라즈베리파이를 이용할 수 있다. 예를 들어 라즈베리파이를 이용해 태양광 생산 현황을 추적하거나, 원격에서 생체 신호를 모니터링할 수 있고, 공장에서 로봇을 제어하는 산업용 시스템을 만들 수도 있다.

라즈베리파이 또한 아두이노와 마찬가지로 사물인터넷에만 사용

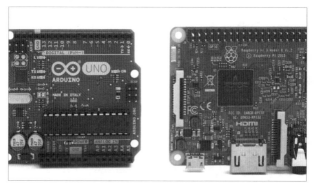

아두이노와 라즈베리파이[8]

할 수 있는 플랫폼은 아니지만, 사물인터넷과 관련된 분야에 많이 이용되고 있어 사물인터넷 개발 플랫폼 중 하나로 분류할 수 있다. 실제 사물인터넷 프로젝트에서는 아두이노와 라즈베리파이를 동시에 이용하는 경우가 많다. 또한 아두이노와 라즈베리파이는 학생들을 위한 교육용 프로그래밍 과정에서도 많이 이용된다.

다시 한 번 강조하고 싶은 점은 아두이노와 라즈베리파이가 모두 오픈소스이며 하드웨어 도면과 소프트웨어 소스코드가 모두 공개되어 있다는 사실이다. 공개된 소스코드를 많은 사람이 열람하고 연구하면서 숨겨진 오류를 찾아낼 수도 있고 나아가서는 제품 수정, 새로운 기능 추가 등의 참여로 이어지기도 한다.

이러한 개방형 사물인터넷 개발 플랫폼을 이용하면 누구든지 자신만의 창의적인 아이디어를 마음껏 발산할 수 있다. 이와 관련된 전 세계의 수많은 개발자 커뮤니티에서는 사람들이 개발과 관련된 의견을 서로 교환하고 버그를 수정하고 기능을 개선하면서 더 나은 하드웨어와 소프트웨어를 만들어 나가고 있다.

사례: 리테일 센서 플랫폼, 드로봇, 인터랙티브 식물 램프, 아스트로파이

인텔은 유통업체가 매장 운영을 종합적으로 파악하고 재고 관리를 개선하고 고객 참여도를 향상시킬 수 있는 '리테일 센서 플랫폼

(Retail Sensor Platform)'을 선보였다.[9] 인텔의 리테일 센서 플랫폼은 RFID(Radio-Frequency Identification, 전자태그) 기능이 있는 저비용, 저전력 센서를 통해 모든 물품이 물류 창고에서 매장 내 진열되고 구매에 따라 이동하는 전 과정을 추적할 수 있다. 이를 통해 실시간으로 정확하게 재고 관리를 할 수 있으며 수익성이 높은 맞춤형 매장으로 개선해 매장 운영의 효율성을 향상시킬 수 있다.

사물인터넷과 로봇 분야의 디자인 기업 딥로컬(Deeplocal)은 구글의 안드로이드씽스를 이용해 다양한 프로젝트를 진행하고 있다. 그러한 결과물 중 하나가 사용자의 얼굴을 그려 주는 드로잉 머신 '드로봇(DrawBot)'이다. 드로봇은 사용자가 셀카를 찍으면 이를 종이에 자동으로 스케치해 준다. 딥로컬은 이러한 아이디어를 내고 완전히 작동하는 하드웨어와 소프트웨어를 개발하는 데까지 3주가 안 되는 시간이 소요되었다고 밝혔다.

드로봇을 구동하는 소프트웨어는 안드로이드 기기용 앱을 제작하는 개발도구 '안드로이드 스튜디오'를 이용해 만들어졌다. 딥로컬은 개발자 커뮤니티 사이트 핵스터(hackster.io)에 이 프로젝트에 사용된 하드웨어 부품들의 자세한 사양과 조립 방법, 회로도를 모두 공개했다.

누구든지 무료로 개발할 수 있는 개방형 플랫폼의 특성상 아두이노로 만들어진 수많은 사물인터넷 프로젝트를 인터넷에서 쉽게 찾아볼 수 있다. 특히 인디 개발자나 학생들이 자신의 아이디어를 증명하기 위한 용도로 아두이노를 활발히 이용하고 있다.

안드로이드씽스로 만든 드로봇[10]

예를 들어 아두이노로 만든 '인터랙티브 식물 램프(Interactive Plant Lamp)'는 인공 식물과 센서 장치로 구성되어 있다. 식물 램프는 다른 식물 램프와 연결되어 있어, 한 식물 램프를 사용자가 만지면 이와 연결된 다른 식물 램프가 재미있는 LED 패턴으로 파트너에게 신호를 보낸다. 식물 램프에는 식물의 휘어짐을

인터랙티브 식물 램프 제작에 사용된 도구들[11]

감지하기 위한 플렉스 센서(Flex Sensor), 물리적인 힘을 측정하기 위한 포스 센서(Force Sensor)가 이용되었다. 식물 램프를 만드는 방법은 DIY 공유 사이트 인스트럭터블스(www.instructables.com)에 모두 공개되어 있다.

우주 비행사와 라즈베리파이 시스템[12]

라즈베리파이는 컴퓨터 및 소프트웨어 교육용 사물인터넷 프로젝트에 활발히 이용되고 있다. 대표적인 사례로 영국우주국(UK Space Agency)은 학생들의 컴퓨터 및 우주에 대한 관심을 불러일으키기 위해 국제우주정거장에 라즈베리파이 기반의 시스템을 설치하고 학생들이 개발한 코드를 우주정거장에서 실행하는 '아스트로파이(Astro Pi)' 프로젝트를 선보이기도 했다.

CHAPTER 4

스마트팩토리를 통해
변화하는 제조업의 모습은?

사물인터넷은 '**스마트팩토리**(Smart Factory)'를 구현하는 데 이용되는 주요 기술 요소 중 하나다. 스마트팩토리는 생산 설비가 인간의 개입 없이 자동으로 가동되고 시장 트렌드와 고객 요구사항에 따라 생산 방식을 스스로 재구성할 수 있는 미래형 공장이다.

디지털 트윈과 스마트팩토리 솔루션

국내에서는 제조 공정의 일부분이 자동화된 것에 불과한 것까지 스마트팩토리라고 부르는 경향이 있다. 하지만 엄밀히 말해 스마트팩토리는 단순히 생산의 자동화가 아니라 제품의 디자인, 생산 계획, 생산, 유지보수의 전 단계가 유기적으로 연결되고 지속적으로 최적화되는 시스템을 의미한다.

여전히 많은 제조업체가 공장 자동화조차 제대로 되어 있지 않은 경우가 많다. 앞으로 완전한 스마트팩토리를 달성하기 위해서는 적지 않은 시간이 소요될 것으로 전망되며 스마트팩토리의 내용에도 새로운 기술들이 계속 추가되는 추세다. 그렇기 때문에 스마트팩토리는 완성된 개념이라기보다는 지속적으로 진화하는 개념으로 보는 것이 합리적이다.

스마트팩토리를 구현하기 위해 달성해야 하는 기본 요건으로 다음과 같은 세 가지를 꼽을 수 있다. 첫째는 설비 작동 현황의 모니터링을 통해 설비의 효율성을 높이고, 둘째는 기존 설비와 신규 설비를 손쉽게 연결함으로써 상호운용성을 증대시키고, 셋째는 제조 공정에서 발생하는 데이터를 종합적으로 분석하고 그 결과를 이용해 제조 공정을 최적화하는 것이다.

스마트팩토리에는 여러 기술 요소가 복합적으로 이용된다. 그중에서 사물인터넷과 직접적으로 관련이 있는 '디지털 트윈(Digital Twin)'에 대해 살펴보자.

디지털 트윈이란 실제 사물이나 프로세스의 디지털 이미지를 거의 실시간에 가깝게 가상공간에 구현하는 것을 뜻한다. 디지털 트윈은 실제 사물이나 프로세스의 과거와 현재 활동이 모두 기록되고 계

가상의 복제물을 제공하는 디지털 트윈[13]

속 업데이트되는 디지털 프로필이라고 볼 수 있다. 디지털 트윈을 이용하면 사물의 수명이 다할 때까지 사물을 가시적으로 모니터링하면서 사물의 이력을 계속 추적하고 관리할 수 있다.

디지털 트윈은 실제 제조 현장에서 일어나고 있는 일을 거의 실시간으로 알려 주는 가상의 디지털 복제물이다. 이러한 디지털 트윈을 만드는 데 사용되는 기본 기술이 바로 사물인터넷의 센서다. 센서를 통해 제조 공정에서 사용하는 설비의 물리적 성능에 대한 데이터를 수집하고 주변 환경으로부터 온도, 습도, 압력 등의 데이터를 수집한다. 수천여 개에서 수만여 개에 이르는 각종 센서가 공장의 물리적 공간에 배치되고 이를 이용해 다양한 차원에서 다양한 유형의 데이터가 수집된다. 이렇게 수집된 데이터는 디지털 트윈 시스템으로 전송되어 '특정 사물의 디지털 복제물'을 만드는 데 사용된다.

디지털 트윈은 취합된 데이터를 종합적으로 분석하고 알고리즘 기반의 시뮬레이션과 시각화 기술을 이용해 물리적 세계에 있는 사물을 그대로 디지털로 재현한다. 그리고 그 과정에서 파악된 권고 사항이나 필요한 조치를 사용자에게 알려 주고 의사결정에 도움이 되는 내용을 제공한다. 이를 통해 과거에는 불가능했던 문제의 조기 발견이나 설계 방식 및 제조 공정의 최적화가 가능해지는 것이다.

이처럼 디지털 트윈은 물리적 세계와 디지털 세계의 종합적인 연결을 통해 거의 실시간으로 중요한 통찰력을 제공한다. 예를 들어 녹즙을 생산하는 공장의 대형 착즙기에 디지털 트윈을 도입하면 착즙기의 일반적인 상태 모니터링과 더불어 현장에서 기기가 받는 스트레스를 실시간으로 측정하고 마모도를 평가함으로써 문제가 발생해 설비 가동이 중단되기 전에 미리 감지하고 적절한 조치를 취할 수 있다.

스마트팩토리를 구축하기 위해서는 난이도가 높은 여러 최신 기술이 종합적으로 필요하기 때문에 IT 역량이 부족한 제조업체가 자체 기술만으로 스마트팩토리를 구축하기란 거의 불가능하다. 그래서 시장에는 스마트팩토리를 구축할 수 있는 각종 솔루션들이 경쟁적으로 출시되어 있다. 스마트팩토리 솔루션 사업에 적극적인 업체로 마이크로소프트, IBM, 지멘스(Siemens), GE 등의 대기업들을 꼽을 수 있으며 그 외에도 수많은 전문 기업 및 스타트업이 시장에 뛰어든 상태다.

특히 IT 기업들은 강점을 가진 개발 플랫폼을 기반으로 스마트팩토리 전략을 구사하고 있다. 예를 들어 마이크로소프트는 시장에서 인기를 끌고 있는 자사의 클라우드 애저를 기반으로 하는 '애저 IoT' 플랫폼을 선보였으며, IBM은 인공지능 플랫폼 왓슨을 기반으로 하는 '왓슨 IoT' 플랫폼을 출시한 상태다.

지멘스는 주력 제품인 PLM(Product Lifecycle Management, 제품 수명주기 관리) 소프트웨어를 기반으로 하는 스마트팩토리 전략을 갖고 있다. PLM은 제품의 설계, 제조, 폐기에 이르는 전체 수명주기를 관리하는 것을 뜻한다. PLM은 제품의 기술 및 특성을 관리함으로써 프로토타입 비용 절감, 자재비 절감, 제품 품질 및 신뢰성 향상, 폐기물 감소 등 제품 엔지니어링의 효율성을 높이는 것이 목적이며, 지멘스는 이런 프로세스에 스마트팩토리 솔루션을 유기적으로 결합하고 있는 것이다.

스마트팩토리를 도입하려는 기업은 자사의 제조 공정에 맞는 기술 및 솔루션, 도입 비용 및 유지보수 비용, 안전성, 실제로 얻을 수 있는 효과 등을 잘 따져서 결정해야 한다. 앞으로 스마트팩토리를 기반으로 직원, 프로세스, 설비를 연결하고 실시간으로 제조 공정을 최적화하는 기업과 그렇지 못한 기업 간의 경쟁력 격차는 점점 더 벌어지게 될 것이다.

사례: 할리데이비슨, 허쉬, 블랙앤데커

모터사이클 제조업체로 유명한 '할리데이비슨(Harley-Davidson)'

은 공장에 사물인터넷 기술을 적용해 생산의 모든 단계를 실시간으로 추적하고 성능 관리 시스템에 저장하고 있다.[14] 이를 위해 각각의 제조 공정에 맞는 센서들을 설치하고 있으며, 센서에서 발생된 데이터를 수집하고 분석해서 나온 적절한 해결책을 자동으로 제조 공정에 반영한다.

할리데이비슨은 예전에는 문제를 분류하고 해결하는 데 며칠씩 소요되었지만 이제는 이러한 시스템을 구축해 몇 초 만에 처리하고 있다. 할리데이비슨은 새로운 시스템을 이용함으로써 생산의 유연성이 크게 향상되었으며 비용을 절감하고 신규 모델의 개발 주기와 출시 일정도 크게 단축했다고 밝혔다.

북미 최대의 초콜릿 제조업체 '허쉬(Hershey)'는 트위즐러 (Twizzlers, 캔디의 일종) 제품 제조를 위한 원료 탱크 및 압출성형기 (Extruder, 원료를 투입하면 일정한 모양으로 성형해 주는 기계)에 지능형 센서와 마이크로소프트의 사물인터넷 솔루션을 적용해 제품 생산을 최적화하고 있다.

허쉬의 트위즐러 제조에 사용되는 원료인 감초(Licorice)는 온도에 민감해서 온도가 너무 뜨겁거나 차가우면 생산된 제품의 무게가 달라질 수 있었다. 그런데 원료 탱크에 기존 원료가 남아 있는 상태에서 새로운 원료를 추가하면 온도가 바뀌는 문제가 있었다. 원료의 온도에 따라 원료 낭비 및 품질 차이가 발생할 수 있기 때문에 기존에는 허쉬의 직원이 수작업으로 15분마다 원료의 온도를 측정하고

하루 12번씩 장비를 조정해야만 했다.[15]

허쉬는 그러한 공정을 개선하고자 장비에 23개의 센서를 장착해 1분마다 자동으로 센서로부터 압력, 온도, 분당 회전수 등의 데이터를 수집했다. 그렇게 취합된 6,000만 개의 데이터를 분석해 제품 제조 과정에서 원료비용을 절감할 수 있는 방법을 찾았다. 허쉬는 트위즐러 제조 공정에서 사용되는 53톤의 원료를 기준으로, 생산된 제품의 무게를 1퍼센트 더 정밀하게 개선하면 50만 달러를 절감할 수 있다고 밝혔다. 허쉬의 주력 상품인 초콜릿의 경우에는 원료비용이 더 비싸기 때문에 허

트위즐러 제품 이미지[16]

쉬는 앞으로 이 같은 공정을 확대 적용해 더 많은 비용을 절감할 것으로 기대하고 있다.

전동공구 제조업체 '블랙앤데커(Black & Decker)'는 모든 원자재에 무선으로 식별이 가능한 전자태그를 붙여 실시간으로 위치를 추적한다. 이를 통해 제품 생산이 완료될 때까지 끊임없이 원자재 사용 현황을 모니터링하면서 품질을 관리한다. 모든 과정을 가시적으로 확인할 수 있기 때문에 필요에 따라 프로세스의 속도를 늦추거나 가속화할 수 있고 직원들이 작업을 얼마나 빨리 처리하는지도 확인할 수 있다.

블랙앤데커는 이 같은 사물인터넷 기반의 스마트팩토리 시스템을 구축한 후 노동 생산성이 10퍼센트 향상되었고 공장 가동률이 80퍼센트에서 90퍼센트로 증가했으며 불량률이 16퍼센트 감소했다고 밝혔다.[17]

CHAPTER 5

사물인터넷을 통한
고객경험의 향상

제조업체들이 사물인터넷을 이용해 산업 현장에서 스마트팩토리를 구현하는 것과 같은 맥락에서, 소비자를 대상으로 비즈니스를 하는 소비재 기업들은 사물인터넷을 이용해 고객에게 더 나은 서비스를 제공하고 비즈니스의 효율성을 향상시키고자 한다.

비즈니스 개선의 기회를 제공하는 사물인터넷

소비재 기업들은 사물인터넷을 이용함으로써 보다 매력적인 '고객경험(CX: Customer eXperience)'을 제공할 수 있다. 고객경험이란 합리적, 정서적, 감각적, 신체적 관점 등 다양한 수준에서의 고객 참여를 의미한다. 좋은 고객경험은 기업과의 다양한 상호작용 속에서 고객이 경험한 내용들이 고객의 기대와 욕구를 충족시키는 것이다.

사물인터넷을 이용해 향상된 고객경험을 제공하기 위해서는 고객경험 전문가와 IT 전문가가 팀을 이루어 제품 개발, 마케팅, 고객 서비스 등의 여러 분야에서 함께 작업해야 한다. 사물인터넷을 이용해 고객경험을 향상시킬 수 있는 대표적인 분야로 승용차, 냉난방 장치, 가전 등 고객이 상시적으로 이용하는 제품에서의 기술 지원, 제품 개선, 개인화 등을 꼽을 수 있다.

기업이 사물인터넷 기술을 이용하면 원격에서 제품의 상태를 파악하고 적절한 조치를 취할 수 있다. 고객들은 자신이 구입한 제품에 문제가 있어 기술 지원을 받을 때 원격의 고객 서비스 담당자가 제품 상태를 정확히 파악해 문제를 해결해 주길 기대한다. 예를 들어 보일러를 사용하는 고객은 보일러에 문제가 있어 온수가 제대로 나오지 않거나 난방이 안 될 때 고객 서비스 담당자가 원격에서 보일러의 상태를 정확히 진단하고 신속히 문제를 해결해 주길 바랄 것이다. 사물인터넷 센서가 탑재된 보일러라면 원격으로 제품의 상태를 추적하고 관리할 수 있어 고객의 기대를 충족시킬 수 있다.

사물인터넷화된 제품은 원격으로 제품의 버그를 수정하거나 자동 업데이트로 기능을 개선할 수도 있고, 나아가서는 제품에 문제가 발생하기 전에 미리 고객에게 경고하거나 고객센터에 알림으로써 고객센터가 고객에게 먼저 연락해 엔지니어 방문 예약을 진행할 수도 있다.

고객이 동의할 경우에는 제품에서 발생하는 데이터를 수집하고 이를 분석해 제품의 기능과 서비스를 자동으로 조정함으로써 제품을 고객에게 맞춤화할 수 있다. 그러한 데이터를 기반으로 고객이 선호할 만한 제품이나 서비스를 추천할 수도 있다. 물론 고객이 그런 식의 추천을 원하고 그 결과에 만족해야 한다.

이처럼 사물인터넷을 이용해 좋은 고객경험을 제공함으로써 고객의 재구매를 유도하고, 그런 충성스러운 고객층이 늘어남에 따라 입소문 및 소셜미디어 등을 통해 기업의 제품이나 서비스에 대한 호의적인 콘텐츠가 전파되고 그에 따라 신규 고객의 유입이 늘어날 수 있다.

고객들이 점점 더 온라인에서 많은 시간을 보내기 때문에 오프라인 공간을 위주로 사업하는 기업들은 온라인과 경쟁할 수 있거나 또는 온라인과 효과적으로 융합될 수 있는 방법을 반드시 찾아야만 하는 상황에 놓여 있다. 물론 사물인터넷만으로 모든 것을 해결할 수는 없지만 사물인터넷이 중요한 역할을 담당할 수는 있다. 사물인터넷은 물리적인 공간에서 사물을 디지털화하고 이를 통해 새로운 가치를 찾아내는 것을 목적으로 하기 때문이다.

오프라인 매장에서는 센서를 탑재한 사물인터넷 장치를 활용해서 기존에는 발견하기 어려웠던 문제점을 찾아내거나 비용을 절감할 수 있으며 비즈니스의 전반적인 개선에 활용할 수도 있다. 예를 들어 매장에 방문한 고객들의 동선을 분석해 고객이 방문하지 않아

낭비되는 공간을 찾아낸 후 매장 구조를 재구성할 수 있고, 특정 장소를 방문한 고객에게 맞춤 정보나 프로모션을 제공할 수도 있다.

만일 스마트워치 등과 같은 웨어러블 기기를 이용하는 고객이 사물인터넷 장치와 손쉽게 연동되는 환경이 구축된 매장을 방문한다면 훨씬 간결하고 편리한 방식으로 고객과 상호작용할 수 있다. 예를 들어 호텔이라면 고객이 입구에 들어서자마자 투숙객 여부를 즉시 확인할 수 있고 고객의 취향에 맞는 서비스를 추천하고 결제도 간단히 처리할 수 있다. 만일 투숙객이 단골 고객이라면 기존의 고객 행동 데이터를 분석한 결과를 바탕으로 고객이 앞으로 어떤 행동을 할지 예측하여 미리 대응할 수도 있다.

사물인터넷을 통해 수집된 데이터는 단지 고객경험을 향상하는 데에만 사용되는 것은 아니다. 〈Part 4. 빅데이터〉에서 다루었듯이, 이제 데이터는 기업 경영의 일부분이 아니라 기업 경영의 모든 분야에서 광범위하게 활용되는 방향으로 나아가고 있기 때문이다.

사물인터넷은 제조에서 물류를 거쳐 고객에게 제품이 도달하는 SCM(Supply Chain Management, 공급망 관리)의 전체 프로세스를 최적화하는 데에도 활용할 수 있다. 사물인터넷 데이터를 분석한 결과가 기존의 ERP(Enterprise Resource Planning, 전사적 자원 관리) 및 회계 시스템을 보완하는 실시간 가시성을 제공할 수 있기 때문에 이를 이용해 보다 정확한 재무적인 의사결정을 하는 기업들도 늘고 있다.

ERP는 공장에서 사용되는 원자재를 비롯해 인적 자원, 금융 자원 등 전사적 관점에서 모든 자원을 다루는데, 이에 사물인터넷으로 수집된 데이터 분석을 결합함으로써 경영의 효율성을 더욱 증진시킬 수 있다. 또한 기업이 보유한 각종 자산을 추적하고 관리하는 데에도 사물인터넷을 효과적으로 이용할 수 있다.

사례: 뉴트로지나, 로레알, 비자, 디즈니

여러 산업에 사물인터넷 기술이 도입되고 있는데, 뷰티 산업에서도 '뷰티테크(Beauty Tech)'라는 명칭으로 최신 기술을 융합한 혁신적인 제품 및 서비스의 출시를 촉진하고 있다.

차세대 스킨케어를 표방하는 '뉴트로지나(Neutrogena)'의 '스킨스캐너(SkinScanner)'는 스마트폰에 장착해 언제 어디서든 사용할 수 있는 미용기기로, 피부과 전문의 수준의 피부 상태 측정을 제공한다. 스킨스캐너는 12개의 고성능 LED 조명, 30배까지 확대 가능한 렌즈,

뉴트로지나의 스킨스캐너[18]

피부 표면 및 피하 계층까지 측정할 수 있는 매우 정확한 센서로 구성되어 있다.

스킨스캐너와 스마트폰 앱 'Skin360'을 이용하면 피부의 수분 수준, 모공의 크기와 모양, 미세한 선과 주름의 크기 및 깊이를 포착할 수 있으며 시간의 흐름에 따른 피부의 건강 상태를 추적할 수 있다. 이를 통해 뉴트로지나는 피부 미용에 있어서 혁신적인 개인화를 제공한다고 밝혔다. 사용자의 피부 상태는 점수로 알려 주며 다른 사용자들의 점수와 비교해 볼 수도 있다.

프랑스의 화장품 기업 '로레알(L'Oreal)'은 '마이스킨트랙pH(My Skin Track pH)'라는 제품을 선보였다. 마이스킨트랙pH는 피부에 부착하는 작은 사물인터넷 장치로 피부의 pH(산도)를 실시간으로 파악한다. 건강한 피부의 pH 수치는 4.5~5.5 사이의 약산성인데, 만약 pH 균형이 깨질 경우 염증 반응을 유발해 습진, 아토피성 피부염 등

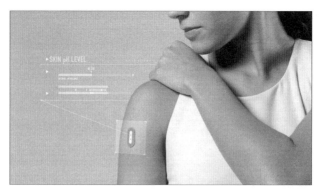

로레알의 마이스킨트랙pH[19]

과 같은 피부 질환이 발생하거나 악화될 수 있다.

마이스킨트랙pH는 마이크로 채널 네트워크를 통해 피부 숨구멍으로부터 미량의 땀을 채취하고 15분 이내에 정확한 pH 판독 값을 제공한다. 이를 기반으로 더 나은 피부 관리를 위한 처방을 제공하고 적합한 미용 제품을 추천한다.

신용카드 브랜드 '비자(Visa)'는 자동차 제조업체 혼다(Honda)와 함께 차량 자체가 신용카드가 되는 서비스를 선보였다. 비자가 제공하는 '인카 페이먼트(In-Car Payments)' 시스템을 이용하면 승용차 및 트럭 운전자들이 차량에 앉아 주유 및 주차 요금을 빠르고 안전하게 지불할 수 있다.

미국 올랜도에 있는 '월트디즈니월드(Walt Disney World)'는 4개의 메인 테마파크, 2개의 워터파크, 리조트, ESPN 스포츠 시설 등으로

비자의 인카 페이먼트[20]

구성된 세계 최대 규모의 복합 엔터테인먼트 시설이다. 그 크기가 총 면적 110제곱킬로미터이며 직원 수는 6만 명이 넘는다.

디즈니는 넓은 지역에 걸친 시설을 이용하는 고객의 편의성 향상을 위해 '마이매직플러스(MyMagic+)'라는 명칭으로 각종 서비스를 제공하고 있다. 마이매직플러스를 이용하기 위해서 고객들은 '매직밴드(MagicBand)'를 착용한다. 매직밴드는 사물인터넷 기술이 적용된 디지털 팔찌로 테마파크와 리조트 등에서 일종의 신분증처럼 쓰인다.

매직밴드에는 RFID 칩이 내장되어 있다. 이를 이용해 테마파크에 입장하고, 놀이기구 탑승시 체크인을 하고, 포토패스(PhotoPass, 테마파크 내 각종 시설에서 디즈니 직원이 찍어 준 사진과 동영상을 제공하는 서비스)의 사진을 확인할 수 있다. 리조트 투숙객은 매직밴드를 객실 키로 사용할 수 있으며 매직밴드에 신용카드를 연동해 테마파크와 리조

디즈니의 매직밴드[21]

트에서 간편하게 결제할 수도 있다. 가족 구성원 중 한 사람에게 결제가 취합되도록 하거나 또는 자녀의 결제를 제한할 수도 있다.

또한 디즈니는 '패스트패스플러스(FastPass+)'라는 명칭으로 빠른 탑승 서비스를 제공한다. 이를 이용하려면 웹사이트나 스마트폰을 이용해 원하는 시설을 예약한 다음, 일반 대기줄과 별도로 있는 패스트패스 대기줄로 들어가서 매직밴드를 이용해 입장하면 된다.

CHAPTER 6

집과 도시를 바꾸는
스마트홈과 스마트시티

집에 사물인터넷 기술이 결합됨으로써 '스마트홈(Smart Home)' 이 구현되며, 나아가 도시는 사물인터넷을 통해 '스마트시티(Smart City)'로 진화하고 있다.

사용자에게 맞춤화되는 스마트홈

스마트홈은 홈 오토메이션(Home Automation)의 연장선상에 있는 기술로, 홈 오토메이션은 집의 조명, 블라인드, 에어컨 등을 전용 단말기나 PC, 스마트폰 등으로 간편하게 제어하는 것을 의미한다.

홈 오토메이션은 건물 자동화를 뜻하는 빌딩 오토메이션(Building Automation) 개념을 가정용으로 구현한 것이다.

홈 오토메이션을 위한 최초의 범용 네트워크 기술은 1975년에 개발되었고 이후 서구에서는 홈 오토메이션 시스템이 꾸준히 사용되어 왔다. 국내에서도 홈 오토메이션을 적용한 아파트를 선보인 바 있다. 그런데 기존의 홈 오토메이션은 표준화가 미비하고 기기들 간의 연결성이 부족해 통합적으로 운용되지 못하고 개별 기기를 제어하는 수준에 그쳤다. 또한 사용 방법도 그리 편하지 않았고 안정성이 부족해 시스템이 다운되는 경우도 잦았다.

하지만 스마트홈에서는 기기들의 연결성을 크게 개선해 통합적으로 시스템이 운용되며, 사물인터넷 기술을 적극 활용함으로써 각종 센서를 통해 데이터를 수집·분석하고 이를 기반으로 스마트홈이 자동으로 사용자에게 맞춤화되는 시스템을 지향한다.

스마트홈에는 과거의 홈 오토메이션에 비해 훨씬 다양한 기술 요소가 활용되며 최근에는 인공지능, 로봇, 클라우드, 빅데이터 등의 신기술들이 복합적으로 접목되는 추세다. 특히 최근 스마트홈과 관련된 중요한 트렌드 중 하나는 주요 IT 기업들이 자사의 인공지능 기반 가상비서를 경쟁적으로 스마트홈에 접목하고 있다는 점이다. 〈Part 2. 인공지능〉에서 다루었듯이 알렉사, 구글어시스턴트, 시리, 코타나 등이 스마트홈을 차지하기 위해 경쟁하고 있다.

사용자는 스마트폰이나 AI스피커를 통해 가상비서와 대화하는 방식으로 집 안의 조명, 가전, 냉난방 장치, 엔터테인먼트 시스템 등을 제어할 수 있다. 그렇지만 모든 가상비서가 모든 스마트홈 기기 제어를 지원하는 것은 아니다. 과거의 홈 오토메이션보다 사정이 나아지기는 했지만 여전히 표준화 문제가 존재한다.

가장 많은 스마트홈 기기들이 지원하는 가상비서는 알렉사와 구글어시스턴트다. 그렇기 때문에 사용자는 자신이 사용하는 가상비서와 그에 맞는 스마트홈 기기들을 잘 확인하고 제품을 구매해야한다.

구글은 2014년 스마트홈 기기 전문 업체 '네스트랩스(Nest Labs)'를 무려 32억 달러에 인수한 바 있다. 네스트랩스는 온도 조절 장치, CCTV용 카메라, 초인종, 알람 시스템, 도어락, 화재경보기 등 다양한 스마트홈 기기를 출시한 업체다. 특히 '네스트 러닝 온도 조절 장치(Nest Learning Thermostat)'는 사용자의 일상 패턴, 계절 변화, 사용자가 좋아하는 온도를 학습함으로써 자동으로 온도를 조절하고 에너지를 절약한다.

네스트 러닝 온도 조절 장치를 처음 설치한 후 사용자가 평소대로 냉난방 장치를 이용하면, 네스트가 며칠 동안 집 안 온도와 사용자의 일상 패턴을 학습한 다음에 자동으로 온도를 조절한다. 예를 들어 네스트는 사용자가 아침 식사시 24도의 온도를 선호한다는 것을 학습하고 해당 시간에 자동으로 온도를 맞춘다. 사용자는 아침에 일어나 쾌적한 온도에서 일상을 시작할 수 있다.

모든 방의 온도가 같을 수는 없기 때문에 온도 조절 장치와 연동되는 '네스트 온도 센서(Nest Temperature Sensor)'를 여러 방에 설치한 다음, 아기 방처럼 우선순위를 두어야 하는 방의 온도를 기준으로 온도를 조절할 수도 있다. 네스트는 온도 센서 및 사용자의 스마트폰 위치를 파악해 집 안에 아무도 없을 경우에는 집 안의 온도를 에코 모드로 변경하여 에너지를 최대한 절약한다. 네스트 온도 조절 장치를 이용할 경우 난방 요금은 10~12퍼센트, 냉방 요금은 15퍼센트 정도의 비용 절감 효과가 있는 것으로 나타났다.[22]

연기 및 일산화탄소를 감지해 화재 경보를 제공하는 '네스트 프로텍트(Nest Protect)'도 인기를 끌고 있는데, 만일 난방 시스템에 의해 화재가 발생하게 되면 네스트 프로텍트는 온도 조절 장치에게 시스템의 전원을 차단하라고 통지하는 기능도 탑재하고 있다.

스마트시티를 가능하게 하는 사물인터넷

스마트시티는 스마트홈, 스마트빌딩(Smart Building), 도시의 각종 기반 시설을 토대로 구현된다. 스마트빌딩이란 빌딩 소유자, 운영자, 거주자에게 사물인터넷을 기반으로 빌딩 내 각종 시설들의 편리한 서비스와 효율적인 관리를 제공하는 것이다. 스마트시티를 달성하기 위한 주요 요건을 세 가지로 정리해 보면 다음과 같다.

첫째, 스마트시티는 도시 전반의 에너지 및 천연자원 사용을 최적화한다. 전기, 석유, 가스, 물 등의 에너지 및 천연자원을 효율적으로 관리하면서 소비 패턴을 파악해 소비량을 예측하고, 친환경적인 에너지를 공급하면서도 가능한 한 비용을 낮출 수 있어야 한다.

둘째, 스마트시티는 향상된 도시 서비스를 제공한다. 예를 들어 도로 유실이나 가로등이 파손되면 문제를 즉시 파악하고 보수해야 한다. 쓰레기 처리 방식 및 처리 경로가 쓰레기 배출량에 따라 자동으로 조절되고 지속적으로 쓰레기 처리의 효율성이 향상되는 시스템을 갖추고 있어야 한다.

셋째, 스마트시티는 보다 안전한 도시를 지향한다. 사고 발생시 경찰 및 구급대원이 신속하게 출동할 수 있어야 하고 각종 재난이나 비상사태에 대응할 수 있는 효율적인 체계를 갖추고 있어야 한다.

이 같은 요건들을 달성하기 위해서는 도시 곳곳에 수많은 사물인터넷 센서가 설치되어 실시간으로 데이터가 수집되고 자동으로 분석되어야 하며 또한 분석 결과가 자동으로 활용되는 시스템이 구축되어야 한다. 예를 들어 미국 플로리다주 남동부에 위치한 마이애미데이드 카운티(Miami-Dade County)는 40만 가구의 하수도를 관리하는 데 사물인터넷 센서를 이용하고 있다.[23] 센서를 통해 수압, 유속, 강우량 등에 대한 데이터를 종합적으로 수집하고 수초 내에 분석함으로써 유지보수에 신속하게 대응할 수 있게 되었다.

사물인터넷은 양날의 칼

마지막으로 살펴볼 사항은 사물인터넷의 '보안(Security)' 이슈다. 사물인터넷으로 구현된 스마트홈, 스마트빌딩, 스마트시티에서는 집 안, 빌딩, 도시 곳곳에 수많은 센서가 설치되고 네트워크를 통해 민감한 데이터들이 계속 흘러 다닐 수밖에 없다. 이러한 사물인터넷 네트워크의 구조와 데이터의 흐름은 사물인터넷이 가치를 창출하는 토대이지만, 한편으로는 커다란 보안 리스크를 안고 있는 것도 사실이다.

악의적인 목적을 가진 공격자가 사물인터넷 네트워크를 공격해 시스템을 중단시키거나 또는 사물인터넷 소프트웨어의 버그나 설계상의 허점 등과 같은 '보안 취약점(Vulnerability)'을 찾아내 정보를 유출할 수도 있다. 심지어 사물인터넷 장치에 비정상적인 작동을 지시해 시스템을 손상시키거나 사람들의 재산상 손실이나 인명 피해를 유발할 수도 있다.

모든 기술은 '양날의 칼'과 같은데, 사물인터넷은 그런 성격이 특히 심하다. 그러므로 사물인터넷을 이용하려는 개인, 기업, 정부기관은 사물인터넷이 본질적으로 지닌 보안 위협을 반드시 숙지하고 이에 대비할 수 있는 충분한 보안 시스템을 갖추어야 한다.

PART 6

자율주행차와 드론

자율머신의 시대가 온다

CHAPTER 1

자율주행차 발전의
여섯 단계

'**자율주행차**(Self-Driving Car 또는 Autonomous Vehicle)'는 운전자가 자동차 핸들, 가속 페달, 브레이크 페달 등을 조작하지 않아도 스스로 주행 경로를 판단하고 주행 환경을 인지하면서 안전 운행을 하는 자동차를 의미한다. 운전자가 없다는 뜻에서 '무인자동차(Driverless Car)'라고도 한다.

자동차 업계에서는 자율주행차라는 용어 외에 '스마트카(Smart Car)', '커넥티드카(Connected Car)'라는 용어도 사용하는데 이 용어들은 인터넷, 모바일 등의 정보기술을 차량에 적극 융합하는 것에 초점을 둔 말이다. 그런데 엄밀히 말해 스마트카, 커넥티드카의 개념에 자율주행이 필수 요소로 포함되는 것은 아니므로 이들 용어와 자율주행차를 구분해서 사용할 필요가 있다. 하지만 업계에서는 이들 용어가 혼용되고 있으므로 맥락에 따라 의미를 파악해야 한다.

자동화 산업과 운전 문화의 혁명적인 변화

기술적인 관점에서 자율주행차는 각종 센서 및 하드웨어, 소프트웨어, 통신 기술을 기반으로 인공지능이 운전자 대신 주행 환경과 위험 요인을 인지하면서 전체적인 상황을 판단해 운행한다. 이러한 자율주행차의 발전 단계를 설명하기 위해 흔히 'SAE(Society of Automotive Engineers, 자동차공학자협회) 기준'을 이용한다.

SAE는 1905년 미국에서 설립된 단체로, 자동차와 관련된 다양한 전문가들이 모여 산업 표준을 개발하고 있다. 예전에는 미국고속도로교통안전국(NHTSA: National Highway Traffic Safety Administration)이 만든 기준도 쓰였는데 이제는 SAE 기준이 사실상의 표준으로 폭넓게 사용되고 있다. SAE 기준은 자율주행차를 발전 단계에 따라 0단계에서 5단계까지 총 여섯 단계로 구분한다.[1]

0단계(Level 0)는 '수동(No Automation)' 단계로, 운전자가 자동화 기술의 도움없이 주행과 관련된 모든 조작을 전적으로 수행하고 안전에 대한 책임을 진다.

1단계(Level 1)는 '운전자 보조(Driver Assistance)' 단계로, 조향 또는 가속·감속 등을 보조하는 ADAS(Advanced Driver Assistance System)에

의해 도움을 받긴 하지만 운전자가 주행과 관련된 모든 기능을 수행하고 안전에 대한 책임을 진다. 이 단계는 ADAS의 도움을 일부 받긴 하지만 여전히 운전자가 운전대를 잡고 있다는 뜻에서 '핸즈 온(Hands On)' 상태라고 한다. 참고로 ADAS는 우리말로 '첨단 운전자 보조 시스템'이라고 하며 운전에 도움을 주는 각종 보조 시스템을 의미한다. ADAS에는 차로 유지, 차간 거리 유지, 충돌 방지, 고속도로 주행 보조, 고속도로 안전 구간 및 곡선 구간에서의 자동 감속 등 다양한 기능이 포함될 수 있다.

2단계(Level 2)는 '부분 자동화(Partial Automation)' 단계로, ADAS의 도움을 받으며 자동으로 주행하지만 운전자는 비상사태를 대비해 교통 상황을 주시해야 하며 안전에 대해서도 책임을 진다. 이 단계는 운전자가 정해진 조건에서 운전대를 잡고 있지 않아도 된다는 뜻에서 '핸즈 오프(Hands Off)' 상태라고 한다.

지금까지 살펴본 SAE 기준의 0단계에서 2단계까지는 수동에서 시작해 일부 자동화까지 이루어진 단계들로, 운전자가 주행 환경을 모니터링하며 안전 운전을 책임져야 한다. 반면에 이제부터 살펴볼 3단계 이상은 '자율주행 시스템(Automated Driving System)'이 주행 환경을 모니터링한다. 다만, 안전 운전에 대한 책임은 단계별로 차이가 있다.

3단계(Level 3)는 '조건부 자동화(Conditional Automation)' 단계로, 자율주행 시스템이 주행과 관련된 모든 조작을 수행하지만 필요에 따라 운전자의 개입을 요청하는 경우 운전자가 차량을 직접 조작해야 한다. 이 단계는 정해진 조건에서 운전대를 잡고 있지 않아도 되는 것은 물론이거니와 운전자가 주행 환경을 항상 주시할 필요가 없기 때문에 '아이즈 오프(Eyes Off)' 상태라고 한다. 다만, 자율주행 시스템의 요청에 의해 운전해야 할 수도 있기 때문에 운전자는 운전할 준비가 되어 있어야 하며 이에 대한 책임을 진다.

4단계(Level 4)는 '고도 자동화(High Automation)' 단계로, 자율주행 시스템이 특정 조건에서 주행과 관련된 모든 제어 및 비상 상황에 대한 대처를 수행하며 3단계와 달리 운전자는 잠을 자거나 운전석을 떠날 수도 있다. 그런 점에서 이 단계를 '마인드 오프(Mind Off)' 상태라고 한다.

다음에 살펴볼 최종 단계와의 차이점은 4단계의 자율주행에서는 정해진 구역이나 교통 체증 등 특정 조건에서만 마인드 오프 상태의 자율주행이 가능하다는 점이다. 해당 조건을 벗어난 상황에서 운전자가 반응하지 않으면 자율주행 시스템은 차량을 안전한 곳에 주차하게 된다.

마지막 5단계(Level 5)는 '완전 자동화(Full Automation)' 단계로 자율주행 시스템이 모든 조건, 즉 모든 도로 및 모든 상황에서 항상 주행을 제어하며 안전에 대해서도 책임을 진다. 이 단계는 운전자 자체가 필요 없기에 '드라이버 오프(Driver Off)' 상태라고 한다.

정리하자면, SAE 기준 0단계에서 2단계까지는 운전자가 주도권을 가진다. ADAS의 수준에 따라 차이가 있긴 하지만 여전히 운전자는 항상 주행 환경을 모니터링하면서 상황에 따라 적절하게 대처해

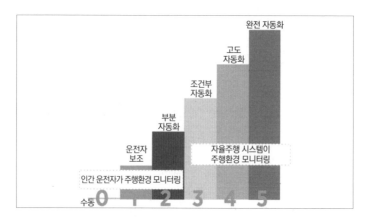

완전 자동화

고도
자동화

조건부
자동화

부분
자동화

운전자
보조

자율주행 시스템이
주행환경 모니터링

인간 운전자가 주행환경 모니터링

수동 0 1 2 3 4 5

SAE 기준에 따른 자율주행차의 발전 단계

야 한다. 반면에 3단계부터는 자율주행 시스템이 주도권을 가진다. 일반적으로 3단계에서 5단계에 해당되는 차량을 자율주행차라고 하는데 궁극적인 의미의 완전한 자율주행차는 5단계라고 볼 수 있다.

5단계의 자율주행차 사례로, 운전석이 아예 존재하지 않는 로봇택시를 예로 들 수 있다. 5단계의 자율주행차가 대중화되는 시대가 오면 자동차 산업과 운전 문화는 지금과는 완전히 달라질 것이다.

자율주행차 시장을 준비 중인 주요 기업들은 2020~2025년경에 4단계의 자율주행차가 상용화되고, 2025~2030년경에 5단계의 자율주행차가 상용화될 것으로 전망하고 있다. 물론 기술 개발 및 시장 환경에 따라 상용화 시기는 달라질 수 있다. 다국적 컨설팅 기업 에이티커니(AT Kearney)는 자율주행차 판매 및 관련 서비스 매출을 합한 전 세계 시장 규모가 2030년 2,820억 달러, 2035년에는 5,600억 달러에 달할 것으로 전망했다.[2]

사례: GM + 소프트뱅크 + 혼다

자율주행차는 그 특성상 하드웨어와 소프트웨어가 융합된 형태이기 때문에, 하드웨어 제조에 강한 기존 자동차 제조사들과 강력한 소프트웨어 역량을 가진 IT 기업들이 서로 경쟁하면서 한편으로는 협력도 하는 방식으로 진행되고 있다. 일부 자동차 제조사들은 마치 스마트폰 시대에 제대로 대응하지 못해 몰락한 노키아처럼 될까 봐 두려움에 떨고 있는 반면에 비교적 안일한 태도로 대응하고 있는 제조사들도 있다.

미국의 자동차 기업 'GM(General Motors)'은 완성차 업체들 가운데 자율주행 기술력에서 가장 앞선 것으로 평가받는 기업이다. GM은 자율주행차 시장을 선도하기 위해 2016년 3월 자율주행 기술을 개발 중이던 스타트업 '크루즈 오토메이션(Cruise Automation)'을 10억 달러라는 거액에 인수한 바 있다.

GM에 인수된 크루즈는 GM의 자회사가 되어 GM의 자율주행차와 관련된 사업에서 핵심적인 역할을 맡고 있다. 또한 2017년 10월 GM은 자율주행차의 주요 부품 중 하나인 라이다(LiDAR) 기술을 개발하던 스타트업 '스트로브(Strobe)'도 인수했다.

GM은 사업 구조조정으로 한국 군산을 비롯해 미국 오하이오주와 메릴랜드주, 캐나다 온타리오주 등 전 세계 여러 곳의 공장을 폐쇄했거나 폐쇄할 예정에 있으면서도 자율주행차에는 상당한 투자를 하고 있다. 2018년 5월 GM은 크루즈에 추가적으로 11억 달러를 투

크루즈의 자율주행차[3]

자하고 소프트뱅크(SoftBank)의 비전 펀드로부터 22억 5,000만 달러의 투자도 유치했다.[4]

　현재 GM은 자율주행 택시와 자율주행 배송 서비스를 실제 도로에서 할 수 있을 정도의 기술력을 확보한 상태다. 자율주행차 기술의 고도화와 더불어 앞으로 자율주행차가 자동차 산업에 큰 변혁을 가져올 것으로 예상됨에 따라 경쟁 관계에 있는 완성차 업체 간의 협업도 시작되었다. GM과 '혼다(Honda)'는 자율주행차 개발에 협력하기로 했으며, 2018년 10월 혼다는 즉시 크루즈의 지분 5.7퍼센트를 7억 5,000만 달러에 인수하고 향후 12년간 20억 달러를 추가로 투자하기로 했다.

　혼다는 중국의 알리바바가 투자한 인공지능 스타트업 '센스타임(SenseTime)'과도 자율주행 기술 개발을 위한 제휴를 맺었다. 센스타임은 인공지능 기반 컴퓨터비전 기술을 전문 분야로 하는 업체다. 센스타임은 세계에서 가장 비싼 인공지능 스타트업 중 하나로, 2018년 4월 알리바바로부터 투자받으면서 기업 가치를 45억 달러로 평가받은 바 있다.[5]

CHAPTER 2

자율주행차의 하드웨어를 구성하는 주요 센서들

자율주행차의 주요 기술 요소는 크게 하드웨어 측면과 인공지능 소프트웨어 측면으로 구분해 볼 수 있다. 자율주행차가 주행 환경을 인지하기 위해서는 카메라, 레이더(RADAR), 라이다(LiDAR) 등의 다양한 센서가 필요하다.

인간 운전자가 운전할 때 시각, 청각 등을 이용해 주행 환경을 계속 파악하고 필요에 따라 운전대를 조정하고 가속 페달이나 브레이크 페달을 밟는 것처럼, 자율주행차에서는 센서들을 통해 데이터가 취합되고 이를 기반으로 인공지능 소프트웨어가 실시간으로 의사결정을 내리면서 주행하게 된다.

상호보완적으로 작동하는 다양한 센서들

지금부터 자율주행차에서 사용되는 정밀 지도와 주요 센서들을 살펴보자.

● 정밀(HD: High Definition) 지도

자율주행차가 사용하는 정밀 지도에는 일반적인 디지털 지도와는 달리 차선, 교차로, 가드레일, 도로 곡률 및 경사 정도, 신호등 위치, 공사 구간, 도로 표지판 등 자율주행 시스템에 필요한 상세한 3차원 도로 환경 정보가 포함된다. 업체에 따라서는 'HAD(Highly Automated Driving) 지도'라는 용어를 사용하기도 한다.

정밀 지도는 각종 센서를 장착한 특수 차량이 직접 주행하면서 취합한 데이터를 자율주행 시스템에 맞도록 가공해서 만들어진다. 이렇게 만들어진 정밀 지도는 기본적으로 클라우드에 저장되며 자율주행차가 필요에 따라 내려 받아 사용하게 된다. 또한 정밀 지도는 자율주행차들이 가장 최신 정보를 이용할 수 있도록 계속 업데이트된다.

● 카메라

정밀 지도가 정적인 정보인 반면에 카메라는 차량 외부의 동적 정보를 실시간으로 획득하는 중요한 센서다. 카메라는 자율주행차에서 마치 운전자의 눈과 같은 역할을 한다. 스마트폰 시장에서 카메라 경쟁이 심화되면서 카메라의 크기가 작아지고 성능이 발달하는 등 최근 카메라 기술이 크게 향상되었는데 이는 자율주행차의 구현에 긍정적인 영향을 미쳤다.

최근에는 좀 더 신속한 데이터 처리를 위해 카메라 하드웨어에서 자체적으로 일차적인 데이터를 분석한다. 그렇게 함으로써 카메라를 통해 취득한 모든 데이터를 전송할 필요 없이 카메라 차원에서 이미지에 포함된 사물 목록을 작성하고 필요 없는 데이터를 제거함으로써 처리 속도를 향상시킬 수 있다.

● 레이더(RADAR: Radio Detection And Ranging)

레이더는 전파가 반사되는 원리를 이용해 주변 사물의 존재와 움직이는 속도를 파악하는 센서다. 레이더는 자율주행차 등장 이전부터 여러 분야에서 활용되어 왔는데, 예를 들어 경찰은 과속 차량의 속도를 측정하기 위한 용도로 사용하며 항공 분야에서는 운항 중인 비행기의 고도를 측정하거나 인접한 비행 물체를 감지하는 데 사용하고 있다.

레이더의 원리를 간략히 살펴보면, 외부로 전파를 발산한 후 주변에 아무런 사물이 없으면 전파는 계속 확산되다가 사라지는 반면에 만일 전파가 주변의 사물에 부딪치면 경로가 바뀌는데 이를 통해 주변의 물리적 환경을 파악한다. 자율주행차에서는 이러한 원리를 이용해 앞뒤 차량의 위치와 속도를 파악하거나 사각지대에 있는 물체를 파악하기도 한다.

● 라이다(LiDAR: Light Detection And Ranging)

라이다는 외부로 강한 파장의 빛(IPL: Intense Pulsed Light)을 발산한 후 빛이 다시 돌아오기까지의 시간을 측정하는 방식으로 주변의 물리적 환경을 파악하는 센서다. 이를 통해 정교하고 원근감을 가진 3차원 디지털 지도를 만들어 낸다.

라이다와 레이더는 서로 작동 원리가 비슷하지만 가장 큰 차이점은 물체를 감지하는 방법으로, 라이다는 광파(빛)를 사용하고 레이더는 전파를 사용한다. 레이더는 주변 사물과의 거리 측정에 유용하며 라이다보다 작동 거리가 더 길고 구름이 많은 날씨나 야간에도 사용할 수 있는 반면에, 라이다는 레이더가 감지하기 어려운 작은 사물을 감지할 수 있고 사물의 모양을 파악할 수 있다는 장점이 있다.

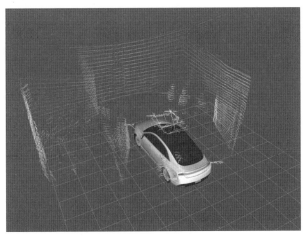

라이다가 생성한 데이터[6]

● 소나(SONAR: Sound Navigation And Ranging)

레이더가 전파를 사용하고 라이다가 광파를 사용하는 반면에, 소나는 음파를 발산하고 사물에 부딪쳐 반사된 음파의 형태를 통해 사물의 위치와 속도를 파악하는 센서다. 음파는 전파나 광파보다 훨씬 느리고 도달 거리도 짧기 때문에 주로 가까운 거리에 있는 사물을 추적하기 위한 용도로 사용한다.

● GPS(Global Positioning System)

GPS는 위성 신호를 통해 기기의 현재 위치를 수미터 정도의 오차로 추정하는 센서인데, 자율주행차에서 GPS는 정밀 지도상에서의 차량 위치를 확인하는 데 이용한다.

● IMU(Inertial Measurement Unit)

GPS 값에는 오류가 있을 수 있고 터널이나 지하에서는 측정이 불가능하기 때문에 이를 보완하기 위해 IMU를 이용해 자동차의 위치와 속도를 측정한다. IMU는 자이로스코프(Gyroscope), 가속도계(Accelerometer) 등의 여러 센서가 조합된 모듈 형태의 장치로, 각각의 센서에서 취득한 데이터를 종합하고 특유의 측정 알고리즘을 이용해 GPS가 제대로 작동하지 않는 상태에서도 차량의 위치를 측정한다.

자이로스코프는 회전에 의해 발생하는 자이로 효과(Gyro Effect)를 통해 방향성을 측정하는 센서다. 자이로 효과란 물체가 고속으로 회전하여 다량의 회전 운동 에너지를 보유하게 될 때 항상 처음의 상태를 유지하려는 성질이 있어 방향이 쉽게 변하지 않는다는 원리다. 가속도계는 이동하는 물체의 가속도나 충격의 세기를 측정하는 장치로 '진동 센서', '가속도 센서', '진동가속도계'라고도 한다.

이 같은 여러 센서는 자율주행차의 인공지능 소프트웨어가 올바른 판단을 내릴 수 있도록 데이터를 제공하는 중요한 역할을 담당한다. 자율주행차에서 사용되는 각종 센서는 각기 장단점을 가지며 상호보완적으로 작동한다.

예를 들어 자율주행차는 정밀 지도를 통해 주행을 계획하고, 주행하면서 정밀 지도와 함께 GPS 및 IMU 등과 같은 센서를 이용해 차량의 위치를 실시간으로 확인한다. 한편으로는 카메라, 레이더, 라이다, 소나 등과 같은 여러 센서를 통해서 실시간으로 데이터를 계속 제공받아 외부 환경을 인식하고 주변 차량이나 사물을 파악해 차량의 방향과 속도를 조절하면서 안전하게 주행하게 된다.

여기에서 살펴본 내용은 자율주행차의 다양한 센서 중 일부에 불과하다. 앞으로 새로운 최신 센서가 개발되어 추가로 사용될 수 있고, 기존 센서를 아예 대체할 수도 있다.

사례: 앱티브와 리프트의 자율주행 택시

'앱티브(Aptiv)'는 자동차 부품 업체들 중에서 자율주행 기술력에 있어 가장 앞선 것으로 평가받고 있는 기업이다. 원래 회사명은 델파이 오토모티브(Delphi Automotive)였으나 2017년 12월에 일부 사업부를 분사시키고 회사명을 앱티브로 변경했다.

앱티브는 2018년 1월 미국 라스베이거스에서 승차 공유(Ridesharing)* 기업 '리프트(Lyft)'와 함께 자율주행 택시 서비스를 선보였고 세계 최초로 '상업용' 자율주행 택시를 운행하기 시작했다. 물론 앱티브 외에도 몇몇 기업이 자율주행차로 승객을 운송하고 있지만, 승객들로부터 요금을 받아 수익을 창출하는 자율주행 택시 서비스를 선보인 것은 앱티브와 리프트가 최초다.

앱티브의 자율주행 택시는 라스베이거스의 일부 지역에 한해 허가를 받아 운행을 시작했다. 혹시 모를 상황에 대비해 안전요원이 탑승하는 형태로 서비스를 시작했지만 이용한 고객들로부터 평균 4.96점(5점 만점 기준)을 받을 정도로 높은 호응을 나타냈다.[7]

자율주행을 위한 하드웨어 및 소프트웨어는 앱티브가 개발했으며, 승차 요청 및 결제는 리프트가 담당하고 있다. 앱티브의 자율주행 택시는 BMW 승용차를 기반으로 카메라, 라이다, 레이더 등 21개의 각종 센서를 장착하고 있는데 센서들이 차량 외부로 드러나지 않도록 사이드 미러, 그릴, 범퍼 등 차량의 곳곳에 잘 통합되어 있다. 앱티브의 자율주행 택시는 이러한 센서들을 통해 차량 주변을 360도 감지하며 안전하게 주행한다.

특히 앱티브는 자동차 부품 업체로서의 장점을 살려 레이더, 라

---

* 자세한 내용은 〈Part 8. 공유경제〉를 참고.

이다, 카메라의 세 가지 주요 센서를 통합한 'CSLP(Centralized Sensing Localization Planning)'라는 명칭의 '센서 융합 플랫폼'을 강조하고 있다. CSLP는 세 가지 센서의 데이터를 병합해 자율주행차의 주행 환경을 빠르고 정확하게 인식하는 일종의 퓨전 센서다.

앱티브는 자율주행차 관련 기술을 개발하면서 다양한 테스트를 통해 경험을 쌓고 있으며, 자사의 자율주행 기술을 손쉽게 적용할 수 있는 솔루션으로 만들어 완성차 업체들에게 제공해 수익을 창출하려는 전략을 갖고 있다.

CHAPTER 3

자율주행 시스템과
딥러닝 소프트웨어

자율주행차가 운전자 없이 주행하기 위해서는 주변 환경을 파악하여 도로 상태, 다른 차량, 보행자, 표지판, 장애물 등 각종 사물을 인식하고 사물들의 위치 및 이동 방향을 예측해야 한다. 이러한 역할을 담당하는 것이 바로 '자율주행 시스템(Automated Driving System)'이며 자율주행 시스템은 각종 정보를 바탕으로 주행 경로를 계획하고 안전한 운행을 제어한다.

자율주행 시스템의 작동 원리

사실 운전자 없는 자동차라는 개념은 1939년 미국 뉴욕에서 열린 세계박람회에서 대중에게 첫 선을 보였을 정도로 오래된 아이디어다. 하지만 운전자 없는 자동차가 마음대로 모든 도로를 주행한다는 것은 상상할 수는 있어도 실제 기술로 구현하기는 어려웠기 때문에, 이후 오랫동안 기업들은 '자동화 고속도로(Automated Highway)'라는 개념으로 운전자 없는 자동차를 구현하려고 했다. 자동화 고속도로는 도로에 각종 전자 기계장치를 매설하고 이를 통해 자동차를 제어하려는 개념이었다.

이후 오랫동안 자동화 고속도로를 구현하려는 다양한 시도가 지

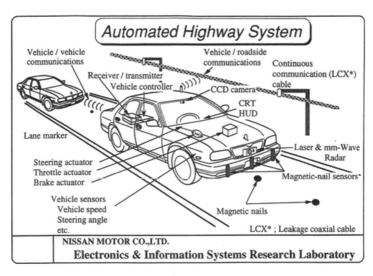

닛산 자동차가 구상했던 자동화 고속도로[8]

속적으로 있었으며 실제로 프로토타입이 만들어지기도 했다. 그러나 결과적으로 자동화 고속도로 건설에는 너무나 많은 비용이 필요했고, 천문학적인 비용을 들여 전국에 자동화 고속도로를 구축한다는 것은 사실상 불가능에 가까웠기에 결국 상용화되지 못했다.

자동화 고속도로의 개념이 등장한 지 오랜 세월이 지나 드디어 완전한 자율주행차를 만들 수 있게 되었다. 자율주행차의 기술적 구현이 가능하게 된 주요 요인으로 1) 하드웨어 측면에서는 센서 기술의 발달, 컴퓨터의 성능 향상, 전용 칩의 등장 등을 꼽을 수 있으며 2) 소프트웨어 측면에서는 인공지능 기술의 극적인 향상, 그중에서도 '딥러닝(Deep Learning)'을 일등공신으로 꼽을 수 있다. 〈Part 2. 인공지능〉에서 보았듯이, 딥러닝은 기존에 인공지능에서 사용하던 기법과는 달리 인간의 학습 설계가 최소화되어 있고 높은 품질의 결과물을 산출해 큰 각광을 받고 있다.

자율주행 시스템은 주행 환경을 인지하고 차량을 제어하기 위해 다음과 같은 처리 과정을 거친다. 실제 처리 과정은 훨씬 복잡하고 자율주행 시스템의 수준과 개발 업체에 따라 차이가 있지만 여기에서는 이해를 돕기 위해 핵심적인 내용 위주로 간략하게 살펴보겠다.

자율주행 시스템은 자율주행차에서 두뇌 역할을 한다. 자율주행 시스템은 여러 센서를 통해 실시간으로 주행 환경과 관련된 다양한 데이터를 얻고 이를 분류한다. 특히 자율주행 시스템에 탑재된 딥러닝 소프트웨어는 다양한 센서가 제공하는 데이터를 종합해 주행 환경의 모든 사물을 인식하는데, 입력되는 데이터의 양이 많을수록 정확도가 높아진다.

딥러닝 기법이 등장하기 전에는 미리 프로그래밍된 사물의 특징을 기반으로 사물을 인식했지만 정확도가 그리 뛰어나지 못했다. 하지만 데이터를 기반으로 학습하는 딥러닝을 통해 인간을 뛰어넘는 수준의 정확한 사물 인식이 가능해졌고 이를 통해 비로소 자율주행차의 시대가 열리게 되었다.

자율주행 시스템은 자신의 현재 위치를 파악하고, 주변 지형을 인식하고, 개별적인 사물의 위치 및 크기, 그리고 그것이 차량인지 보행자인지 아니면 다른 물체인지를 판단한다. 또한 사물이 정지되어 있는지 아니면 움직이고 있는지, 만일 움직이고 있다면 어느 방향으로 얼마나 빠른 속도로 이동할지를 예측한다. 이 과정에서 SLAM(Simultaneous Localization And Mapping), DeepVO(Visual Odometry with Deep Recurrent Convolutional Neural Networks) 등과 같은 여러 위치 추적 기법이 사용된다.

SLAM은 자율주행차, 로봇 등이 스스로 주변 환경의 특징을 시각적으로 파악하고 이를 이용해 자신의 위치를 상대적으로 계산하는 위치 추적 기법인데, 장거리 이동 및 장시간 계산시 오차가 커진다는 단점이 있다. DeepVO는 이미지 추출 및 추적에 딥러닝 기법을 적용함으로써 SLAM 대비 정확도를 개선한 위치 추적 기법으로, 더 많은 데이터를 제공할수록 오차 범위가 축소되며 정확도가 향상된다. 이러한 위치 추적 기법들은 계속 개선되고 있으며 전문적인 내용이기에 여기에서 더 깊이 다루지는 않겠다.

자율주행 시스템이 이와 같은 자신의 위치 측정, 주행 환경 파악, 사물 인식, 사물의 이동 방향 예측 등의 작업을 신속하고도 신뢰성 있게 처리하는 것은 몹시 중요한 일이다. 예를 들어 자율주행 시스템은 도로 갓길에 주차된 차량이 내 차가 지나갈 때까지 계속 주차되어 있을지 아니면 갑자기 이동할지 등과 같은 미묘하고도 복잡한 예측을 매순간 수행해야 하는데 이는 사람의 생명이 달린 문제일 수도 있다.

자율주행 시스템은 취합한 정보를 토대로 '주행 경로 계획 수립 (Movement Planning)'을 한다. 주행 경로 계획 수립은 목적지에 도달하기 위한 최적의 경로를 찾고 어떻게 주행해야 할지를 구체적으로 결정하는 과정이다. 자율주행 시스템은 고도의 알고리즘을 이용해 이동 시간이 짧으면서도 안전하게 주행할 수 있는 경로를 계획하고 이를 기반으로 차량을 제어하며 운행한다. 이처럼 자율주행 시스템은 주행 환경에서 취득한 실시간 데이터를 바탕으로 주행 중 계속해서 최적화된 답을 찾고 주행 경로 계획을 갱신하면서 보다 빠르고 안전하게 목적지에 도착할 수 있도록 한다.

자율주행 시스템은 자율주행차의 핵심 플랫폼이다. 앞으로 자율주행 시스템을 둘러싸고 완성차 업체, 자동차 부품 업체, IT 기업들 간의 치열한 경쟁 및 협력이 전개될 것이다. 그리고 결국, 자율주행 시스템을 지배하는 기업이 자율주행차 시장을 지배하게 될 것으로 전망된다.

사례: 엔비디아, 웨이모

GPU(Graphics Processing Unit) 제조사로 잘 알려진 '엔비디아 (Nvidia)'는 인공지능 칩 개발에도 적극적으로 투자하고 있는 업체다. 엔비디아는 전자부품 전문 기업 '애로우일렉트로닉스(Arrow Electronics)'와 함께 인공지능 전용 칩인 '젯슨 AGX 자비에(Jetson AGX Xavier)'를 선보였다. 자비에는 자율주행차, 로봇, 드론 등 소위 '자율머신(Autonomous Machine)' 개발을 지원하는 개발자 도구의 일종이다.

자비에는 전용 칩과 여러 소프트웨어 라이브러리로 구성되어 있는데 전용 칩에는 딥러닝 및 컴퓨터비전 처리 작업을 가속화하는 GPU, CPU, 이미지 프로세서, 비디오 프로세서 등이 탑재되어 있다.

엔비디아의 자비에 칩[9]

엔비디아는 자비에 칩을 기반으로 만든 '엔비디아 드라이브 오토파일럿(Nvidia DRIVE AutoPilot)'도 선보였다. 이 시스템은 자비에 칩을 통해 고성능의 딥러닝 작업을 처리할 수 있으며 자율주행차에서 필요한 여러 기능을 제공하고 있어, 이를 이용하면 보다 신속하게 신뢰성 있는 자율주행차를 개발할 수 있다.

이처럼 엔비디아는 기존에 여러 칩으로 분산되어 있던 자율주행 시스템의 각종 모듈을 자사의 전용 칩과 소프트웨어 라이브러리를 통해 통합된 솔루션으로 제공한다. 엔비디아는 이를 완성차 업체들에게 판매해 자율주행차 시장에서 주도적인 플랫폼 기업이 되려는 전략을 갖고 있다. 그런데 엔비디아 외에도 인텔, 앱티브 등 여러 업체가 이러한 전략을 갖고 있기 때문에 앞으로 관련 시장에서 치열한 경쟁이 벌어질 것으로 예상된다.

구글의 모회사인 알파벳의 자회사 '웨이모(Waymo)'는 미래 자율주행차 시장에서 가장 강력한 플랫폼 기업이 될 것으로 예상되는 일순위 후보다. 미디어에서 종종 구글의 자율주행차로 소개하는 것은 사실 웨이모의 자율주행차다.

구글은 2009년부터 자율주행차 프로젝트를 시작했는데 2016년 12월에 해당 프로젝트가 웨이모로 이관되었다. 웨이모라는 명칭은 "A new way forward in mobility"라는 말에서 따온 것이다. 전문가들이 웨이모가 자율주행차 시장에서 주도적인 역할을 맡을 것으로 전망하는 이유는 웨이모가 가진 자율주행 기술력 및 테스트 경험 때문이다. 웨이모의 자율주행차는 25개가 넘는 도시에서 1,000만 마일(약 1,600만 킬로미터) 이상의 자율주행 실적을 달성했으며, 컴퓨터 시뮬레이션으로는 수십억 마일 이상을 주행했다. 그래서 웨이모는 자사의 자율주행 시스템을 '세계에게 가장 경험이 많은 운전자'라고 소개하고 있다.

웨이모 자율주행 시스템에서 사용하는 센서와 소프트웨어는 자동차, 보행자, 신호등, 철도 건널목, 표지판, 자전거, 도로 공사, 장애물 등 자율주행차가 주행 중에 접할 수 있는 모든 종류의 사물을 지속적으로 광범위하게 인식한다. 웨이모는 차량의 앞뒤좌우 360도 모든 방향으로 미식축구장 3개 크기의 구역을 감지한다고 밝히고 있다.[10] 웨이모의 소프트웨어는 차량 주행에 영향을 미칠 수 있는 모든 사물의 위치와 속도를 측정하고, 사물들이 이동할 수 있는 모든 경로를 예측하고, 이를 기반으로 자율주행차의 방향을 조정하고 속도를 결정한다.

그런데 웨이모가 이처럼 탁월한 자율주행 기술력을 갖고 있다 하더라도, 웨이모는 자동차 제조사가 아니기 때문에 웨이모의 자율주행 시스템이 실제 차량에 탑재되고 그런 차량이 전 세계적으로 보급되는 것은 또 다른 문제라고 볼 수 있다. 자율주행차 시장에는 기술력 외에도 자동차 제조사와의 관계, 각국의 규제, 지역별 특수성, 소비자의 수용도 등 여러 변수가 작용하기 때문이다.

CHAPTER 4

자율주행차의 이슈와 미래: 안전성, 프라이버시, 책임 소재

<u>완전한 자율주행차는 안전 운행을 위해</u> 다른 차량, 보행자, 각종 사물과 주변 환경을 정확히 인식해야 한다. 또한 도로에서 다른 차량을 운전하는 인간 운전자의 실수와 부주의를 이해하고 다양한 비상 상황에 스스로 대처할 수 있어야 하며, 하드웨어 고장이나 소프트웨어 버그 등에 의해 사고가 발생하지 않도록 충분한 안전장치를 마련해 두어야 한다.

지금부터 자율주행차의 안정성, 프라이버시 침해, 윤리 및 책임 소재 문제 등 자율주행차의 여러 이슈와 자율주행차가 가져올 미래 교통 인프라를 살펴보자.

자율주행차의 안전성에 대한 논란

자율주행차와 관련된 이슈로 가장 먼저 살펴볼 것은 신뢰성과 안전성이다. 어떤 사람들은 자율주행차가 100퍼센트 안전하다고 검증되기 전까지 대중화되어서는 안 된다고 주장한다. 하지만 100퍼센트 완벽한 신뢰성을 갖는 컴퓨터 시스템이란 존재하지 않으며 앞으로도 그럴 것이다. 하드웨어에서 갑자기 고장이 발생할 수 있고 소프트웨어에는 언제나 크고 작은 버그가 존재하기 때문이다.

자율주행차의 안전성을 논하기 전에, 우리는 먼저 인간 운전자로 인해 발생하는 수많은 교통사고에 대해 생각해 볼 필요가 있다. 미국고속도로교통안전국(NHTSA)에 따르면 심각한 교통사고의 약 94퍼센트가 인간의 실수에 의한 것으로 나타났다.[11] 우리나라의 경우에도 경찰청이 발표한 교통사고 사망 원인의 90퍼센트 이상이 신호 위반, 과속, 중앙선 침범, 음주운전 등의 법규 위반을 포함해 졸음운전, 운전자의 안전 운전 의무 위반 등과 같은 운전자의 과실로 나타났다.[12]

법규 위반, 음주운전, 졸음운전 등 인간의 부주의에 의해 발생하는 교통사고를 막는 데는 한계가 있다. 그렇기 때문에 자율주행차의 안전성과 관련된 쟁점은 '자율주행차가 100퍼센트 안전한가?'라기보다는 '인간 운전자가 운전하는 차량보다 자율주행차가 더 안전한가?'가 되어야 할 것이다. 즉, 인간 운전자보다 자율주행 시스템의 사고 위험이 더 적은 것으로 검증된다면 자율주행차는 충분히 가치 있다고 볼 수 있다. 이를 위해서는 자율주행 시스템의 신뢰성을 평가할 수 있는 공식적인 지표와 더불어 적절한 규제 및 검증 절차가 필요하다고 볼 수 있다.

교통사고는 사람의 생명과 직결되기 때문에 자율주행차에는 여러 가지 안전장치가 필수적으로 탑재되는 것은 물론이고 지속적으로 개선되어야 한다. 예를 들어 자율주행차는 하드웨어가 고장날 가능성을 미리 감지해 클라우드 관제 센터에 자동으로 알리고, 만일 예상하지 못한 갑작스러운 고장이 발생하게 되면 즉시 관제 센터에 알린 후 안전한 곳에 주차하는 식으로 작동해야 한다. 또한 앞으로는 스스로 정비소를 찾아가는 식으로 작동하게 될 것이다.

자율주행차에서는 각종 센서로부터 방대한 양의 데이터가 생성되며 중요한 데이터는 원격지로 전송해 보관되는데, 이를 담당하는 중앙의 시설이 클라우드 관제 센터다. 클라우드 관제 센터는 데이터 저장 외에도 최신 지도, 소프트웨어 업데이트, 보안 패치 등을 제공하며 앞으로 자율주행차와 전체 교통 시스템 간의 조율도 담당하게 될 것이다.

자율주행차는 소프트웨어 버그로 인한 프로그램 오류, 악의적인 해킹 시도, 하드웨어 고장으로 인한 제어 불가 상태, 그 외 시스템이 처리할 수 없는 예외 상황 등의 이상 징후를 스스로 감지하고 어떤 상황에서도 안전한 조치를 취해야 한다. 만일 고속도로 주행 중 갑자기 자율주행차가 오류에 빠져 제대로 제어되지 않는다면 대형 인명 사고로 이어질 수도 있기 때문이다.

자율주행차의 보급 초기에는 자율주행차와 관련된 교통사고들이 발생하면서 자율주행차의 안전성에 대한 사회적 논란이 벌어지게 될 것이다. 하지만 자율주행차의 안전성은 빠른 속도로 개선될 가능성이 높다.

동일한 자율주행 시스템을 사용하는 차량이라면 차량 모델이 달라도 운전자가 같다고 볼 수 있다. 만일 자율주행 시스템들 간에 데이터가 공유되고 이를 통해 학습한다면, 동일한 자율주행 시스템이 탑재된 차량 100대가 단 하루만 도로에서 운행해도 100일치의 운전 경험을 쌓게 되는 것과 마찬가지다. 이것은 일종의 '집단 학습(Group Learning)'인데, 만일 자율주행 시스템의 인공지능이 집단 학습을 통해 엄청난 속도로 운전 경험을 쌓아 나가게 되면 안전성이 빠르게 개선될 수밖에 없다. 인공지능은 한 번 학습한 것은 절대 실수하지 않기 때문이다. 집단 학습은 혼자서 하는 개별 학습과 달리 다양한 방식으로 상대방과 상호작용하면서 수행하는 학습으로, 사람들 간의 집단 학습과 같은 맥락에서 인공지능도 집단 학습이 가능하다.

그러한 안전성을 강화하려는 노력을 통해 특정 시점에 이르러 자율주행 시스템이 운전하는 차량이 인간 운전자가 운전하는 차량보다 안전하다는 인식이 사회적으로 확산되면, 자율주행차에 대한 안전성 논란은 사그라질 것이며 보급이 크게 가속화될 것이다.

프라이버시 침해, 윤리, 책임 소재의 문제

  기술적인 측면에서 자율주행 시스템의 집단 학습이 큰 의미가 있다고 하더라도, 한편으로는 데이터 공유에 따른 '프라이버시 침해'가 커다란 사회적 문제로 대두될 수 있다. 자율주행차의 운행을 책임지는 업체는 탑승자의 신원과 출발지·목적지를 정확히 알고 있으며, 자율주행차는 차량에 탑재된 고성능 카메라를 통해 주변 환경을 지속적으로 감지하면서 모든 시각 데이터를 취득한다.

  즉, 자율주행차는 모든 보행자를 촬영하면서 이동하는 CCTV와도 같다고 볼 수 있다. 보행자의 얼굴을 자동으로 인식해 신원을 파악하는 것도 기술적으로 충분히 가능한 일이다. 이처럼 자율주행차에는 탑승자와 보행자 모두의 프라이버시를 침해할 가능성이 존재한다. 그렇기 때문에 자율주행차에서 발생하는 데이터의 상업적 이용 및 오용·악용, 정부기관 제공 여부 등에 대한 소비자의 주의가 요구되며 사회적 합의도 반드시 있어야 할 것이다.

  자율주행차와 관련된 윤리적 문제도 있다. 교통사고, 차량 고장, 빙판길 등의 원인으로 인해 불가피하게 사고가 발생할 것으로 예상되는 상황에서 자율주행 시스템은 '탑승자를 우선적으로 보호할 것인가? 아니면 다른 차량이나 보행자를 보호할 것인가?'라는 취사 선택의 상황에 놓일 수 있다. 예를 들어 차량이 미끄러지는 상황에서 그대로 있거나 오른쪽으로 핸들을 틀면 탑승자가 위험하고 왼쪽으로 틀면 보행자 3명에게 부딪칠 경우 자율주행 시스템은 과연 어떤 선택을 해야 할까?

이에 대해서는 전 세계적으로 연구가 거의 없다시피 한 상태다. 이와 관련해 다양한 조건에서 정교한 '모델링 및 시뮬레이션(Modeling and Simulation)' 기반의 연구가 충분히 진행되어야 한다. 모델링 및 시뮬레이션은 현실 세계에서 물리적인 실험을 할 수 없는 상황이거나 비용 및 시간 절약 등의 이유로 컴퓨터를 이용해 어떤 물리적 현상의 결과를 계산하는 것을 의미한다. 모든 매개 변수를 포함하는 수학적 모델을 작성한 다음, 이를 가상 형식의 실제 모델로 표현한 후 실험하려는 조건을 적용해 결과를 계산하는 과정을 거친다.

자율주행차로 인해 발생할 수 있는 모든 유형의 사고를 현실에서 재현하는 것에는 한계가 있을 수밖에 없으므로, 우선적으로 모델링 및 시뮬레이션을 통해 다양한 상황을 실험한 후 이에 추가로 실제 운행 과정에서 취합된 주행 및 사고 관련 데이터 분석 결과를 종합함으로써 보다 정교한 안전성 개선이 가능해질 것이다.

자율주행차 간에 사고가 발생하는 경우 또는 자율주행차와 인간 운전자가 운전하는 차량 간에 사고가 발생하는 경우 책임 소재 및 보험 처리에 대한 이슈도 존재한다. 자율주행차로 인한 사고 책임은 차량의 소유자에게 있을까? 아니면 생산자나 판매자 또는 자율주행 시스템의 개발사에 있을까? 이 역시 사회적 합의가 필요한 부분이다. 앞으로 자율주행차에 적합한 법제도와 보험상품을 갖추어야 하며 이를 위해 많은 논의를 거쳐야 할 것이다.

자율주행차의 긍정적·부정적 측면 및 미래 전망

긍정적인 측면에서 보면 자율주행차는 1) 사람들을 운전에서 해방시켜 운전 시간을 더 가치 있는 일에 사용하도록 하며 2) 교통 약자를 포함해 모든 사람의 이동 편의성을 크게 향상시키고 3) 차량 소유 욕구를 감소시켜 자원을 절약하고 4) 운전자의 임금이 발생하지 않아 택시나 버스와 같은 대중교통의 요금 인하를 가능하게 하며 5) 무엇보다 인간 운전자의 부주의로 인한 교통사고를 없애 안전한 교통 인프라를 만들어 줄 것으로 기대된다. 이 같은 이점을 통해 결과적으로 우리는 개인적·사회적 비용을 크게 절감하게 될 것이다.

반면에 자율주행차의 부정적인 측면으로는 1) 운전기사라는 직업 자체의 소멸로 인해 대량 실직을 가져오는 것과 2) 탑승자의 개인 정보 및 주변 환경에 대한 엄청난 양의 시각 데이터를 취합하고 활용하기 때문에 프라이버시 침해의 가능성이 커지는 문제를 꼽을 수 있다. 그렇지만 이러한 문제가 있음에도 결과적으로 사회적 편익이 훨씬 클 것으로 예상되므로 자율주행차의 확산은 예고된 미래라고 볼 수 있다.

자율주행차가 만들어 낼 미래의 교통 인프라에 대해 좀 더 생각해 보자. 자율주행차는 장소·시간대에 따른 수년간의 교통 패턴을 기반으로 미리 교통 상황을 예측해 경로를 수립하게 될 것이다. 또한 자율주행차는 단지 자기가 주행할 직접적인 경로뿐만 아니라 주행에 영향을 미칠 수 있는 수많은 변수를 고려할 것이며, 인간 운전자라면 절대 고려할 수 없는 꽤나 멀리 떨어진 도로와의 복잡한 상관관계까지 고려해 경로를 정할 것이다.

도로를 주행하는 자율주행차의 숫자가 많아질수록 자율주행차의 가치는 기하급수적으로 상승하게 된다. 그럴수록 자율주행 시스템에 보다 많은 데이터가 공급돼 데이터를 기반으로 학습하는 딥러닝 소프트웨어의 성능이 크게 향상될 것이기 때문이다.

앞으로 자율주행차는 운행 중인 경로상의 다른 차량이나 클라우드 관제 센터로부터 받은 데이터를 종합하여 자율주행차들 간에 서로 주행 경로를 협상하는 방식으로 차량을 주변 도로로 분산함으로써 교통 체증을 막는 데도 중요한 역할을 담당하게 될 것이다. 또한 전기차 충전소에 방문할 때도 차량끼리 서로 협의해 방문할 충전소를 결정하고 대기 차량이 없는 곳을 골라 방문하게 될 것이다. 이런 내용들은 일부 시나리오에 불과할 따름이다.

궁극적으로 모든 자율주행차가 연결되어 역동적으로 작동하는 미래형 교통 인프라가 구축되면, 인간 운전자가 도로에서 소외되는 현상이 발생될 가능성이 높다. 그런 미래가 오면 오히려 도로에서 인간 운전자의 실수나 부주의라는 위험 요인이 제거되어야 보다 안전하고도 신뢰할 만한 교통 인프라가 만들어질 것이기 때문이다.

사실 운전은 상당히 위험한 활동이지만 지금까지 우리는 이동을 위해 당연히 감수해야 하는 것으로 생각해 왔다(물론 운전을 취미로 생각하는 사람도 있다). 하지만 완전한 자율주행차가 보급되면 더 이상 인간은 운전이라는 위험을 감수할 필요가 없어진다. 그렇게 되면 자동차 산업은 물론이거니와 자동차 보험업을 비롯해, 법규 위반 차량이 없어짐에 따른 정부의 세수 감소, 자동차 사고와 관련된 의료 및 정비 분야 등 여러 곳에서 필연적인 변화가 발생될 수밖에 없다.

물론 이러한 가정이 실현되려면 완전한 자율주행차가 기술적으로 완성되고 산적한 법적·사회적 과제들이 해결되어야 한다. 게다가 어쩌면 지금으로서는 예상하기 어려운 불확실한 미래가 우리를 기다리고 있을 수도 있다.

하지만 확실한 것이 있다면, 그것은 언젠가 분명히 자율주행차의 시대가 올 것이며 우리는 그러한 미래를 상상하고 준비해야 한다는 점이 아닐까 싶다.

CHAPTER 5

비행 플랫폼에 따른 드론의 세 가지 유형과 자율비행

<u>드론(Drone)은 인간 조종사가</u> 탑승하지 않은 무인항공기 또는 무인비행기를 뜻한다. 업계에서는 공식적인 명칭인 'UAV(Unmanned Aerial Vehicle)' 또는 'UAS(Unmanned Aircraft System)'를 주로 사용하지만 시중에서는 '드론'이란 말을 더 많이 사용한다. 드론이라는 용어는 기체에서 발생하는 붕붕거리는 소리에서 유래했다.

미 국방부는 "UAV는 인간 조종사 없이 공기역학을 이용해 원격조종 또는 자율적으로 비행하며, 무기 또는 일반 화물을 탑재할 수 있는 일회용 또는 재사용 가능한 동력 비행체"라고 밝혔다.[13] UAV에 미사일과 같은 발사체는 포함하지 않는다.

사람들은 보통 드론이라고 하면 '로터(Rotor)' 2개 이상을 장착하고 양력(揚力, Lift)으로 비행하는 멀티콥터(Multicopter) 형태의 기체를 떠올린다. 로터는 기계에서 회전하는 부분을 뜻하며 회전자라고도 하는데 비행기, 선박 등에서 엔진의 회전력을 추진력으로 바꾸는 장치를 통칭한다.

공기의 흐름이 날개에 부딪칠 때 압력이 발생하게 되고, 그에 대한 반작용으로 공기의 흐름이 바뀌면서 수직 방향으로 발생하는 역학적 힘이 양력이다. 좀 더 쉽게 말해 양력은 비행기의 엔진으로부터 발생되며 위쪽으로 작용하는 힘, 즉 비행기를 하늘로 띄우는 힘이라고 생각하면 된다. 멀티콥터는 2개 이상의 로터를 가진 비행체를 의미하며 로터의 개수에 따라 바이콥터(2개), 쿼드콥터(4개), 헥사콥터(6개), 옥토콥터(8개) 등으로 구분한다.

드론은 운용 주체 또는 운용 목적에 따라 군사용, 산업용, 취미용으로 나눌 수 있는데 여기에서는 취미용을 제외하고 군사용과 산업용을 위주로 살펴보자.

드론의 세 가지 유형

드론은 비행 플랫폼의 형태에 따라 크게 다음과 같은 세 가지 유형으로 구분된다.

첫째, '고정 날개(Fixed Wing)' 유형이다. 이것은 항공기의 동체에 날개가 고정된 형태로, 국내에서는 '날개 익(翼)'자를 사용해 '고정

익'이라고도 한다. 고정 날
개 드론은 공기의 흐름과
날개의 압력차로 발생하는
양력을 이용해 비행한다.
고정 날개의 특성상 한 곳
에 머무를 수는 없지만 대

고정 날개 드론[14]

신에 장거리를 오래 비행할 수 있다는 장점을 가진다.

둘째, '단일 로터(Single Rotor)' 유형이다. 흔히 헬리콥터라고 하

는 기체 형태로, 비행에 사
용되는 하나의 메인 로터
(Main Rotor)가 있으며 꼬리
에 장착된 작은 로터, 즉 테
일 로터(Tail Rotor)는 동체
가 돌아가는 반작용을 막
고 방향을 제어한다. 단일

단일 로터 드론[15]

로터 드론은 수직이착륙과 공중 정지가 가능하다는 장점을 가진다.

셋째, '멀티 로터(Multi
Rotor)' 유형이다. 여러 개
의 로터가 비행에 사용되
며 멀티콥터라고도 한다.
우리가 흔히 아는 드론의
모습이다. 단일 로터 드론

멀티 로터 드론[16]

이 멀티 로터 드론보다 더 높이 날 수 있는 반면에, 멀티 로터 드론은 한 곳에서 보다 안정적으로 오랫동안 머무를 수 있어 항공사진 촬영이나 감시 등의 용도로 널리 사용된다.

단일 로터, 멀티 로터는 '회전 날개(Rotary Wing)'로 통칭하며 국내에서는 '회전익'이라는 용어를 사용하기도 한다. 회전 날개 드론은 고정 날개 드론과 달리 제자리에서 양력을 발생시켜 수직 이착륙이 가능하기 때문에 활주로가 필요 없다. 회전 날개 드론은 공중에서 머무를 수 있는데 이것을 '호버링(Hovering)'이라고 한다.

자율비행으로 진화하는 드론

드론은 원래 군사용으로 개발되기 시작했다. 드론은 1차 세계대전 때부터 연구되었는데 초창기에는 미사일 폭격 연습을 위해 주로 사용되다가 점차 정찰, 공격 등의 용도로 확대되었다. 그러던 1982년 이스라엘이 레바논과의 전쟁에서 드론을 이용해 성과를 거둔 것이 알려지면서 전 세계적으로 드론 기술 개발이 활기를 띠게 되었다.

군사용 드론은 여전히 전 세계 드론 시장에서 높은 비중을 차지하며 세부 용도에 따라 표적 드론(Target Drone), 감시 드론(Surveillance Drone) 또는 정찰 드론(Reconnaissance Drone), 전투 드론(Combat Drone), 다목적 드론(Multi-roles Drone) 등으로 구분한다. 특히 전투 드론은 공격 기능을 갖춘 무인항공기라는 의미에서 무인전투기 또

록히드 마틴(Lockheed Martin)의 감시 드론, Desert Hawk III[17]

는 UCAV(Unmanned Combat Aerial Vehicle)라고 부른다.

군사용으로 시작된 드론 기술의 개발이 활발해짐에 따라 가격이 하락하고 소형화, 지능화가 이루어지면서 드론의 활용 분야가 농업, 물류, 환경, 방송, 범죄 예방, 게임, 교육 등 다양한 산업과 민간 부문의 각종 서비스용으로 크게 확대되어 가고 있다.

드론에서 사용되는 주요 기술 요소를 간략히 살펴보면, 드론은 가속도계(Accelerometer), 자이로스코프(Gyroscope), 자력계(Magnetometer), 기압계(Barometer), 카메라, 레이더(RADAR), 라이다(LiDAR), GPS 등 각종 센서를 이용해 자신의 위치, 지형, 주변 환경, 장애물 등을 감지한다. 사용되는 센서의 종류는 드론 모델과 기능에 따라 차이가 있다. 드론을 원격조정하려면 '휴먼 머신 인터페이스(HMI: Human Machine Interface)'가 필요하며 드론을 조종하는 사람은 스마트폰이나 전용 컨트롤러를 이용해 드론을 제어한다.

현재 농약 살포, 영상 촬영 등 드론을 활용한 각종 작업을 수행하기 위해 드론 조종술을 익히는 사람들이 많지만, 앞으로는 드론 스스로 비행 계획을 세우고 임무를 수행하는 '자율비행(Autonomous Flight)'이 대세가 될 것으로 전망된다. 그런 맥락에서 드론은 스스로 움직이는 기계를 뜻하는 '자율머신(Autonomous Machine)'의 일종이며 공중 로봇, 즉 하늘을 나는 로봇으로 볼 수 있다.

완전한 자율비행 시스템을 탑재한 드론은 자율주행차와 마찬가지로 인공지능 소프트웨어를 기반으로 스스로 주변 환경 및 상황을 파악하여 비행 경로를 최적화하고 주어진 임무를 수행한다. 자율주행차는 대개 탑승자나 화물을 목적지로 운송하는 것이 목표인 반면에, 자율비행 드론에게는 정찰, 공격, 택배 배송, 농약 살포, 영상 촬영, 환자 이송, 지적 측량 등 다양한 종류의 임무가 주어질 수 있기 때문에 주어진 임무에 따라 스스로 우선순위를 판단해 자율비행을 하게 될 것이다.

사례: 인텔, 보잉, 택티컬 로보틱스, DJI, 이항

'인텔'은 드론 기술 개발에 가장 적극적인 IT 기업 중 하나다. 인텔은 2015년 중국의 드론 기업 '유닉(Yuneec)'에 6,000만 달러를 투자하고, 2016년 드론 하드웨어와 소프트웨어 기술에 각각 강점을 가진 '어센딩 테크놀로지스(Ascending Technologies)'와 '마빈치(MAVinci)'

를 인수하면서 드론 사업에 본격적으로 뛰어들었다.

인텔은 특히 '군집비행(Swarm Flying)' 기술에서 두각을 나타내고 있다. 2018 평창동계올림픽에서 인텔이 슈팅스타(Shooting Star) 드론 1,200여 대를 이용한 드론쇼를 선보여 큰 화제가 된 바 있는데 인텔의 군집비행 기술은 단 한 대의 컴퓨터와 한 명의 엔지니어만 필요할 정도로 자동화되어 있다.

또한 인텔은 드론들이 서로의 위치 정보를 주고받아 충돌을 막는 '오픈드론ID(Open Drone ID)' 기술을 발표하고 표준화를 주도하고 있다. 이 기술은 최대 300미터까지 도달할 수 있는 블루투스4.0이나 최대 1,000미터까지 도달할 수 있는 블루투스5.0 장비를 활용하여 저렴한 비용으로 구현할 수 있다는 장점이 있다.

오픈드론ID 기술을 이용하면 수신기 범위 내에 있는 드론을 식별할 수 있다. 이를 통해 드론의 고유 ID, 제조업체, 모델, 위치, 비행 방향 및 속도, 고도 등을 확인하고 드론이 비행 중인지 착륙 중인지 등의 정보를 공유해 적절한 조치를 취할 수 있도록 함으로써 충돌 사고를 방지한다.

세계 최대의 항공기 제조사 '보잉(Boeing)'은 자율비행 기술에 관한 특허를 다수 보유하고 있는 오로라 플라이트 사이언시스(Aurora Flight Sciences)를 2017년 10월 인수했다. 오로라는 미국 국방성 산하 방위고등연구계획국(DARPA)의 자금을 지원받아 군사용 자율비행 드론을 개발해 오던 기업이다. 보잉은 오로라의 기술을 바탕으로 도심에서 승객을 운송할 수 있는 드론 택시를 개발하고 있다.

또한 보잉은 자율비행 항공기를 비롯해 광범위한 교통 생태계의 연구를 위해 '보잉 넥스트(Boeing NeXt)'라는 신규 조직을 만들었다. 보잉은 이를 통해 전 세계 도시를 연결하는 새로운 항공 기술, 화물 운송을 위한 자율비행 항공기, 극초음속 여객 항공기 등을 포함하는 차세대 항공 플랫폼의 미래를 설계하고 있다.

이스라엘 기업 '택티컬 로보틱스(Tactical Robotics)'는 전쟁터, 재난 지역 등에서 부상자를 긴급히 후송할 수 있는 자율비행 드론 '코머란트(Cormorant)'를 선보였다. 코머란트는 2명의 부상자를 후송할 수 있으며 원격지에서 부상자의 몸 상태를 모니터링할 수 있다.

또한 코머란트는 최대 500킬로그램의 화물을 운반할 수 있다. 코머란트는 수직 이착륙과 정밀한 비행이 가능하고 거친 날씨와 최대

택티컬 로보틱스의 코머란트[18]

40노트의 바람에도 작동할 수 있어 헬리콥터가 적합하지 않은 곳에서도 운용할 수 있다.

중국은 세계적인 드론 강국이다. 미국 기업들이 주로 드론 소프트웨어, 그중에서도 인공지능과 빅데이터에 강점을 가진 반면에 중국 기업들은 드론 하드웨어에 특히 강점을 갖고 있다. 중국은 2003년부터 지속적으로 드론에 대한 규제를 풀고 활성화 방안을 마련해 자국의 드론 산업 성장에 유리한 환경을 조성했다.

중국의 드론 산업은 전 세계 민간 드론 시장에서 90퍼센트를 차지하고 있으며 중국에서 생산하는 드론의 80퍼센트를 해외에 수출할 정도로 큰 성공을 거두었다. 하지만 앞으로 자율비행 중심의 차세대 드론 시장에서도 중국이 두각을 나타낼지는 좀 더 지켜봐야 할 것이다.

중국 시장의 1위 드론 제조사 'DJI(Da-Jiang Innovation)'는 완성도 높은 드론 하드웨어, 흔들림 없는 촬영이 가능하도록 해 주는 짐벌 (Gimbal) 기술, 쉽고 편리한 조작을 제공하는 컨트롤러, 높은 가성비 등을 바탕으로 시장에서 좋은 반응을 얻었다.

하지만 이스라엘 사이버 보안업체 체크포인트(Check Point)에 의해 DJI의 드론 소프트웨어에서 여러 가지 보안 취약점이 드러나 논란이 되기도 했다.[19] 이후 DJI는 보안 문제의 해결을 위한 방안을 발표했다. DJI는 산업용 자율비행 드론에 탑재될 인공지능 소프트웨어 개발을 위해 마이크로소프트와 제휴를 맺었으며, 마이크로소프트는

이항의 유인 드론, 이항184[20]

DJI 드론의 제어가 가능한 윈도우10 애플리케이션을 개발할 수 있는 개발도구(SDK)를 선보였다.

중국 시장의 2위 드론 제조사 '이항(Ehang)'은 세계 최초로 사람이 탈 수 있는 유인 드론(Manned Drone) '이항184'를 선보였다. 이항의 자율비행 드론은 장비의 오동작이 감지되면 안전을 위해 가장 가까운 지역에 착륙한다. 이항은 특히 유인 드론과 물류 드론의 상업화에 적극 나서고 있다.

CHAPTER 6

드론의 응용 분야와 이슈, 그리고 미래

드론은 한때 군사용이나 장난감으로 치부되었지만 최근 들어 드론을 활용한 실용적인 비즈니스 애플리케이션들이 속속 등장하고 인공지능, 빅데이터 등의 최신 기술과 융합됨에 따라 앞으로는 훨씬 다양한 분야에서 활성화될 것으로 전망된다.

드론의 세 가지 핵심 응용 분야: 3D 매핑, 점검, 배달

● 3D 매핑(Mapping)

드론과 관련 소프트웨어를 이용하면 사진 촬영 및 측량 기능을 통

드론을 이용한 3D 매핑[21]

해 자동으로 3D 지도를 만들고 상세한 정보를 생성할 수 있다. 건설업, 광업 등의 분야에서는 3D 매핑을 활용해 시간 및 비용을 상당히 절감할 수 있기 때문에, 정확한 등고선 지도를 만들거나 건설 현장을 3D 모델로 재구성해서 보여 주는 등 이미 많은 드론 애플리케이션이 등장한 상태다. 예를 들어 드론디플로이(DroneDeploy)의 소프트웨어는 드론을 이용해 촬영한 건설 현장을 3D 모델로 재구성해서 보여 주며 이를 통해 신속하고 정확한 측량이 가능하다.

● 점검(Inspection)

드론으로 철로, 송유관, 태양광 시설, 농작물 상태, 재난 지역 등 사람에 의해 점검하기 어렵거나 비용 및 시간이 많이 소모되는 지역을 점검할 수 있다. 예를 들어 에너지 산업에서는 드론을 이용해 파손되거나 결함이 발생한 태양광 패널을 신속하게 식별하여 예방적으로 문제를 해결함으로 유지보수 비용을 절감할 수 있다. 농업에서는 드론으로 농작물의 상태를 확인하고 농작물의 생산량을 증대시키기 위한 방안을 마련할 수 있다. 보험업에서는 자연재해가 발생했을 때 손해액 산정에 드론을 이용하면 상당한 시간과 비용을 절감할 수 있다.

군사용으로도 사용할 수 있다. 미 육군은 플리어시스템(FLIR Systems)으로부터 초소형 나노 드론 '블랙호넷PRS(Black Hornet PRS)'를 도입했다. 블랙호넷PRS는 드론을 이용한 보병용 개인 정찰 시스템으로, 최대 25분간 비행하면서 고화질 이미지와 동영상을 병사에게 전송한다. 블랙호넷PRS의 무게는 33그램에 불과하며 야간에도 촬영이 가능해 은밀한 작전을 수행할 수 있다.

프랑스 국방조달청도 프랑스군의 '작전용 포켓 드론(Operational Pocket Drone)' 사업을 위해 블랙호넷PRS를 대량 구매했으며 많은 나라가 초소용 드론을 이용한 작전 수행에 상당한 관심을 갖고 있다.

플리어 시스템의 블랙호넷PRS[22]

● 배달(Delivery)

차량으로 배달하기 어려운 지역에 기존의 헬리콥터 대신 드론을 이용하면 보다 효율적이며 비용도 절감할 수 있다. 앞으로는 도시에서도 드론 배달이 활성화될 전망이다. 인건비 상승 및 초고령화 추세로 인해 미래에는 선진국들을 중심으로 사람에 의한 배달보다 드론 배달이 더 저렴한 시대가 올 것으로 예상된다.

아마존은 고객이 주문한 상품을 드론으로 30분 이내에 신속하고 안전하게 전달하는 차세대 배송 시스템 '프라임에어(Prime Air)'의 신뢰성과 안전성을 테스트하고 있다. 아마존은 미국, 영국, 프랑스, 이스라엘 등의 여러 지역에 프라임에어 개발 센터를 두고 있다.

아마존은 2017년 드론 배송에 사용할 벌집 모양의 물류센터에 대한 특허를 출원했다. 이 특허는 배달 드론을 수용하는 물류 거점에 대한 것으로 건물에는 드론들이 손쉽게 이착륙할 수 있는 여러 개의 장소가 있다.

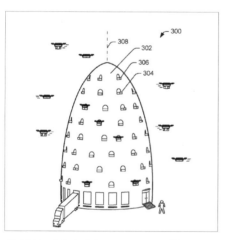

아마존의 드론 물류센터 특허 문서 중 일부[23]

드론 기술을 개발하고 있는 업체들은 앞으로 자율비행이 드론 시장에서의 성패를 가를 것으로 보고 있다. 구글은 자율주행차와 더불어 자율비행 드

334

윙의 드론[24]

론에서도 강력한 기술력을 확보한 대표적인 업체다.

구글의 모회사 알파벳 산하의 연구소 X는 자율비행 드론을 이용해 일반적인 방법으로 배송이 어려운 지역이나 재난 지역에 택배, 비상 식품, 물, 의약품 등을 전달하는 '윙(Wing)' 프로젝트를 수년간 진행해 왔다. 2018년 7월 윙은 알파벳의 비즈니스 중 하나로 독립되었다. 윙의 드론은 인공지능 알고리즘을 기반으로 나무, 건물, 전력선 등과 같은 장애물을 피하면서 안전하게 비행할 수 있으며 상용화를 위해 다양한 테스트를 진행하고 있다.

이외에도 드론의 응용 분야는 다양하다. 사고 발생시 드론을 이용해 구급 활동을 지원할 수 있고, 자율비행 드론을 이용해 바다의 쓰레기를 수거하거나 해양 동물들의 개체수를 조사하는 등 드론을 기반으로 한 새로운 아이디어들이 계속 등장하고 있다.

드론 규제는 필요하다

앞으로 드론의 활용이 크게 늘어날 것으로 예상되지만 한편으로는 드론의 안전성 및 프라이버시 침해에 대한 우려도 커지고 있다. 이는 비행하면서 카메라와 다양한 센서를 이용해 멀리 떨어진 주변 환경까지 촬영하고 인지하는 드론의 본질적인 특성으로 인해 발생하는 문제다. 이 문제는 자율주행차에서 로봇에 이르기까지 고성능 센서를 장착하고 일상에서 활용되는 자율머신이라면 공통적으로 존재하는 부작용이라고 볼 수 있다.

더욱이 드론은 하늘을 비행하기 때문에 작은 기체라 할지라도 추락하게 되면 심각한 인명사고로 이어질 가능성이 있다. 그런 이유로 세계 각국의 정부기관에서는 드론으로 인한 사고 예방을 위해 규제를 도입하고 드론의 안전성 확인을 위한 실증 프로젝트를 진행하고 있다.

미국 연방항공국(FAA)은 상업용 드론 사용에 관한 가이드라인을 발표했으며 드론의 안전성 검증을 위해 미국 내 10개 도시에서 인텔, 마이크로소프트, 우버, 알파벳, 애플 등의 드론 테스트를 허용한다고 밝혔다.[25] 참여 업체들은 야간 비행, 군중 위 비행, 비가시 비행 등 기존 규제로 인해 할 수 없었던 다양하고 복잡한 비행 테스트를 할 수 있다.

유럽항공안전청(EASA)도 드론의 안전한 작동 및 드론으로 할 수 있는 것과 하지 말아야 할 것 등의 내용을 담은 가이드라인을 발표했다. 국내의 주무부처 국토교통부도 드론 규제를 발표했다. 국내외에서 다양한 드론 테스트가 진행되고 있으며 과학적 결과에 따라 올바른 방향으로 규제가 마련되어야 할 것이다.

드론은 이제 교통 시스템의 관점에서 생각해야 한다

머지않은 미래에 도심에서 승객을 태우고 목적지로 이동하는 'eVTOL(electric powered Vertical Takeoff and Landing, 전력 기반의 수직 이착륙 기체)' 형태의 자율비행 드론이 각광받을 것으로 예상된다. eVTOL은 전기를 동력으로 비행하고 수직이착륙이 가능해 활주로가 필요 없는 드론을 통칭하는데 드론 택시, 에어 택시, 플라잉카, 유인 드론, 탑승형 드론 등의 다양한 용어가 모두 유사한 의미로 사용되고 있다.

미래에 전기차 기반의 자율주행차가 주류를 차지할 것으로 보는 견해와 본질적으로 같은 맥락에서, eVTOL의 확산 또한 예고된 미래라고 볼 수 있다. 다만 아직까지는 기술적 과제가 있고 안전성 검증, 법제도 정비, 사고시의 책임 소재, 보험 문제 등 여러 이슈가 존재한다. 하지만 모든 것은 시간문제일 뿐이다.

승차 공유 서비스 우버X(UberX)로 큰 성공을 거둔 우버는 드론 택시 서비스라고 할 수 있는 '우버에어(Uber Air)'를 준비하고 있다. 우버는 도심에서 사용 가능한 드론을 개발하기 위해 보잉의 자회사 오로라를 비롯해 벨(Bell), 카렘 에어크래프트(Karem Aircraft) 등과 협력하고 있다. 또한 우버는 드론을 이착륙시킬 수 있는 장소인 '스카이포트(Skyports)'를 도심에 건설하기 위한 설계 작업도 하고 있다.

스카이포트는 승객이 드론 택시를 탑승하고 내리는 일종의 터미널로, 마치 지하철역처럼 도심 곳곳에 스카이포트가 구축되면 드론 택시가 스카이포트 사이를 오가며 비행하게 될 것으로 예상된다. 스카이포트는 아직 설계 단계에 있어 구체적인 모습과 실현 여부를 지켜봐야 하는 상황이다.

오로라, 벨, 에어버스(AirBus), 볼로콥터(Volocopter) 등 여러 업체들이 도심에서 운용 가능한 eVTOL 형태의 자율비행 드론을 개발하고 있다. 도입 초창기에는 조종사 또는 안전요원이 있거나 반자율비행 정도의 기능을 갖추고 있겠지만 점차 완전한 자율비행으로 진화하게 될 것이다.

우버에어를 위한 스카이포트[26]

드론의 안전성과 신뢰성이 충분히 검증되고 시민의 안전 및 프라이버시 보호를 위한 적절한 규제가 확립되면 드론을 응용한 서비스의 확산에 가속도가 붙을 것이다. 그에 따라 교통과 물류 인프라 및 관련 비즈니스 전반에 혁명적인 변화가 발생할 것으로 예상된다.

이제 드론은 단일 기체의 비행이 아니라, 자율비행을 하는 수많은 드론으로 이루어진 복합적인 교통 시스템의 관점에서 생각해야 한다. 알파벳을 비롯한 여러 기업에서 이를 위한 자율비행 기술과 'UTM(Unmanned Traffic Management, 드론 교통 관리) 플랫폼'을 개발하고 있다. 결국 UTM 플랫폼을 지배하는 기업이 드론 시장을 지배하게 될 것으로 전망된다.

PART 7

사이버
위험과 보안

모든 기술에는 어두운 면이 있다

CHAPTER 1

보안의 3대 요소와
사이버 공격

기업의 관점에서 '사이버 위험(Cyber Risk, 또는 사이버 리스크)**'**
은 기업의 경영 활동 전반이 디지털화되면서 상호 연결이 확대됨
에 따라 정보시스템과 관련된 각종 사고 발생시 기업이 부담하게 될
유·무형의 비용이 증가하는 위험을 의미한다. 여기에서 정보시스템
은 기업의 비즈니스 프로세스를 지원하는 정보통신 기술의 세트로
하드웨어, 소프트웨어, 네트워크를 모두 포함한다. 사이버 위험은 모
든 종류의 조직과 개인에게 영향을 미치는데 여기에서는 주로 기업
의 사이버 위험을 중심으로 살펴볼 것이다.

위협, 취약점, 위험의 차이

먼저 앞으로 자주 등장하게 될 위협(Threat), 취약점(Vulnerability), 위험(Risk)의 차이점을 이해할 필요가 있다. 시중에서 이들 용어가 혼용되는 경우가 적지 않은데 우리는 여기에서 그 의미를 명확히 구분할 수 있게 될 것이다.

'위협'은 의도적 또는 우발적으로 취약점을 악용하여 자산(Asset)을 도용, 손상, 파괴할 수 있는 모든 것을 의미한다. 자산의 내역에는 소프트웨어 코드, 데이터베이스, 기업의 중요한 기록 및 다양한 항목이 모두 포함된다.

'취약점'은 위협에 악용되어 자산에 대한 무단 접근을 허용할 수 있는 약점이나 빈틈을 의미한다. 취약점은 찾아내 없애거나 적절한 조치를 취하는 것이 가능하다.

'위험'은 위협으로 인해 자산이 도용, 손상, 파괴될 수 있는 '가능성(Possibility)'을 의미한다. 위험은 줄일 수 있으며 관리가 가능하다.

기밀성, 무결성, 가용성에 대한 위험

사이버 위험을 '정보 보안(Information Security)'의 관점에서 살펴보면, 사이버 위험이란 정보시스템의 기밀성(Confidentiality), 무결성(Integrity), 가용성(Availability)에 대한 위험으로 정의할 수 있다. 기밀성, 무결성, 가용성은 보안의 3대 요소 또는 보안의 3원칙이라고 한다. 앞 글자를 따서 CIA라고도 한다.

첫째, '기밀성'은 허가받은 사용자만 해당 정보에 접근할 수 있어야 한다는 것으로, 공개 또는 노출로부터의 보호를 의미한다. 이것은 마치 자물쇠가 채워진 방이 있고 이 방에 출입하기 위해서 열쇠가 필요한 것과 같다고 생각하면 된다. 기밀성은 가장 일반적이고 기본적인 보안 요소이며 기밀성을 구현한 대표적 사례로 비밀번호, 방화벽 등이 있다.

둘째, '무결성'은 허가받은 사용자에 의해서 허가받은 방법으로만 정보 변경이 가능해야 한다는 것으로, 변조로부터의 보호를 의미한다. 무결성은 정보 및 처리 방법의 정확성과 완전성을 보장하는 것이다. 예를 들어 바이러스가 파일을 마음대로 변조하거나 또는 해커가 데이터베이스에 저장된 정보를 몰래 수정해 놓는다면 이는 무결성이 깨진 것이다.

셋째, '가용성'은 허가받은 사용자가 필요할 때 정보에 접근할 수 있도록 보장하는 것으로, 파괴 및 지체로부터의 보호를 의미한다. 즉, 이는 여러 가지 보안 장치가 있음에도 승인된 사용자가 필요로 한다면 언제든 정보에 접근할 수 있어야 한다는 뜻이다.

정보는 사용하기 위해 존재하는 것이며 지금은 정보 사용이 곧 비즈니스이자 돈인 세상이다. 그런데 만일 해킹이나 다른 문제로 인해 정보가 훼손되거나 사용이 지체된다면 비즈니스에 피해가 발생할 수 있다. 심할 경우에는 아예 비즈니스가 중단되고 해당 기간 동안 커다란 영업 손실이 발생할 수도 있다. 그렇기 때문에 정보시스템이 원활하게 가동될 수 있도록 가용성을 지키려는 노력이 아주 중요해졌다.

사이버 위험은 지금까지 살펴본 보안의 3대 요소에 대한 위험이며, 이는 '사이버 공격(Cyberattack 또는 Cyber Attack)'에 의해 현실화될 수 있다. 사이버 공격은 공격 대상의 정보시스템을 구성하는 모든 부분, 즉 서버, PC, 스마트폰, 태블릿 등의 여러 하드웨어, 다양한 소프트웨어, 네트워크를 공격해 정보를 노출, 변경, 파괴, 도용하려는 시도다.

이러한 사이버 공격은 개인, 기업, 단체, 정부기관 등을 대상으로 발생할 수 있으며 상황에 따라서는 '사이버 테러(Cyberterrorism)'나 '사이버 전쟁(Cyberwar 또는 Cyberwarfare)'이 될 수도 있다. 사이버 테러는 전통적인 테러와 마찬가지로 정치적 또는 이데올로기적인 목적을 달성하기 위해 물리적·재산적·신체적 피해 또는 심각한 사회적 혼란을 야기하는 행위이며, 전통적인 테러와의 가장 큰 차이점은 인터넷과 컴퓨터를 이용한다는 것이다. 사이버 전쟁은 국가 차원에서 다른 국가의 네트워크나 컴퓨터 시스템에 침투하여 피해를 일으키는 행위다.

사이버 공격으로 인한 피해 유형

사이버 공격은 공격 대상의 기밀성, 무결성, 가용성에 훼손을 가져오며 그 결과로 데이터 유출, 비즈니스 중단, 부정행위 등과 같은 심각한 사건(Incident)들이 발생하게 되어 결국 기업에 큰 손실을 입힐 수 있다.

● 데이터 유출(Data Breaches)

기업이 보유한 정보가 허가받지 않은 누군가에게 유출되는 사건을 의미한다. 해킹에 의한 데이터 유출이든, 내부자에 의한 고의적인 데이터 유출이든, 또는 임직원들의 실수에 의한 우발적인 데이터 유출이든, 그 원인에 상관없이 데이터 유출은 기업에 금전적인 손실을 가져올 수 있다. 또한 법적 책임을 지거나 사용자, 고객사, 협력 업체들에게 손해배상을 해야 할 수 있으며 기업의 명성과 평판에도 부정적 영향을 미칠 수 있다.

소셜 미디어는 그 특성상 풍부한 개인정보가 존재하기 때문에 사이버 범죄자들의 주된 타깃이 되고 있다. 2018년 9월 페이스북의 사용자 인증 시스템에 존재하는 취약점으로 인해 최대 9,000만 명의 사용자 계정에서 개인정보가 유출되었거나 유출될 위험에 처한 것으로 밝혀졌다. 페이스북은 이 같은 사실을 공지한 후 해킹의 위험에 노출되었다는 이유로 9,000만 명이 넘는 사용자 계정을 강제로 로그아웃시켰다.[1]

페이스북은 그간 여러 차례 사용자들의 개인정보를 상업적으로 이용한다는 여론의 질타를 받아왔는데, 사용자의 동의 없이 연락처와 친구 목록 등의 민감한 개인정보를 협력 업체들과 공유해 비난을 받은 적이 여러 번 있다. 그런 전력을 갖고 있는 상황에서 또다시 다량의 개인정보가 인증 시스템의 취약점으로 인해 유출됨에 따라 계정 탈퇴 여론이 일기도 했다. 이후 페이스북은 정보 관리 체계의 적절성에 대해 미국 연방통상위원회(FTC)와 증권거래위원회(SEC)로부터 조사를 받기도 했다.

홍콩에 본사를 둔 항공사 캐세이퍼시픽(Cathay Pacific)과 자회사 캐세이드래곤(Cathay Dragon)은 2018년 10월 최대 940만 명에 달하는 승객의 개인정보가 유출되는 사고를 당했다고 밝혔다.[2] 캐세이퍼시픽의 시스템에서 여권번호, 생년월일, 국적, 이메일 주소, 집 주소, 전화번호, 신용카드 정보 등이 유출되었는데, 특히 개인정보 유출을 발견한 지 7개월이 지나서야 이 사실을 공개해 비난 여론이 일었다. 캐세이퍼시픽은 이번 사고가 1946년 창사 이래 가장 심각한 위기를 초래했다고 밝혔으며 개인정보보호법 위반 혐의로 당국의 조사를 받았다.

● 비즈니스 중단(Business Disruption)

정보시스템 작동에 문제가 생겨 영업 활동이 중단되거나 지체되는 사건을 의미한다. 오늘날 많은 전문가는 사이버 공격으로 인해 발생하는 비즈니스 중단을 최고의 위험 중 하나로 꼽는다. 특히 인터넷을 중요한 영업 공간으로 삼고 있는 기업의 입장에서 웹사이트나 스마트폰 앱이 중단되거나 또는 제조업체의 입장에서 운영 중인 공장이 사이버 공격에 의해 중단되는 상황은 즉각적인 손실을 가져오게 되고, 경우에 따라서는 회복 불가능한 손실이 발생할 수도 있다.

금융산업은 금전을 매개로 하는 비즈니스인데다 여러 금융기관이 상호연결되어 있어 네트워크 의존도가 높고 매력적인 데이터가 많아 사이버 공격의 주된 대상이 되고 있다. 만일 금융기관에 사이버 공격으로 인한 비즈니스 중단이 발생해 기업고객들이 지급결제 시스템을 이용할 수 없게 되면 기업고객이 유동성 위험에 처하거나 심지어는 파산으로 이어질 수도 있다.

비즈니스 중단을 가져올 수 있는 대표적인 사이버 공격 수단 중 하나는 디도스(DDoS: Distributed Denial of Service, 분산 서비스 거부) 공격이다. 디도스 공격이란 웹사이트 또는 애플리케이션과 같은 목표 시스템의 가용성을 파괴하여 최종 사용자에게 악영향을 미치려는 목적으로, 목표 시스템이 감당하기 어려운 대량의 트래픽을 발생시켜 시스템을 마비시키는 것이다.

지금까지 디도스 공격으로 인해 스웨덴 중앙은행, 노르웨이 중앙은행, 뱅크오브아메리카(Bank of America), 캐피탈원(Capital One), 씨티은행(Citibank), 웰스파고(Wells Fargo) 등 전 세계의 수많은 금융기관 및 국내 금융기관들이 서비스 불능 사태를 겪었다.

서비스를 이용할 수 없게 된 고객들은 분노한 나머지 소셜미디어에서 해당 기업에 대한 나쁜 평판을 퍼뜨리기도 한다. 서비스를 복구할 수는 있겠지만 고객들의 신뢰와 충성도는 회복 불가능할 수도 있다.

● 부정행위(Fraud)

데이터나 정보시스템이 허가받지 않은 자에 의해 도용되는 사건을 의미하며 일종의 사기다. 부정행위는 업종에 따라 다양한 형태가 존재한다. 오프라인에서도 부정행위는 발생할 수 있지만 온라인에서는 대면 접촉 없이 여러 번 시도할 수 있기 때문에 발생 빈도가 늘고 있다.

특히 금융기관이나 전자상거래 업체를 대상으로 수많은 부정행위 시도가 급증하고 있다. 하단에 부정행위 사례를 몇 가지 나열해 보았는데 이외에도 아주 다양한 부정행위가 존재하며 창의적인(?) 신종 부정행위들이 계속 새롭게 등장하는 추세다.

- 다른 이의 계정을 도용해 은행 계좌의 금전을 탈취한다.
- 다른 이의 개인정보로 신용카드를 발급받고 전자상거래에 이용한다.
- 회사 고위 임원을 사칭해 회사의 자금을 범죄자가 지정한 외국 은행 계좌로 송금하도록 만든다.
- 기업에 가짜 주문서를 보내 이를 보려는 사람이 클릭하면 '악성코드(Malware)'가 몰래 설치되고 기업의 계정 및 비밀번호를 탈취한다. 참고로 악성코드는 시스템 중단, 파일 삭제·변조, 정보 탈취 등 악의적인 목적을 위해 제작된 소프트웨어를 통칭하는 용어다.
- 직원의 이메일을 해킹하고 모든 연락처 목록을 입수하여 협력 업

체들에게 범죄자가 지정한 장소로 물품을 배송하도록 만든다.

사이버 공격은 끊임없이 진화하고 있다. 기업뿐만 아니라 모든 조직은 사이버 위험을 이해하고 실제 손실로 이어지지 않도록 상시 관리할 수 있는 역량을 갖추어야 한다.

사례: 랜섬웨어로 인한 노르스크 하이드로의 공장 중단

'랜섬웨어(Ransomware)'는 '몸값(Ransom)'과 '소프트웨어(Software)'의 합성어로, 사용자의 파일을 암호화해서 사용하지 못하게 만든 다음 이를 해독할 수 있는 키를 제공하는 대가로 금전을 요구하는 악성코드다.

노르웨이에 본사를 둔 세계 최대의 알루미늄 생산업체 노르스크 하이드로(Norsk Hydro)는 공장 시스템이 랜섬웨어 '록커고가(LockerGoga)'에 감염되어 제품 생산에까지 차질을 빚었다. 노르스크 하이드로는 알루미늄 원재료를 가공해 자동차 부품 등을 만드는데 랜섬웨어로 인해 금속 압출 공정을 중단시켜야 했다. 또한 전체 네트워크에서 공장 네트워크를 분리하고 자동화 공정 일부를 수동으로 운영해야 했다. 노르스크 하이드로의 CFO는 "상황이 매우 심각하다"고 밝혔으며, 랜섬웨어로 인한 노르스크 하이드로의 생산 차질이 알려지면서 전 세계 알루미늄 가격에 변동이 생길 정도였다.[3]

노르스크 하이드로 외에 프랑스의 엔지니어링 컨설팅 기업 알트란 테크놀로지스(Altran Technologies), 미국의 화학 기업 헥시온(Hexion)과 모멘티브(Momentive) 등도 록커고가에 의해 피해를 입었다.

노르스크 하이드로의 피해 사례에서 특히 주목할 점은 1) 사이버 공격이 단지 사이버상의 피해에 그치지 않고 물리적인 공정의 마비를 불러왔다는 사실과 2) 피해 사실을 알리고 금전을 요구하는 랜섬노트(Ransom Note)에 "your company"라는 문구가 기재되어 있었다는 사실이다. 이를 통해 록커고가가 기업을 공격 대상으로 삼고 있음을 분명히 알 수 있다.

```
Greetings!

There was a significant flaw in the security system of (your company.)
You should be thankful that the flaw was exploited by serious people and not some rookies.
They would have damaged all of your data by mistake or for fun.

Your files are encrypted with the strongest military algorithms RSA4096 and AES-256.
Without our special decoder it is impossible to restore the data.
Attempts to restore your data with third party software as Photorec, RannohDecryptor etc.
will lead to irreversible destruction of your data.

To confirm our honest intentions.
Send us 2-3 different random files and you will get them decrypted.
It can be from different computers on your network to be sure that our decoder decrypts
everything.
Sample files we unlock for free (files should not be related to any kind of backups).

We exclusively have decryption software for your situation

DO NOT RESET OR SHUTDOWN - files may be damaged.
DO NOT RENAME the encrypted files.
DO NOT MOVE the encrypted files.
This may lead to the impossibility of recovery of the certain files.

The payment has to be made in Bitcoins.
The final price depends on how fast you contact us.
As soon as we receive the payment you will get the decryption tool and
instructions on how to improve your systems security

To get information on the price of the decoder contact us at:

DharmaParrack@protonmail.com
wyattpettigrew8922555@mail.com
```

록커고가의 랜섬노트[4]

CHAPTER 2

사이버 공격의 진화: 익스플로잇 킷, 서비스형 랜섬웨어

미국 전략국제연구센터(CSIS: Center for Strategic and International Studies)는 사이버 범죄로 인해 발생하는 전 세계의 연간 손실액이 6,000억 달러에 달하는 것으로 추산된다고 밝혔다.[5]

과거에는 악성코드를 통해 시스템을 정지시키거나 데이터를 훼손하는 경우가 보편적이었지만, 이제는 암호화폐를 통해 익명으로 대금을 지불받을 수 있기 때문에 금전을 목적으로 하는 사이버 공격이 급증하고 있다.

누구든지 손쉽게 사이버 범죄자가 될 수 있는 세상

바이러스, 트로이목마, 스파이웨어 등과 같은 기초적인 악성코드들의 개념과 대응 방안에 대해서는 비교적 잘 알려져 있는 편이기 때문에 여기에서 따로 설명하지 않겠다. 대신에 여기에서는 랜섬웨어 및 이와 관련된 최신 해킹 기법들을 통해 사이버 공격의 본질과 트렌드를 이해하고자 한다.

랜섬웨어를 유포하는 방식은 다양한데 대표적인 것만 살펴보면 1) 메일에 첨부된 악성코드의 실행을 유도하는 악성 이메일(Malicious Email) 기법 2) 웹사이트 방문만으로 감염되는 DBD(Drive-By Download) 기법 3) 비밀번호를 알아내기 위해 무작위로 모든 값을 대입하는 무차별 대입 공격(Brute Force Attack) 기법 등이 있다.

'악성 이메일'은 가장 흔하면서도 여전히 많은 피해를 낳고 있는 공격 기법 중 하나다. 예를 들면 저작권자를 사칭하면서 저작권에 위배된 이미지를 사용했으니 첨부파일을 열어 해당 내용을 확인하라는 이메일을 보내거나, 입사지원서 또는 북한 폰트 파일로 위장하거나, 공정거래위원회나 경찰청, 법원 등 공공기관을 사칭하는 경우다.

'DBD(Drive-By Download)'는 보안 패치가 적용되지 않은 기기의 취약점을 이용해 웹사이트에 접속하는 것만으로도 악성코드가 다운로드되고 실행되도록 하는 공격 기법이다. DBD와 같은 전문적인 해킹 기법이 크게 활성화된 주된 이유 중 하나는 '익스플로잇 킷(EK: Exploit Kit)'이라고 부르는 취약점 공격 도구 때문이다. 익스플로잇 킷은 누구든지 암호화폐로 구매할 수 있는 사이버 공격 도구 모음으로, 이를 구매하면 해킹할 수 있는 악성코드 및 각종 도구들을 일종의 종합선물세트처럼 받을 수 있다.

인기가 높은 익스플로잇 킷들은 최신 취약점을 이용할 수 있는 악성코드를 빠르게 업데이트하며 상당히 난이도가 높은 해킹 기술까지 제공한다. 이를 이용하면 전문적인 해킹 기술이 없는 사람도 비교적 손쉽게 악성코드를 구현하고 배포할 수 있다.

'무차별 대입 공격(Brute Force Attack)'은 말 그대로 무차별적으로 비밀번호를 입력해 침입을 시도하는 방법이라서 그리 효율적인 공격 기법이 아니며 사실상 방어도 쉬운 편이지만, 실제로는 사용자가 기본적인 보안 수칙조차 지키지 않는 경우가 많은 편이어서 여전히 이를 통한 공격이 많이 이루어지고 있다.

예를 들어 다르마(Dharma), 조로(Zorro) 등과 같은 최신 랜섬웨어들은 피해자가 사용하는 PC의 공유 폴더 또는 원격 데스크톱 연결(RDP: Remote Desktop Protocol) 기능을 탐색한 후 무차별 대입 공격을 시도한다. 그리고 로그인에 성공하게 되면 피해자 PC에 설치된 백신을 제거하고 랜섬웨어를 설치해 시스템을 장악한다. 이 같은 공격은 정상적인 경로를 통해 이루어지고 한 번 감염되면 큰 피해를 유발하기 때문에 최신 보안 패치의 적용, 원격 접속의 제한, 복잡한 비밀번호 사용 등의 방법으로 예방해야 한다.

최근 랜섬웨어가 급증하게 된 주된 이유 중 하나는 갠드크랩(GandCrab)과 같은 '서비스형 랜섬웨어(RaaS: Ransomware as a Service)'의 등장 때문이다. 서비스형 랜섬웨어는 용어에서 알 수 있듯이 빌려 쓰는 소프트웨어를 뜻하는 '서비스형 소프트웨어(SaaS: Software as a Service)'의 일종이라고 볼 수 있다.

RaaS는 간단히 말해, 랜섬웨어를 직접 개발하지 않아도 누구든지 단순 클릭만으로 랜섬웨어를 손쉽게 제작할 수 있도록 해 주는 일종의 '사이버 범죄자들을 위한 랜섬웨어 서비스'다. 악성 이메일이나 악성코드에 감염된 웹사이트 등을 통해 사용자의 컴퓨터에 갠드크랩 랜섬웨어가 설치되면, 랜섬웨어는 사용자 및 컴퓨터 이름, IP 주소, 설치된 안티바이러스 소프트웨어 등의 정보를 수집하고 암호화키를 생성한 후 모든 디스크에서 파일들을 암호화하기 시작한다.

갠드크랩을 이용해 악성코드를 유포하려는 구매자(사이버 범죄자)는 랜섬웨어로 얻은 수익을 6대 4로 배분하는 계약에 동의해야 하며, 갠드크랩 제작자는 구매자에게 지속적인 기술 지원과 업데이트를 제공한다. 갠드크랩은 구매자들이 편리하게 이용할 수 있는 관리 프로그램을 제공하며 구매자는 이를 이용해 랜섬머니 금액(몸값), 암호화 관련 설정 등을 변경할 수 있다.

누구든지 갠드크랩을 이용해 랜섬웨어를 손쉽게 만들고 유포할 수 있어 갠드크랩은 큰 인기를 끌면서 빠른 속도로 발전하게 되었다. 앞으로 설령 갠드크랩이 사라진다고 하더라도 이 같은 형태의 서비스형 사이버 공격 도구들이 더욱 진화된 모습으로 새롭게 등장하여 큰 인기를 끌게 될 것으로 전망된다.

최신 사이버 공격 기법들은 시스템에 존재하는 보안의 작은 틈새를 어떻게든 찾아내 공격을 감행하기 때문에 이를 완벽하게 차단하기란 사실상 불가능하다. 그렇기 때문에 사이버 공격에 대응하기 위해서는 일차적으로 사이버 공격의 작동 원리를 이해하고 지속적으로 최신 동향을 파악할 필요가 있다.

기업은 네트워크 인프라, 서버, PC 및 모바일 기기, 비즈니스 프로세스와 관련된 시스템 전반을 보호하기 위해 노력해야 한다. 무엇보다 운영체제, 웹브라우저, 애플리케이션을 최신 버전으로 업데이트하고 신속한 보안 패치를 해서 공격을 예방하고, 공격이 성공할 경우를 대비해 파일 및 데이터베이스를 정기적으로 백업함으로써 피해를 최소화해야 한다.

멀버타이징, 제로데이 공격, 크립토재킹

비다르(Vidar)라는 명칭의 악성코드는 '멀버타이징(Malvertising)' 기법을 통해 유포된다. 멀버타이징은 악성코드(Malware)와 광고(Advertising)의 합성어로, 광고 서비스를 악용해 악성코드를 유포하는 기법이며 DBD(Drive-By Download)의 일종이라고 볼 수 있다.

공격자는 주로 보안이 취약한 웹사이트를 통해 악성코드가 담긴 광고를 게시한다. 최신 보안 패치를 하지 않은 웹브라우저를 이용하는 사용자가 웹사이트에 접속하면, 웹브라우저의 취약점을 이용해 자동으로 비다르 악성코드가 설치된다. 악성코드는 사용자의 기기에서 아이디, 비밀번호 등 웹사이트 계정 정보와 시스템 정보를 수집해 공격자에게 전송한다. 그리고 갠드크랩 랜섬웨어를 다운로드받아 설치한다. 이처럼 비다르는 개인정보 탈취와 랜섬웨어 감염을 동시에 유발하기 때문에 사용자에게 커다란 피해를 입힐 수 있다.

익스플로잇 킷 제작자들은 최신 보안 기술을 우회할 수 있는 기법을 주기적으로 탑재하고 있는데, 취약점이 발견되었으나 아직 패치가 나오지 않은 '제로데이(Zero-day)' 공격까지 제공하기도 한다. 제로데이는 특정 소프트웨어에서 최근에 취약점이 발견되었지만 아직까지 소프트웨어 개발사가 보안 패치를 제공하지 못해 해당 취약점에 대한 대책이 없는 상태이며, 제로데이 공격은 그러한 취약점을 이용하는 공격을 뜻한다. 원래 제로데이란 해당 취약점이 공개된 날을 뜻하는데 취약점을 해결할 시간을 채 하루도 갖지 못했다는 의미에서 붙은 명칭이다.

또한 최신 익스플로잇 킷 제작자들은 코드를 읽기 어렵도록 하는 '난독화(Obfuscation)' 기술을 탑재해 보안 전문가들이 악성코드를 쉽게 분석하지 못하도록 막고 있다. 난독화란 사람 또는 분석 도구가 소프트웨어 코드를 분석하기 어렵게 만드는 것을 의미하는데, 일반적으로 소프트웨어에서 사용된 아이디어나 알고리즘 등의 무단복제를 막기 위해 사용한다. 하지만 익스플로잇 킷에서는 보안 전문가들이 악성코드를 분석하기 어렵게 만들기 위한 목적으로 복잡한 난독화 기법을 사용하고 있다.

특히 익스플로잇 킷과 랜섬웨어는 서로 협력하는 방식으로 이용된다. 갠드크랩은 매그니튜드(Magnitude)라는 명칭의 잇스플로잇 킷을 통해 빠르게 퍼졌으며, 그랜드소프트(GrandSoft) 익스플로잇 킷을 통해서도 유포되고 있다. 앞으로 다른 익스플로잇 킷과도 결합될 수 있다.

랜섬웨어와 함께 '크립토재킹(Cryptojacking)'도 주요 사이버 공격 중 하나로 부상했다. 크립토재킹은 '암호화폐(Cryptocurrency)'와 '납치(Hijacking)'의 합성어로, 공격자가 암호화폐의 채굴을 위해 사용자의 시스템 자원을 몰래 사용하는 사이버 공격의 일종이다. 크립토재킹을 수행하는 악성코드에 감염되면 사용자의 시스템 성능이 크게 저하된다. 실제로 2019년 5월 과학기술정보통신부가 밝힌 바에 따르면, 정부출연연구기관인 한국지질자원연구원 서버가 크립토재킹을 당해 무려 1년 동안 하루 12시간씩 암호화폐 채굴을 해 왔던 것으로 밝혀지기도 했다.[6]

크립토재킹은 랜섬웨어의 경우와 마찬가지로 악성 이메일, DBD, 무차별 대입 공격 등으로 공격을 당하거나 또는 채굴로 이득을 취하려는 내부자에 의해 악성코드가 설치되는 방식으로 이루어질 수 있으며, 악성코드의 설치 없이 웹브라우저 차원에서 채굴하는 기법도 있다. 웹브라우저를 이용한 채굴은 사용자가 특정 웹사이트에 접속하면 악성 자바스크립트가 작동해 채굴 작업을 수행하는 방식이다.

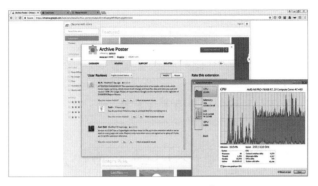

크립토재킹에 의해 CPU 사용량이 크게 증가한 화면[7]

이 방식은 웹브라우저를 종료하면 채굴도 종료되기 때문에 사용자가 크립토재킹을 당했다는 사실을 알아차리기 힘들다.

만일 암호화폐의 가치가 하락하게 되면 크립토재킹의 인기도 주춤할 수는 있겠지만 언제든지 한층 진화된 위협으로 등장할 수 있다. 또한 앞으로는 사물인터넷 기기를 감염시켜 크립토재킹에 이용하거나 잇스플로잇 킷, 서비스형 랜섬웨어, 크립토재킹 등을 비롯한 새로운 사이버 공격 기법들이 한데 융합됨으로써 더욱 위협적인 결과를 만들어 낼 것으로 예상된다.

좋은 기술들만 융합되는 것이 아니다. 나쁜 기술들도 융합된다.

CHAPTER 3

사회공학적 공격이 가장 위험한 이유는 무엇인가?

<u>과거에는 개인을 대상으로 악성코드를 유포해</u> 작은 이익을 취하는 경우가 많았지만, 최근에는 기업을 대상으로 한 정교한 사이버 공격이 계속 증가하고 있다. 기업은 개인보다 훨씬 더 중요한 정보를 많이 보유하고 있고 큰 금액을 지불할 수 있는 능력이 있기 때문이다.

사이버 공격을 통해 피해를 입은 기업은 단지 재정적인 손실뿐만 아니라 언론에 보도되어 기업의 평판이 나빠지고, 그로 인해 계약이 해지되거나 고객을 잃고 경쟁 업체에 뒤처지게 되면서 결국 비즈니스 및 고용의 불안전성이 증대되는 위험에 빠질 수도 있다.

사람 간의 신뢰 관계를 이용하는 사회공학

보안 전문가이자 암호학자로 유명한 브루스 슈나이어(Bruce Schneier)는 저서《비밀과 거짓말 *Secrets and lies*》에서 다음과 같이 보안을 강조한 바 있다.

"보안은 사슬이다. 사슬의 가장 약한 고리만큼만 안전하다. 보안은 제품이 아니라 프로세스다(Security is a chain; it's only as secure as the weakest link. Security is a process, not a product)."[8]

한때 암호 기술로 완벽한 보안을 달성할 수 있을 것이라고 믿었던 브루스 슈나이어는 자신의 착오를 솔직히 고백하며 사람과 프로세스 관점에서의 보안을 역설했다.

많은 기업이 몇몇 보안 제품을 도입하고는 안심하는 경향이 있다. 하지만 완벽한 보안은 존재하지 않으며, 아무리 강력한 보안 제품을 적용하였다고 해도 역시 가장 약한 고리만큼만 안전하다고 볼 수 있다. 그리고 대부분의 경우에 있어서 가장 약한 고리는 '사람'이다.

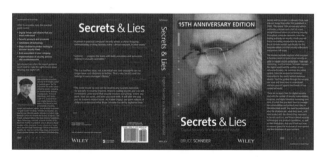

브루스 슈나이어의 저서《비밀과 거짓말》[9]

그래서 많은 보안 전문가가 수많은 해킹 기법 중에서 지금까지 그리고 앞으로도 가장 강력한 해킹 기법으로 꼽는 것이 바로 '사회공학(Social Engineering)'이다.

보안학에서의 사회공학은 사람들 간의 상호작용과 신뢰를 기반으로 공격 대상을 속여 비밀 정보를 획득하는 기법을 의미한다. 다르게 말하면, 인간의 커뮤니케이션 능력을 뜻하는 '소셜 스킬(Social Skills)'을 이용한 해킹 기법이다. 잘 알려진 보이스피싱이 바로 사회공학의 일종이다.

사회공학 기법은 전통적인 '인간 기반의 사회공학(Human Based Social Engineering)'과 정보기술을 활용한 '컴퓨터 기반의 사회공학(Computer Based Social Engineering)'으로 구분할 수 있다.

인간 기반의 사회공학은 직접적인 접근이나 전화 등으로 권력을 가진 사람을 사칭하거나, 친구나 가족으로 가장해 도움을 요청하거나, 긴급한 상황을 가장해 동정심에 호소하는 등 비기술적인 방법을 통해 인간의 취약한 부분을 공격하는 것이다.

컴퓨터 기반의 사회공학은 이메일에 악성코드를 첨부하거나, 가짜 웹사이트로 연결을 유도해 비밀 정보를 입력하게 만드는 등 기술적인 방법으로 공격 대상을 속여 원하는 목적을 달성하는 것이다.

사회공학은 사람이라면 누구나 갖고 있는 감정, 친분, 신뢰를 이용하기 때문에 이를 100퍼센트 완벽하게 막는다는 것은 사실상 불가능하다. 특히 컴퓨터 기반의 사회공학은 최신 기술과 결합해 계속 진화하면서 교묘해지는 추세다.

더욱 지능화되어 가는 스피어피싱과 웨일링

'스피어피싱(Spear Phishing)'은 특정 개인이나 특정 기업을 표적으로 삼는 공격으로, 불특정 다수를 대상으로 하는 일반적인 피싱(Phishing)과 달리 특정 공격 대상에 대한 다양한 정보를 수집하고 이를 활용해 공격함으로써 해킹의 성공 가능성을 높인다.

피싱은 우리가 많이 들어온 말이지만 정확한 의미와 용어의 유래에 대해 확실하게 아는 사람은 많지 않을 것이다. 피싱은 합법적인 기관으로 위장한 범죄자가 사용자를 속여 은행계좌 정보, 신용카드 정보, 비밀번호 등과 같은 중요한 데이터를 탈취하는 사이버 범죄다. 피싱이라는 용어는 초기 해커들이 장거리 무료 통화를 하려 해킹하던 행위인 '프리킹(Phreaking)'과 '낚시(Fishing)'의 합성어로 만들어진 것이다.*

스피어피싱은 피싱의 일종이자 사회공학의 한 기법으로, 스피어피싱이라는 용어는 작살로 물고기를 잡는다는 뜻에서 유래했다. 스피어피싱은 공격 대상을 정한 후 오랫동안 지켜보면서 정보를 수집하다가 적절한 타이밍이 되었을 때 공격 대상이 관심을 가질 만한 미끼를 던져 공격 목적을 달성한다. 만일 특정 대상만을 목표로 정교하게 만들어진 악성코드가 사용되는 경우에는 보안 프로그램에 의해 쉽게 감지되지 않기 때문에 해킹당할 위험이 크게 높아진다.

---

* 인터넷상의 많은 글에서 피싱 용어의 유래를 '개인정보(Private Data) + 낚시(Fishing)'라는 식으로 잘못 설명하고 있다.

보안업체 시만텍(Symantec)의 조사 결과, 표적 공격을 하는 사이버 범죄자들은 주된 공격 수단으로 악성 이메일 등을 통한 스피어피싱 기법을 이용하는 것으로 나타났다.[10] 표적 공격을 하는 주요 목적은 데이터 탈취, 파괴 공작, 금전 갈취 등인 것으로 조사되었다. 보안업체 웜뱃(Wombat Security)의 피싱 실태 연구 결과에 따르면, 보안 전문가의 절반 이상이 스피어피싱을 경험했다고 밝혔는데 이 수치는 최근 큰 폭으로 증가한 것이다.[11]

스피어피싱의 한 종류로 '웨일링(Whaling)'이 있는데 이는 CEO, CFO, CTO 등 기업의 고위 경영진이나 유명 인사를 대상으로 하는 스피어피싱을 뜻한다. 웨일링, 즉 고래잡이라는 이름에서 알 수 있듯이 고위 경영진이 가진 고급 정보를 탈취하거나 착오를 유발해 공격자의 계좌로 회사 자금을 입금하도록 만드는 등 공격자의 입장에서 볼 때 소위 월척을 낚는 것이라서 붙여진 명칭이다.

구체적인 사례를 들면 고위 경영진에게 정부기관의 경고장이나 고객 불만이 담긴 이메일을 보내 첨부 파일을 열어 보게 만들 수 있다. 이때 이메일 본문에는 공격자가 그간 확보한 정교한 개인정보나 기업정보를 담아 그들이 의심 없이 파일을 열도록 만든다. 특히 실적, 세금 등을 정산하는 시기에 웨일링이 증가하는 것으로 나타났다.

영국의 IT 미디어 〈컴퓨팅 Computing〉에 따르면, 데이터 유출 사고의 거의 절반 정도가 피싱을 유도하는 이메일을 클릭한 임직원들의 실수에 의한 것으로 나타났다.[12] 이는 외부 해커에 의한 직접적인 공격으로 인해 발생한 데이터 유출이 24퍼센트인 것과 비교해 무려 두 배에 달하는 수치다.

이 같은 데이터 유출 원인에 대한 조사 결과에서 알 수 있듯이, 보안이라는 사슬의 가장 약한 고리는 역시 사람의 부주의나 실수다. 그러므로 보안 사고를 예방하는 가장 좋은 방법은 임직원들에게 지속적으로 보안 인식을 개선하는 교육을 시행하는 것이다. 영국 정부의 발표에 따르면 임직원들에 대한 사이버 위험 교육, 복잡한 비밀번호 사용, 안티바이러스 프로그램 사용, 소프트웨어 업데이트, 최신 보안 패치 적용 등의 기본 수칙을 지키는 것만으로도 사이버 공격의 80퍼센트를 예방할 수 있는 것으로 나타났다.[13]

유의할 점은 고위 경영진의 상당수가 직원들에게 보안을 강조하면서 막상 자신은 예외라는 식으로 행동하거나, 오히려 직원들보다 보안 지식이 부족한 경우도 적지 않다는 사실이다. 그렇기 때문에 기업은 고위 경영진을 대상으로 사이버 위험 및 보안 교육을 하는 노력을 더욱 기울일 필요가 있다.

앞으로 사이버 공격자가 빅데이터 및 인공지능 기술을 활용해 개인이나 기업에 정교하게 맞춤화된 정보를 기반으로 하는 스피어피싱이나 웨일링이 증가할 것이며, 그에 따라 기업이 입는 피해도 매우 커질 것으로 전망된다.

최근에는 사이버 공격으로 인해 큰 피해가 발생할 수 있는 환경에서 일하는 특정 임직원들을 대상으로 '사용자 행동 모니터링(User Behavior Monitoring)'을 검토하는 기업이 늘고 있다. 사이버 공격으로 인한 피해의 상당수는 권한이 부여된 사용자의 실수나 악의적인 행동, 권한이 부여된 사용자의 계정을 도용한 범죄자에 의해 발생한다. 그렇기 때문에 그러한 피해를 예방하는 차원에서 사용자의 의심스러운 행동과 여러 비정상적인 상황에 대한 지속적인 모니터링이 필요할 수도 있다.

이러한 모니터링은 사용자의 모든 활동을 감시하기 위한 것이라기보다는 예외적인 상황을 감지하여 신속하게 대응하기 위한 것으로서, 안전한 사이버 환경을 구축하고 피해를 예방한다는 목적에 부합해야 한다.

사례: 존 포데스타, 레오니AG

스피어피싱은 정치적 목적으로도 이용된다. 2016년 미국 대선 당시 힐러리 클린턴 후보 캠프의 선거대책본부장이었던 '존 포데스타(John Podesta)'는 스피어피싱 공격을 당해 구글 계정 정보가 유출되었다. 그로 인해 무려 2만 페이지가 넘는 분량의 이메일이 탈취된 후 위키리크스(WikiLeaks)를 통해 폭로된 바 있다.[14] 전문가들은 해당 스피어피싱 사건이 미국 대선 결과에 적지 않은 영향을 미쳤을 것으로 판단하고 있다.

참고로 위키리크스는 익명의 제보자로부터 제공받았거나 자체적으로 수집한 비밀 또는 미공개 정보를 공개하는 국제적인 비영리조직이다. 창립자는 해커 출신인 줄리언 어산지(Julian Assange)이며 전 세계 각국의 언론인, 수학자, 공학자들이 위키리크스에 참여하고 있는 것으로 알려져 있다.

금전을 노리는 사이버 범죄자들은 보통 CEO나 다른 고위 경영진을 사칭하는 이메일을 보내 CFO 또는 자금 담당자로 하여금 자신에게 회사 자금을 지불할 것을 요구한다. 이러한 웨일링 공격을 통해 기업이 큰 손실을 입은 사례가 많은데, 그중 하나로 유럽 최대의 케이블 제조업체 '레오니AG(Leoni AG)'의 CFO가 공격자에게 속아 4,500만 달러를 송금한 사건을 꼽을 수 있다.[15] 이 사건이 알려진 후 레오니AG의 주가는 5퍼센트 이상 하락했다.

CHAPTER 4

지능형 사이버 공격과
대응 솔루션

과거에는 불특정 다수를 대상으로 하는 무작위 공격이 보편적이었지만, 최근 들어 특정 대상을 표적으로 장기간에 걸쳐 이루어지는 지능형 사이버 공격이 크게 늘고 있다. 특히 'APT(Advanced Persistent Threats, 지능형 지속 위협)'와 같은 사이버 공격은 정상적인 접근을 가장하기 때문에 발견하기 어려워 지속적인 피해를 유발할 수 있다.

정상적인 접근처럼 위장하는 APT 공격

APT 공격이란 특정 대상을 표적으로 사회공학 및 모든 해킹 기법을 총동원해 장기간에 걸쳐 지속적으로 진행하는 공격을 의미한다. APT 공격은 일반적으로 1) 침투 전 정찰 및 정보 수집 2) 최초 침투 3) 거점 확보 4) 권한 상승(관리자 권한 획득) 5) 내부 정찰 및 정보 수집 6) 내부 확산 7) 목적 달성의 단계를 거쳐 이루어진다.

이러한 APT 공격 단계의 구분은 보안업체마다 차이가 있을 수 있으나 기본적으로 유사한 흐름이라고 보면 된다. 각 공격 단계에 따라 다양한 해킹 기법이 사용되는데 이는 전문가의 영역이므로 일반 사용자가 이해하는 데 한계가 있지만, 여기에서 APT 공격과 대응 방안을 최대한 쉽게 설명해 보겠다.

APT와 같은 지능형 사이버 공격이 특히 위협적인 이유는 악의적인 공격임에도 마치 정상적인 접근처럼 위장하기 때문이다. APT 공격은 주로 사용자의 시스템에 정상적으로 설치된 합법적인 애플리케이션을 악의적인 목적으로 사용한다. 예를 들어 운영체제가 제공하는 관리자 도구를 악용하거나 애플리케이션이 제공하는 자동화 스크립트를 악용하는 사례 등을 꼽을 수 있다. 그렇다고 APT를 잡기 위해 탐지 기준을 높이면 정상적인 접근까지 차단되는 경우가 발생해 사용자의 불편함을 야기하기도 한다.

기술적인 측면에서 APT 공격에서는 알려진 해킹 기법뿐만 아니라 알려지지 않은 기법까지 사용될 수 있기 때문에 특정 패턴을 감지해서 악성코드를 차단하는 방식으로는 APT 공격에 대응하는 데 한계가 있다. 모든 패턴을 감지하기 어려울 뿐만 아니라 알려지지 않은 공격에는 적용이 불가능하기 때문이다.

그래서 APT 공격에 대응하기 위한 보안업체의 솔루션은 대개 가상머신(VM: Virtual Machine) 및 '샌드박스(Sandbox)'를 이용해 의심스러운 파일의 행위를 조사하는 것이다. 〈Part 3. 클라우드〉에서 다루었듯이, 가상머신은 소프트웨어를 통해 컴퓨팅 환경을 그대로 흉내내 사용할 수 있는 일종의 가상 컴퓨터다. 샌드박스는 격리된 환경을 의미하는 광의의 개념이다.

일반적으로 APT 대응 솔루션은 가상머신 환경을 만들어 그 안에서 의심스러운 파일을 실행한 후에 파일의 행위를 모니터링하는 방식으로 악성코드를 감지한다. 이를 샌드박스를 이용한 '행위 기반 탐지(Behavior-based Detection)'라고 하며 구체적인 작동 방식과 탐지율은 보안업체의 솔루션에 따라 차이가 있다.

그런데 이런 식으로 샌드박스를 이용해 악성 행위를 감지하고 이를 통해 악성코드를 진단하는 것이 날이 갈수록 어려워지고 있다. 왜냐하면 최신 APT 공격들은 샌드박스에 의존하는 보안 솔루션을 우회하는 교묘한 방법을 이용하기 때문이다. 공격자들은 성공률을 높이기 위해 끊임없이 새로운 해킹 기법을 만들어 내고 있다. 예를 들어 악성코드가 담긴 문서를 열었다고 해서 바로 악성 행위를 시작하지 않고 문서의 특정 페이지에 도달하면 비로소 악성 행위를 시작하는 경우도 있다. 알려지지 않은 악성코드가 이런 식으로 악성 행위를 지연하면서 천천히 공격하면 탐지하기가 상당히 어렵다.

APT 공격은 특정 기술이라기보다는 공격 목적을 달성하기 위해

'다양한 기술들을 종합적으로 사용하는 공격 행위'라고 볼 수 있다. 그렇기 때문에 APT 대응 솔루션은 알려진 공격 패턴뿐만 아니라 알려지지 않은 공격 패턴까지 탐지하고 공격을 차단할 수 있어야 한다.

APT 대응 솔루션은 '탐지-분석-대응'이라는 APT 대응 프로세스를 기반으로 작동한다. 최근 들어 APT 공격이 더욱 지능화되고 강력해짐에 따라 APT 대응 솔루션들 또한 딥러닝과 빅데이터 등과 같은 첨단 기술을 활용해 알려지지 않은 공격까지 최대한 탐지하기 위해 노력하고 있다.

시장에는 트렌드마이크로(Trend Micro), 파이어아이(FireEye), 포티넷(Fortinet) 등을 비롯해 국내외 여러 보안업체의 다양한 APT 대응 솔루션들이 출시되어 있다. 세계적인 보안 평가기관 NSS랩스(NSS Labs)로부터 높은 평가를 받은 트렌드마이크로의 딥디스커버리(Deep Discovery)는 표적 공격, 랜섬웨어, 지능형 악성코드 등을 실시간으로 탐지, 분석, 대응한다. 이를 위해 딥디스커버리는 105개 이상의 네트워크 프로토콜을 모니터링하고, 공격자가 회피하기 어려운 맞춤형 샌드박스를 이용하고, 인공지능을 활용해 더욱 향상된 탐지를 제공한다.

APT 공격은 악성코드 감염에 사회공학을 이용하는 경우가 많은데 이는 인간의 약점을 이용해 공격하는 것이 보다 쉽고 성공 가능성이 높기 때문이다. 그래서 보안 업계에서는 "인간이 궁극적인 취약점이다(Humans are the ultimate vulnerability)"라는 말도 있다.[16] 즉,

보안의 가장 큰 위험 요소는 인간의 실수나 부주의이며, 아무리 탁월한 보안 솔루션도 인간에 의해 무력화될 수 있다는 사실을 잊지 말아야 할 것이다.

자신의 존재를 감추는 파일리스 악성코드

일반적인 악성코드는 공격 목적을 달성할 때까지 디스크 등의 저장 장치에 파일을 생성하고 시스템의 감염 상태를 유지한다. 그렇기 때문에 보안 소프트웨어로 저장 장치를 스캔하면 감염 여부를 파악하고 치료하거나 적절한 조치를 취할 수 있다. 그런데 매그니베르(Magniber)와 같은 '파일리스(Fileless) 악성코드'는 저장 장치에 파일을 생성하지 않고 메모리에서만 작동하기 때문에 흔적을 남기지 않아 탐지하기가 어렵다.

파일리스 악성코드는 크게 나누어 1) 시스템이 재부팅되어도 계속 실행되는 영구적인 파일리스 악성코드와 2) 시스템이 재부팅되면 사라지는 임시적인 파일리스 악성코드로 구분할 수 있다. 이러한 파일리스 악성코드는 일반적으로 사용자 시스템에 이미 설치된 애플리케이션의 취약점을 이용해 공격자의 'C&C(Control and Command) 서버'에서 악성코드를 다운로드받아 실행하는 방식으로 작동한다.

C&C 서버는 악성코드에 감염된 컴퓨터를 제어하고 명령을 내리

는 원격의 서버를 의미한다. C&C 서버는 악성코드에 감염된 컴퓨터를 이용해 다른 컴퓨터에 악성코드를 유포하거나, 디도스 공격을 명령하거나, 업데이트된 악성코드를 다운로드하도록 만드는 등의 역할을 수행한다.

영구적인 파일리스 악성코드는 시스템이 재부팅될 때마다 시스템의 어딘가에 저장된 다운로드 스크립트를 통해 C&C 서버에 접속하고 악성코드를 다운로드받아 실행한다. APT 공격에 이용되는 문서형 악성코드는 임시적인 파일리스 악성코드인데, 이것은 문서에 다운로드 스크립트가 숨어 있는 형태이며 이를 통해 다운로드된 악성코드는 단지 메모리에서만 작동한다.

예를 들어 고스트스크립트(Ghostscript) 취약점 코드가 포함된 문서 파일을 사용자가 열게 되면 취약점에 의해 C&C 서버에서 악성코드를 다운로드받아 메모리에 로드한 후 악성코드가 작동하기 시작한다. 이후 프로세스가 종료되거나 시스템을 재부팅하게 되면 악성코드는 실행되지 않는다. 고스트스크립트는 여러 애플리케이션에서 어도비(Adobe Systems)의 포스트스크립트(PostScript) 및 PDF 파일을 다룰 수 있게 해 주는 소프트웨어인데, 고스트스크립트 취약점을 이용하면 악의적으로 조작된 PDF 파일을 사용자가 열 때 원격에서 악성코드를 다운로드해 실행시킬 수 있다.

이처럼 파일리스 악성코드는 메모리에만 존재하고 감염 흔적을 남기지 않기 때문에 발견하기 어렵고 공격자를 추적하기도 어려운 '은밀한 공격'이다. 지금까지 40여 개 국가에서 140여 개 이상의 은

행 및 기업들이 파일리스 악성코드에 감염된 것으로 밝혀졌다.[17]

파일리스 악성코드에 대응하기 위한 방법은 무엇보다 시스템에 최신 보안 패치를 신속하게 적용함으로써 취약점을 통한 공격을 예방해야 하며, 또한 메모리상의 악성코드 탐지 기능을 갖춘 보안 소프트웨어를 이용하는 것이다. 만일 시스템에서 파일리스 악성코드가 탐지되면 C&C 서버의 IP 주소 접속을 차단해 파일리스 악성코드의 작동을 막을 수 있다.

CHAPTER 5

궁극적인 보안: 시큐어 코딩, 데이터 암호화

기업의 정보시스템에서 보안 문제가 발생하는 가장 근본적인 원인은 정보시스템이 분석·설계 단계에서부터 '보안성'을 충분히 고려해 만들어지지 않았기 때문이다. 보안은 IT 자산의 관점에 따라 네트워크 보안, 시스템 보안, 애플리케이션 보안, 데이터 보안, 클라이언트 보안 등으로 구분할 수 있다.

네트워크 보안이란 데이터의 송수신을 담당하는 네트워크 인프라를 허가되지 않은 접속이나 변조, 파괴, 오작동, 부적절한 노출 등으로부터 보호하기 위한 일련의 활용이라고 볼 수 있다. 네트워크 보안을 위해서는 하드웨어와 소프트웨어를 사용해 IP 주소와 포트에 대한 접근을 제어하고 유해 트래픽을 탐지한다.

같은 맥락에서 시스템 보안은 서버의 운영체제 등과 같이 시스템의 기본이 되는 플랫폼에 대한 보안이다. 애플리케이션 보안은 운영체제에서 작동하는 다양한 응용 프로그램에 대한 보안이다. 데이터 보안은 데이터베이스의 정보, 각종 파일 등 조직의 데이터 자산에 대한 보안이다. 클라이언트 보안은 개개인이 사용하는 PC, 스마트폰, 태블릿 등과 같은 클라이언트 기기 이용과 관련된 보안이다.

많은 기업이 네트워크 보안, 시스템 보안, 클라이언트 보안에 대해서는 어느 정도 신경쓰고 투자하는 편이다. 반면에 애플리케이션 보안과 데이터 보안은 상대적으로 취약한 경우가 많은데 여기에서는 애플리케이션 보안과 데이터 보안을 중심으로 살펴보겠다.

안전한 애플리케이션 개발을 위한 시큐어 코딩

기업이 상용 애플리케이션을 도입한 경우에는 항상 최신 보안 패치를 한 상태로 이용하는 것이 안전하다. 그런데 만일 기업이 자체적으로 또는 용역으로 소프트웨어를 개발해 사용하는 경우에는 '시큐어 코딩(Secure Coding)'을 이해하고 이에 대한 적절한 투자를 해야 한다.

시큐어 코딩이란 안전한 소프트웨어를 개발하기 위해 잠재적인 보안 취약점을 충분히 고려하면서 설계하고 구현하는 것을 의미한다. 시큐어 코딩이라는 용어로 인해 이것이 단지 프로그래밍에 국한된 내용으로 오해할 수 있다. 하지만 시큐어 코딩은 분석, 설계, 개발, 테스트, 배포, 운영의 모든 단계에서 보안 요구사항의 반영 및 유지보수성의 향상을 위해 행하는 일련의 활동이다.

안전한 애플리케이션을 위해 시큐어 코딩이 가장 중요한 요소임에도, 여전히 많은 기업이 일정에 쫓기거나 보안에 대한 무지로 인해 시큐어 코딩을 등한시하고 있다. 그로 인해 여태까지 수많은 애플리케이션이 기초적인 취약점조차 고려하지 않은 채로 개발되었고 지금도 여전히 현업에서 사용된다.

특히 웹의 경우에는 '개방성'이라는 본질적인 성격상, 공격자들이 알려진 웹 서비스를 사이버 공격의 침투 경로로 이용하는 경우가 많다. 더 많은 사람에게 노출되면 더 위험해질 수밖에 없는데 웹이 바로 그런 경우다. 최근의 애플리케이션들은 대부분 웹 기술을 기반으로 만들어지기 때문에 웹 애플리케이션의 시큐어 코딩에 충분한 투자가 필요하다.

과거 마이크로소프트의 윈도우 운영체제는 보안에 대한 충분한 고려없이 개발되었기에 수많은 취약점이 존재했다. 그로 인해 해킹이 급증하면서 고객들은 큰 불안에 떨었고, 마이크로소프트는 사업적으로 상당히 곤란한 상황에 처했다. 2002년 마이크로소프트는 전사적으로 개발자들의 작업을 일시 중단시킨 후 시큐어 코딩에 대한 집중 교육을 실시하고 'SDL(Security Development Lifecycle)'이라는 보안 중심의 개발 방법론을 도입해 위기를 극복할 수 있었다.

SDL은 소프트웨어의 보안성 및 신뢰성을 향상시키고 유지보수성을 개선하기 위한 목적의 소프트웨어 개발 프로세스로, 모든 단계에서 보안 및 개인정보 보호 요구사항을 반영한다. 마이크로소프트가 SDL이라는 용어를 사용하면서 알려지게 되었고 이후 다른 기업에도 확산되었다.

시큐어 코딩을 위해서는 먼저 분석·설계 단계에서 알려진 보안 위협과 취약점들을 고려해 필요한 보안 요구사항들을 빠짐없이 설계 내역에 반영해야 한다. 개발 단계에서 개발자는 보안 요구사항에 맞게 애플리케이션을 개발하게 되며, 마이크로포커스(Micro Focus), 체크막스(Checkmarx), 베라코드(Veracode) 등과 같은 전문 기업의 '소스코드 점검도구(Source Code Analysis Tool)'를 이용해 취약점을 점검한다.

소스코드 점검도구란 소스코드 내부에 존재하는 잠재적 취약점을 진단하고 이를 해결할 수 있도록 지원하는 도구다. 소스코드의 취약점을 점검하는 것을 '정적(Static) 분석'이라고 하며, 테스트 대상 소프트웨어를 실행해 취약점을 점검하는 것을 '동적(Dynamic) 분석'이라고 한다.

그리고 공식적인 '코드 리뷰(Code Review)' 시간을 마련해 동료 개발자와 함께 소스코드를 검토함으로써 코드의 문제점을 발견하거나 코드 품질을 개선하는 과정을 거칠 필요가 있다. 하지만 안타깝게도 코드 리뷰를 하는 국내 소프트웨어 기업은 여전히 소수에 불과하다.

테스트 단계에서는 예상 가능한 공격들을 자동화하여 테스트

한다. 각종 도구와 모의 해킹 등을 통해 취약점을 발견하고 문제를 해결한다. 운영 단계에서는 주기적으로 새로운 위협·취약점을 식별하고 그것이 애플리케이션에 미치는 영향을 분석해 대응 방안을 마련한다. 애플리케이션이 사용되는 한 위협·취약점 식별 및 대응 방안 마련은 끊임없이 반복적으로 실행되어야 한다.

최후의 보루, 데이터 암호화

아무리 철저한 보안 정책과 보안 시스템을 가동한다고 하더라도 인간의 실수나 부주의에 의해 데이터가 유출되는 사고가 발생할 수 있다. 그렇기 때문에 데이터 보호를 위한 최후의 방법은 바로 '데이터 암호화(Encryption)'를 통해 설령 데이터 유출이 발생하더라도 사이버 범죄자가 데이터를 사용할 수 없도록 만드는 것이다.

여기에서 말하는 암호화는 로그인시 입력하는 암호(Password)와는 다른 개념이다. 암호화란 누구나 읽을 수 있는 평문(Plaintext)을 특정 '암호 알고리즘(Crytographic Algorithm)'을 이용해 암호문(Cyphertext)으로 변환하는 것이다. 역으로 암호문을 평문으로 변환하는 것을 '복호화(Decryption)' 또는 '해독'이라고 한다. 암호화를 수행하기 위해서는 특별히 생성된 임의의 값이 필요한데 이를 '암호화 키(Encryption Key)' 또는 그냥 '키(Key)'라고도 한다.

안전한 서비스를 구현하는 데 필요한 암호 관련 알고리즘을 모아 놓은 것을 '암호체계(Cryptosystem)'라고 하는데, 일반적으로 암호체계에는 세 가지 알고리즘, 즉 1) 암호화 키 생성 알고리즘 2) 암호화 알고리즘 3) 복호화 알고리즘이 탑재되어 있다.

암호체계에 대한 이해를 돕기 위하여 '케르크호프스의 원리(Kerckhoffs's Principle)'를 살펴볼 필요가 있다. 케르크호프스의 원리란 암호체계의 안전성이 알고리즘이 아닌 암호화 키의 비밀성에 의존해야 한다는 것이다.[18] 즉, 이는 '암호화 알고리즘이 공개되어도 암호화 키만 잘 지킨다면 결과적으로 안전한 암호체계'를 만들어야 한다는 원리다. 네덜란드의 암호학자 케르크호프스는 무려 1883년에 이런 내용을 담은 논문을 발표했다.

지켜야 할 정보가 적을수록 더 잘 지킬 수 있으며 더 안전하다. 케르크호프스의 원리는 지켜야 할 비밀 정보를 최소화한다. 만일 정보가 유출되더라도 1) 데이터가 암호화되어 있고 2) 암호화 키가 유출되지 않았다면 결과적으로 데이터를 훔친 사이버 범죄자가 데이터를 사용할 수 없으므로 데이터는 안전한 것이다.

암호화 키를 제외한 다른 모든 내용이 알려지더라도 시스템은 안전해야 한다. 그렇기 때문에 중요한 데이

케르크호프스가 1883년에 발표한
논문의 일부[19]

터는 반드시 암호화해야 하며 암호화 키는 특히 안전하게 관리되어야 한다.

암호학자이자 정보 이론(Information Theory)의 아버지로 불리는 클로드 섀넌(Claude Shannon)은 앞에서 살펴본 케르크호프스의 원리와 같은 맥락에서 "적은 시스템을 알고 있다(The enemy knows the system)"라는 말을 남겼다. 즉, 이는 공격자들에게 시스템이 파악되는 것을 전제로 시스템을 설계해야 한다는 의미를 내포한다.

암호화 키는 각각의 키가 고유하고 예측할 수 없도록 보장하는 알고리즘을 통해 생성되는데 생성된 키가 길수록 해킹이 어렵다. 안전한 암호화를 위해 일반적으로 'AES(Advanced Encryption Standard) 256비트' 암호화 키를 사용하여 데이터를 암호화한다. AES 256비트는 미국 정부에서 인정하고 권장하는 암호화 표준으로 많은 보안 제품에 이용되고 있다. AES 256비트 알고리즘의 구체적인 내용은 고도의 기술적인 영역이므로 명칭 정도만 기억하는 것으로도 충분하다.

사례: 페이스북의 허술한 비밀번호 관리 시스템

2019년 3월 페이스북이 사용자 비밀번호 관리 시스템에서 6억 명에 달하는 사용자 비밀번호를 암호화하지 않고 평문으로 저장해 왔다는 사실이 밝혀져 업계에 큰 충격을 주었다.[20] 사용자 비밀번호를 암호화해서 저장하는 것은 보안에 있어서 기본 중의 기본이라고 볼 수 있다. 비밀번호와 같은 중요한 정보는 반드시 암호화해서 보관해야 혹시 모를 데이터 유출시에도 데이터가 악용되는 것을 막을 수 있기 때문이다.

페이스북은 이에 대해 외부자에게 데이터가 유출되지는 않았다고 밝혔지만, 페이스북의 허술한 비밀번호 저장이 2012년부터 있었고 2만 명이 넘은 페이스북 직원들이 암호화되지 않은 사용자 정보에 접근했거나 접근할 수 있는 권한을 갖고 있던 것으로 알려졌다.

이 같은 사례를 통해 우리는 거대 IT 기업조차 기본적인 보안 원칙을 준수하지 못하고 있는 현실을 잘 알 수 있다. 공격자가 모든 보안 시스템을 통과해 데이터를 탈취한다고 해도 기업의 소중한 정보를 지킬 수 있는 최후의 방법이 바로 '데이터 암호화'다. 다른 것은 몰라도 중요한 데이터는 반드시 암호화해서 지켜야 한다.

CHAPTER 6

사이버 위험 관리와
미래 전망

위험은 손실이 발생할 수 있는 가능성이며 관리가 가능하기 때문에, 전체 위험을 관리하기 위해서는 먼저 개별적인 위험을 식별하고 평가해야 한다.

위험 평가를 위한 공식은 다음과 같다.

자산 × 위협 × 취약점 = 위험

즉, 이것은 자산의 중요도, 위협의 수준, 취약점의 수준에 따라 위험이 평가되어야 한다는 의미다. 예를 들어 위협이 존재하더라도 취약점이 거의 없다면 실제로 위험은 거의 없다고 볼 수 있다. 반면에

만일 커다란 위협이 존재하면서 취약점도 많다면 위험이 큰 것이다.

사이버 위험 관리, CISO, 사이버보험

'사이버 위험 관리(Cyber Risk Management)'는 사이버상에서의 각종 위협, 즉 사이버 위협으로 인해 발생할 수 있는 기업의 잠재적 손실을 최소화하는 효율적인 방법을 찾고 실제로 구현하는 것이다.

좀 더 구체적으로 살펴보면, 사이버 위험 관리란 1) 보호해야 할 자산들을 식별한 후 각각의 자산 가치와 중요도를 파악하고 2) 보안 취약점들과 이를 악용하는 사이버 위협들의 식별 및 그것들이 미칠 수 있는 영향을 평가하고(위험 평가) 3) 평가된 위험에 대해 적절한 대응 방안을 마련하고 실행하는 일련의 행위다.

사이버 위험 관리는 일회성이 아니라 지속적이고 반복적으로 행해져야 한다. 왜냐하면 특정 시점에서 식별되고 평가되지 못한 위험이 존재할 수 있고, 시간의 흐름에 따라 하루가 다르게 새로운 위협들이 등장하는 데다 그 전에는 알지 못했던 새로운 취약점이 발견될 수도 있기 때문이다.

사이버 위험 관리를 제대로 수행하기 위해서는 이를 책임지는 고위 임원을 선임하고 적절한 보안 프로세스를 확립해야 한다. 사이버 위험을 관리하기 위한 방안을 경영의 측면에서 살펴보면, 가장 중요한 요소 중 하나는 충분한 지식과 경험을 갖춘 'CISO(Chief Information Security Officer, 국내 용어로는 정보보호최고책임자)'를 선임하는 것이다. 이제 보안은 IT 부서 차원에서만 관리하는 문제가 아니라 전사적인 문제이기 때문이다.

CISO는 데이터 보호 및 보안 시스템에 대한 책임을 지고 법적 책임과 관련 규제를 고려하여 그에 맞는 보안 정책과 사고 대응 계획을 수립하는 사람이다. 또한 보안 사고가 발생하게 되면 보안팀뿐만 아니라 경영진, 법무팀, PR팀, 마케팅팀 등을 전체적으로 지휘하고 조율함으로써 사고에 신속히 대응해야 한다.

국내에서도 CISO 법제화에 따라 많은 기업이 CISO를 선임하고 있지만, 현실을 보면 단지 규제 때문에 명목상의 CISO를 선임하거나 또는 CISO의 보안 관련 활동이 충분하지 않은 경우가 상당수에 달한다. 반드시 CISO는 실제로 보안 사고로 인한 손실을 최소화할 수 있으면서, 사고 발생 즉시 대응할 수 있는 역량을 갖추고 그에 걸맞은 권한을 위임받은 사람이어야 할 것이다.

사이버 위협으로 인한 피해가 급증하고 이와 관련된 비즈니스의 불확실성이 증대됨에 따라 보험사들도 '사이버보험(Cyber Insurance)'이라는 명칭으로 관련 보험 상품을 출시하고 있다. 사이버 보험이란 기업 및 개인 사용자를 사이버 위협으로부터 보호하기 위한 보험 상품으로 데이터 유출, 서비스 중단, 해킹 등으로 인해 발생하는 손실을 보상한다.

기업은 언제든지 평범한 해커, 범죄자, 내부자 등에 의해 피해를 입을 수 있기 때문에 사이버 위험 관리의 일환으로 사이버보험에 가입하는 것을 검토할 필요가 있다. 사이버보험은 보안 사고 이후에 복구와 관련된 비용을 지원하며 예방적인 가이드라인을 제공하기도 한다.

일정 규모 이상의 기업들에게 사이버보험 가입을 의무화하는 규제를 도입했거나 도입하려는 움직임을 보이는 국가들도 늘어나고 있다. 앞으로 사이버보험의 약관, 용어, 정의 등과 관련된 표준화 이슈를 해결하고, 사고 원인이나 피해 유형에 따른 구체적인 분석 및 이를 기반으로 한 정교한 보험 상품들이 출시되면 사이버보험 시장이 크게 성장할 것으로 예상된다. 시장조사기관 스태티스타(Statista)는 2025년 글로벌 사이버보험 시장이 200억 달러 규모에 달할 것으로 전망했다.[21]

사이버 위험을 완화하기 위해 사이버보험에 관심을 갖는 기업들이 점차 늘면서 관련 시장을 주도하기 위한 보험사들의 움직임도 빨라지고 있다. 이미 사이버보험 시장에 AIG, 처브(Chubb), 록톤(Lockton), 뮌헨리(Munich Re), 알리안츠(Allianz) 등 여러 보험사가 진출한 상태며 앞으로 경쟁이 더욱 치열해질 것으로 예상된다.

글로벌 보험사 AIG는 '사이버엣지(CyberEdge)'라는 명칭으로 사이버 위험 관리 솔루션을 제공하면서 관련 보험 상품을 판매하고 있다. 사이버엣지는 기업이 데이터 유출, 해킹, 임직원의 실수 등을 예방하고 적절하게 대응할 수 있도록 지원한다. 사이버엣지에는 보안 사고 발생시 평판 추락으로 인한 피해를 줄이는 미디어 대응, 데이터 유출이나 파괴로 인한 피해 보상, 규제 위반으로 인한 벌금 및 규제 당국의 조사 대응, 서비스 중단으로 인한 손실, 랜섬웨어 피해 복구를 위해 범죄자에게 지불한 랜섬머니 보상 등 여러 내용들이 포함되어 있다.

제품 개발시 필요한 사이버 위험 관리

디지털 기술의 사용이 가속화되고 기술의 고도화와 복잡성이 날이 갈수록 증대되면서 보안에 대한 우려도 함께 커지고 있다. 이제 사이버 위험은 더 이상 서버, PC, 모바일 기기에만 국한된 것이 아니다. 네트워크에 연결되는 기기라면 모든 제품이 사이버 위험을 고려해 개발되고 사용되어야 한다.

특히 의료기기처럼 환자의 생명과 연관이 있고 중요한 개인정보의 유출이 발생할 수 있는 제품을 다룬다면 사이버 위험 관리에 충분한 투자를 해야 한다. 예를 들어 글로벌 의료기기 컨설팅업체 이머고(Emergo)는 미국 식품의약국(FDA) 공인 표준 및 미국 연방표준기술국(NIST)의 '사이버보안 프레임워크(CSF: Cybersecurity Framework)'를 기반으로 의료기기에 대한 사이버 위험을 평가하고 관리할 수 있는 서비스를 제공한다.[22]

사이버보안 프레임워크는 미국 연방표준기술국이 국가 경제 및 안보에 중요한 핵심 인프라를 보호하기 위한 목적으로 만들었으며 사이버 위험을 관리하기 위한 표준(Standards), 지침(Guidelines), 모범 사례(Best practices) 등으로 구성되어 있다.[23]

만일 의료기기의 사이버 위험을 제대로 관리하지 못하는 경우에는 의료기기 제조사, 병원, 환자 모두가 커다란 손실을 보거나 피해를 입을 수 있다. 그렇기 때문에 의료기기의 하드웨어 및 소프트웨어에 존재하는 취약점을 식별하고 위협의 발생 가능성과 영향을 분석하는 것은 중요한 일이다.

이머고는 총체적인 사이버 위험 관리를 위해 의료기기 제조에 사용되는 부품의 잠재적인 위협까지 식별하며, 구매 절차 내의 적절한 보안 조치와 조직 내 보안 프로세스의 '성숙도 모델(Maturity Model)'도 평가한다. 성숙도 모델은 특정 분야에 대해 조직이 가진 역량을 평가하는 것으로, 성숙도가 높을수록 역량이 높고 개선의 가능성이 높다고 볼 수 있다. 성숙도 모델은 프로젝트 관리, 품질 관리, 비즈니스 프로세스 관리 등 여러 분야에서 쓰이며 대부분의 성숙도 모델은 사람, 문화, 절차, 기술 등을 종합적으로 평가한다. 마찬가지로 보안 프로세스에 대한 성숙도 모델도 조직 내 여러 요소를 종합해 평가한다.

위험에 대한 통제력을 최대화해야 한다

앞으로 4차 산업혁명이 약속하는 미래를 실현하기 위해서는 반드시 '신뢰할 만한 수준의 보안'이 전제되어야 한다. 만일 사이버 공격이 사물인터넷, 로봇, 자율주행차, 드론 등에 가해진다면 단지 기업의 손실이 아니라 커다란 사회적 손실이나 인명 피해로까지 이어질 수 있기 때문이다.

이미 사물인터넷 기기를 공격하는 악성코드 변종의 개수가 10만 종을 넘은 상태이며 매년 기하급수적으로 증가하는 추세다. 이러한 악성코드들은 감염된 사물인터넷 기기를 다른 사이버 범죄에 악용하거나 악성코드를 유포하는 숙주로 사용한다. 사물인터넷과 관련된 위협은 많은 보안 전문가가 꼽는 '미래 보안의 중요한 사이버 위협' 중 하나다. 그 외에 랜섬웨어, 사회공학, 인간의 실수(Human Error) 등이 현재는 물론이고 앞으로도 중요한 사이버 위협이 될 것으로 전망된다.

인간의 실수는 작업자의 의도하지 않은 행위, 규칙을 벗어난 행위, 작업이나 시스템의 허용한계를 벗어난 행위 등을 뜻하는데 다양한 분야에서 재해 및 각종 사고를 유발하는 주요 원인 중 하나다.

미국의 저명한 경제학자이자 위험 관리 전문가인 피터 번스타인 (Peter L. Bernstein)은 "위험 관리의 핵심은 결과에 대해 우리가 어느 정도 통제력을 가지고 있는 영역을 최대화하는 한편, 전혀 통제할 수 없는 영역을 최소화하는 데 있다"고 말했다.

앞으로 사이버 위협의 양과 질은 이전과는 비교할 수 없을 정도로 커지고 강력해질 것이다. 사고가 발생하기 전에 우리는 적절한 사이버 위험 관리를 지속적으로 수행함으로써 위험에 대한 통제력을 최대화해야 한다. 이는 기업, 정부기관은 물론이고 개인에게도 해당되는 사항이다.

우리는 테크놀로지가 약속하는 미래의 밝은 면을 이해하는 동시에 어두운 면도 이해하여 준비하고 대응할 수 있어야 한다.

PART 8
공유경제

신뢰를 기반으로 하는 공동체

CHAPTER 1

공유경제는 무엇이고
어떻게 작동하는가?

'공유경제(Sharing Economy)'의 개념에 대해 업계와 학계에서 합의된 유일한 정의는 존재하지 않는다. 여러 전문가의 주장을 종합해 보면, 공유경제란 간단히 말해 '유·무형의 자산 공유를 기반으로 만들어진 지속 가능한 경제 체제'라고 정의할 수 있다.

그런데 '공유'와 '경제'라는 말이 영리를 목적으로 하는 민간 기업을 지칭하는 데 사용하는 것이 적절한가에 대한 문제를 제기하는 사람도 있다. 논쟁의 여지가 있는 부분이다. 그렇지만 어쨌든 새로운 비즈니스 형태를 빠르게 설명하기 위해서는 새로운 용어가 필요한 측면이 있는 것도 사실이다.

유휴 용량이 높은 자산을 공유한다

공유경제는 서로 다른 조직이나 개인들이 물적·인적 자산을 거래하고 소비하는 행위들을 기반으로 이루어진다. 조직의 범위에는 기업, 정부 및 공공기관, 비영리단체 등이 모두 포함될 수 있다. 공유경제에서 다루어지는 자산의 종류에는 차량, 주택, 사무실, 주차장, 의류, 전자제품, 의료장비, 장난감, 노동력, 에너지 등 거의 모든 유·무형의 자산이 포함된다.

공유경제에서 거래 대상으로 삼는 자산은 1) 사람들의 필요성이 높은 자산이면서 2) 동시에 자산 소유자 입장에서는 사용하지 않는 유휴시간이 많고 3) 필요한 사람 입장에서는 소유하는 것보다 빌려서 쓰는 것이 효율적일수록 더 높은 가치를 지닌다.

자산 소유자 입장에서 자산의 사용빈도가 낮다는 것을 전문적인 용어로는 '유휴 용량(Idling Capacity)'이 높다고 표현하며, 이는 해당 자산이 충분히 활용되지 않고 있어 높은 잠재 가치를 지닌다는 뜻이다. 유휴 용량은 공유경제에서 사용빈도가 낮은 자산의 미개발된 경제적·사회적·환경적 가치를 설명할 때 사용하는 용어다. 유휴 용량은 물적 자산뿐만 아니라 노동력을 포함한 유·무형의 모든 자산을 대상으로 하며 '자산의 잉여 잠재력' 또는 '여분의 자산'으로 표현하기도 한다.

공유경제에서 거래가 활발히 이루어지기 위해서는 무엇보다 접근성이 높아야 한다. 이를 위해서는 수많은 참여자가 자신의 잉여 자산을 등록하고 이를 다른 이들이 검색하여 이용할 수 있는 웹사이트나 스마트폰 앱이 필요하다. 이처럼 참여자들 간의 상호작용과 거래가 이루어지는 공간을 '공유경제 서비스' 또는 '공유경제 플랫폼'이라고 한다.

공유경제 서비스들이 비즈니스적으로 다양한 형태를 띠는 것과 별개로, 기술적인 측면에서는 모두 인터넷을 기반으로 작동하며 모바일, 클라우드, 빅데이터, 사물인터넷, 인공지능 등의 각종 최신 기술을 적극 활용하는 경향을 띤다. 이처럼 인터넷을 통해 사용자들의 접근성을 높이고 최신 기술을 적극 활용한다는 점은 전통적인 렌탈 서비스와 공유경제 서비스를 구분짓는 중요한 요소 중 하나다.

전통적인 렌탈 서비스와 공유경제 서비스를 구분짓는 또 다른 중요한 요소는 바로 '공동체(커뮤니티)'다. 여기에서 말하는 공동체란 단순히 플랫폼을 통해 거래하는 사용자 집단을 물리적으로 표현한 것이 아니다. 공유경제에서의 공동체는 '참여자들이 거래에 요구되는 커뮤니케이션 이상의 상호작용을 하면서 신뢰 관계를 맺은 결과물'로서의 공동체를 의미한다. 그렇게 구축된 공유경제 공동체를 통해 사용자는 자신의 인적 사항을 공개하고, 사용 후기를 공유하고, 온라인 및 오프라인에서 다른 사용자들과 커뮤니케이션하면서 흥미로운 스토리들을 만들어 낸다. 즉, 공유경제에서 사용자는 판매자이자 소비자이면서 공동체의 가치와 신뢰를 지켜 내는 주체다.

공유경제에서 공동체의 구성원으로서 공동체를 신뢰한다는 것은 단지 감상적인 표현이 아니다. 공동체에 대한 충분한 신뢰가 있어야 자산을 소유하거나 전통적인 렌탈 서비스를 통하지 않아도 공유경제를 통해 내가 필요할 때 즉시 자산을 이용할 수 있다는 믿음을 가질 수 있으며, 이는 공유경제의 성공에 있어 상당히 중요한 요소다.

예를 들어 전통적인 숙박 서비스를 제공하는 호텔, 리조트 등과 대표적인 공유경제 기업 에어비앤비(Airbnb)를 비교해 보자. 에어비앤비는 남는 방이나 주택, 별장 등 모든 종류의 숙소를 빌려 주는데 190여 개 국가에 등록된 500만 개 이상의 숙소를 갖춘 세계 최대의 '숙박 공유(Accommodation Sharing)' 서비스다. 기존 호텔을 이용하는 사람은 단지 소비자에 불과하며 공동체의 일부라는 소속감을 느낄 수 없다. 호텔에서 판매하는 숙소를 구매한 소비자라는 상업적 관계만 존재할 따름이다. 하지만 에어비앤비의 사용자는 숙소를 구매하는 소비자이면서 경우에 따라서는 자신의 남는 방을 등록하고 빌려 주는 판매자가 될 수도 있다.

에어비앤비에 참여하는 사용자는 판매자이자 소비자로서 다른 사용자들과 커뮤니케이션하고 거래 과정에서 사회적 경험을 얻는 동시에 다른 이들에게 사회적 경험을 제공한다. 그리고 그 모든 내역은 공유경제 플랫폼 내에 축적되고 신뢰 관계에 의한 공동체를 구축하는 중요한 기반이 된다.

지금까지 살펴본 내용을 정리하면, 공유경제는 1) 사용빈도가 낮아 잠재 가치가 높은 자산을 2) 인터넷을 통해 공유함으로써 이를 필요로 하는 사람이 즉각적으로 접근할 수 있도록 하며 3) 신뢰 관계를 기반으로 하는 공동체를 구축해 거래의 선순환을 달성하는 경제 체제라고 볼 수 있다.

다만, 서두에서 밝혔다시피 공유경제는 전문가와 관점에 따라 다양한 정의가 존재할 수 있고 서비스들의 모습도 아주 다양하다는 사실을 감안하길 바란다. 여기에서 살펴본 내용을 바탕으로 공유경제의 본질을 이해하고 미래를 예측하는 토대로 삼았으면 좋겠다.

사례: 스냅카, 커먼리빙

개인이 소유한 승용차는 대개의 경우 이용하는 시간보다 이용하지 않는 유휴시간이 많으며 대부분의 시간 동안 주차장에 놓여 있는 값비싼 자산이라고 볼 수 있다. 미국 미시간대학교의 연구에 따르면, 차량은 90퍼센트 이상의 높은 유휴 용량을 지니는 것으로 나타났다.[1]

대표적인 공유경제 기업 우버(Uber)는 개인 차량으로 승객을 운송하는 '우버X' 서비스를 통해 큰 성공을 거두었다. 그런데 차량과 관련된 시장 자체가 워낙 방대하고 틈새가 많기 때문에 우버의 성공 이후에도 차량을 기반으로 하는 공유경제 기업들이 계속 등장하고 있다.

'스냅카(SnappCar)'는 네덜란드, 스웨덴, 덴마크 등 주로 유럽 지역을 기반으로 '차량 공유(Carsharing 또는 Car Sharing)' 서비스를 제공한다.* 24시간 단위로 차량을 임대하는 전통적인 렌터카 서비스와는 달리, 공유경제의 차량 공유에서는 분·시간 단위로 짧게 차량을 임대하는 것도 가능하다. 우버X의 경우 개인이 자신의 차량을 이용해 타인을 운송하는 방식인 반면에, 스냅카는 마치 렌터카처럼 이웃의 차량을 빌려서 사용하는 방식이다. 영국과 일부 국가에서는 이러한 차량 공유 서비스를 '카클럽(Car Clubs)'이라고도 한다.

스냅카는 차량 소유자와 차량을 빌리려는 이용자를 연결해 주고 보험사와 제휴해 보험도 제공한다. 스냅카에서는 기존의 전통적인 렌터카 서비스를 이용하는 것보다 30~50퍼센트 저렴하게 차량을 빌릴 수 있다. 스냅카에는 4만여 개 이상의 차량이 등록되어 있으며

스냅카에서 제공하는 차량들 [2]

---

* 국내에서는 웹사이트 접속이 막혀 있다.

운행 중 문제가 발생하면 유럽 어디서든 스냅카의 지원팀에 의해 24시간 365일 지원을 받거나 대체 차량을 제공받을 수 있다.

전 세계 대도시를 중심으로 주거비가 계속 상승함에 따라 '공유 주택(Shared Housing)'을 제공하는 스타트업들이 속속 등장하며 주목받고 있다. 공유 주택은 일반적으로 개인 방과 함께 공유 공간으로 주방, 샤워실, 화장실, 거주자들이 모일 수 있는 라운지 등을 제공한다. 개인 방 외의 공간을 공유하기 때문에 초기 및 월간 비용이 기존 임대 주택보다 저렴한 편이다. 한국과 일본에서는 '쉐어하우스(Share House)'라는 용어를 주로 사용한다.

'커먼리빙(Common Living)'은 'Common Living=공동생활'이라는 회사명과 정확히 일치하는 서비스를 제공하는 공유 주택 기업이다. 커먼리빙은 뉴욕, 샌프란시스코, 시카고, 워싱턴DC, 시애틀 등의 대도시에서 개인 방과 함께 거실, 주방, 공유 침실 등과 같은 공동생활 공간을 갖춘 주택을 제공한다.

커먼리빙은 자사의 공유 주택을 이용하는 고객들이 기존의 원룸 임대에 비해 매월 500달러 이상을 절약하고 있다고 밝혔다. 사용자는 원하는 도시, 이사 계획, 임대 기간, 예산을 입력해 커먼리빙에서 제공하는 공유 주택을 검색하고 빌릴 수 있다. 커먼리빙 주택의 개인 방에는 유명 브랜드의 가구들이 완비되어 있으며 주방에도 고급 가전과 식기 등이 모두 갖추어져 있다.

커먼리빙의 공유 주택[3]

커먼리빙은 대도시 사람들의 라이프스타일을 고려하여 특히 지원 서비스를 강조하고 있다. 매주 전문팀이 공유 공간을 청소해 주며 조리도구, 그릇, 키친타올, 소금, 식용유, 비누 등과 같은 기본적인 필수품이나 소모품들을 채워 넣고 관리한다. 커먼리빙의 지원팀은 고객의 유지보수 요청에 24시간 응대하며 커먼리빙에서 제공하는 다른 지역의 주택으로 이사하는 것도 지원한다.

무엇보다 커먼리빙은 신속한 입주 지원과 함께 커뮤니티 서비스를 강조한다. 커먼리빙 주택에 입주하면 커뮤니티에 참여해 전국의 커뮤니티 멤버들과 친구가 될 수 있다. 또한 모든 주택에는 커뮤니티 공간이 있어 이웃과 함께 식사하거나 영화 관람, 북 클럽 모임 등을 할 수도 있다.

CHAPTER 2

공유경제의 두 가지 공유 모델: B2C와 P2P

공유경제에서는 자산을 공유하고 공동체 내에서 자산이 지속적으로 순환되면서 가치를 창출한다. 공유경제 공동체에 참여한 사람은 자신이 필요할 때 자산에 접근할 수 있기 때문에 굳이 자산을 소유할 필요가 없다. 이는 궁극적으로 자원을 절감하고 사회 전반의 편익을 높인다.

자산의 보유자에 따른 공유 모델의 구분

공유경제에서는 사용자가 이용하는 자산의 보유자가 누구인가에 따라 다음과 같은 두 가지 공유 모델이 존재한다.

첫째, 'B2C(Business to Consumer)' 모델이다. 이것은 말 그대로 기업과 소비자 간 서비스로, 공유경제 서비스를 제공하는 기업이 직접 자산을 보유하면서 사용자에게 자산을 대여하고 수수료를 받는 모델이다. 이 모델에서 사용자는 자산의 소비자일 뿐 자산을 제공하지 않으며 공유경제 기업이 자산을 직접 관리하며 자산의 품질에 대해서도 책임을 진다.

아마도 이러한 유형의 공유경제 기업이 기존의 전통적인 렌탈 업체와 비교해 뭐가 다른지 의문을 품는 독자들도 있을 것이다. 합리적인 의문이다. 사실 B2C 모델의 공유경제는 전통적인 렌탈 사업의 좀 더 발전된 형태로, 서비스 이용 방식 및 과금 방식에 있어 보다 개선된 모습을 나타낸다고 볼 수 있다. 좀 더 자세한 내용은 뒤에서 사례를 통해 살펴보겠다.

둘째, 'P2P(Peer to Peer)'* 모델이다. 이것은 공유경제 서비스를 제공하는 기업이 직접 자산을 보유하지 않고, 자산을 보유한 공급자와 자산을 필요로 하는 소비자를 연결해 거래가 이루어지도록 하는 모델이다. 이때 공유경제 기업은 플랫폼으로서 장터를 제공할 뿐 자산을 보유하고 빌려 주는 주체는 개별 사용자다.

이 모델을 C2C(Consumer to Consumer)라고 하지 않고 P2P라고 하는 이유는 사용자가 단지 소비자에 머물지 않고 자산 공급자의 역할

---

* 〈Part 1. 블록체인〉에서 소개된 용어다. 블록체인에서는 P2P가 기술적인 관점에서 사용된 반면에 공유경제에서는 서비스 모델의 관점에서 사용되고 있다.

도 할 수 있기 때문이다. 사용자는 소비자가 될 수도 있고 공급자가 될 수도 있으며 둘 다 될 수도 있다. 그런 관점에서 볼 때 B2C 모델보다는 P2P 모델이 공유경제의 이상에 더 부합하는 모델이라고 볼 수 있다.

사례: 카투고 vs 튜로

두 모델의 차이점에 대한 이해를 돕기 위해 차량 공유 분야를 예로 들어 살펴보자. '카투고(Car2Go)'는 사용자에게 벤츠 세단, 벤츠 SUV, 소형차 브랜드인 스마트 등 다임러(Daimler)의 차량을 빌려 주며 진출한 여러 도시에서 무료 주차도 제공한다. 카투고는 미국을 비롯해 캐나다, 호주, 중국, 그리고 프랑스, 독일, 이탈리아, 스페인 등 유럽 여러 국가의 대도시에서 B2C 모델로 차량 공유 서비스를 제공하고 있다.

흥미로운 점은 카투고가 스타트업이 아니라 다임러의 자회사라는 점이다. 다임러는 메르세데스-벤츠, 마이바흐 등 고급 승용차의 제조사로 잘 알려진 글로벌 기업이다. 차량을 제조하여 판매하는 다임러가 차량을 빌려 주는 사업에도 공격적으로 진출한 것이다.

서비스 내용 및 회비, 이용료는 국가에 따라 차이가 있는데 미국의 경우 5달러의 가입비가 있지만 연간·월간 회비는 전혀 없다. 사용자가 선택한 패키지 종류에 따라 분·시간·일 단위로 이용료를 지불할 수 있으며 이용료에는 보험료, 주유비, 주차비 등이 모두 포함된다.

카투고가 기존 렌터카와 다른 점은 차량이 주변 거리나 지정 주차장에 있으므로, 앱을 통해 지도에서 차량의 위치를 확인한 후 차량이 있는 곳으로 가서 곧바로 차량을 이용할 수 있다는 점이다. 기존 렌터카와 달리 업체에 차량을 반납하는 절차도 필요 없다. 차량 이용이 끝나면 급유할 필요 없이 지정 장소에 차를 주차한 후 그냥 떠나면 된다. 또한 분당 계산으로 이용료를 지불할 수도 있기 때문에 도시에서 잠시 동안 차량을 빌리기에 좋다. 많은 측면에서 기존 렌터카보다 편의성이 크게 개선되었음을 알 수 있다.

카투고가 B2C 모델의 차량 공유 서비스라면, '튜로(Turo)'는 P2P 모델의 차량 공유 서비스다. 차량 소유자는 자신의 차량을 누군가에게 빌려 줌으로써 수익을 창출하고 싶다는 욕구를 갖고 있으며, 차량 대여자는 차량을 소유하는 대신 필요할 때만 빌림으로써 차량 구입 및 유지비용을 지출하지 않으려는 욕구를 갖고 있다. 튜로는 양쪽의 욕구를 연결하는 플랫폼을 제공하면서 거래 수수료를 받아 수익을 올린다. 튜로는 미국, 캐나다, 영국, 독일 등지에 있는 4,500개 이상의 도시와 300개 이상의 공항에서 서비스를 제공하고 있다.

튜로는 업계에서 대표적인 P2P 차량 공유 기업이자 세계 최초로 P2P 차량 공유 서비스를 선보인 기업이다. 튜로는 원래 '릴레이라이즈(RelayRides)'라는 이름으로 2009년 설립되었는데 2015년 거액의 투자를 유치하면서 '튜로'라는 명칭으로 변경했다. 튜로에는 20만 대 이상의 차량이 등록되어 있으며, 대여자는 평범한 승용차뿐만 아니라 고급 벤츠 차량, 클래식 VW 버스 등 850개가 넘는 다양한 차종에서 선호하는 차량을 고를 수 있다. 이는 P2P 모델이기 때문에 가능한 것으로, 기존 렌터카 업체가 이 정도의 차량 대수와 다양성을 확보하려면 엄청난 비용이 필요했을 것이다.

튜로는 저렴한 이용료를 장점으로 내세우고 있는데 기존 렌터카에 비해 35퍼센트 저렴한 비용으로 차량을 이용할 수 있다고 주장한다. 또한 튜로는 리버티뮤추얼(Liberty Mutual) 보험사와 제휴해 100만 달러까지 보장되는 보험을 제공하며 자동차 사고를 비롯해 차량의 물리적인 손상이나 도난에 대해서도 보장한다.

튜로의 거래 방식을 살펴보면, 대여자가 차량이 필요한 일정과 지역을 검색해 차량 예약을 신청하게 되면 차량 소유자에게 통보되고, 차량 소유자는 8시간 이내에 이를 승인하거나 거절할 수 있다. 대여자가 예약에 성공하면 차량 소유자를 만나 키를 건네받은 후 차량을 이용하고, 사용이 끝나면 차량 소유자에게 차량을 반환하면 된다. 튜로는 차량 소유자가 선택한 차량 보호 패키지에 따라 15~35퍼센트의 수수료를 받는다.

차량 소유자가 대여자를 직접 만나지 않고도 거래가 가능하도록 튜로는 차량 소유자가 원격에서 차량을 잠금 해제하고 운행 기록을 조회할 수 있는 '튜로 고(Turo Go)' 디바이스를 선보이기도 했다. 튜로 고는 차량에 장착하는 작은 기기로, 차량 소유자는 이를 통해 원

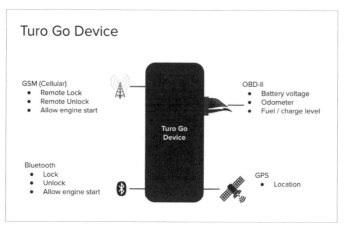

튜로 고 디바이스[4]

격에서 스마트폰으로 차량을 관리할 수 있다. 이는 공유경제와 사물 인터넷이 융합된 사례로 볼 수 있다.

튜로는 차량 소유자가 수익을 극대화할 수 있도록 지역, 시간대, 차량 가치 등과 빅데이터를 이용해 동적으로 차량 대여 비용을 결정한다. 만일 차량 소유자가 이러한 방식을 원하지 않는다면 임의로 금액을 설정할 수도 있다.

흥미로운 점은 튜로의 투자자로 아메리칸 익스프레스 등과 같은 금융기관과 함께 앞서 B2C 모델에서 살펴본 다임러가 참여하고 있다는 점이다. 다임러는 차량 공유의 B2C 모델과 P2P 모델에 모두 적극 참여함으로써 어느 쪽이 대세가 되든지 간에 해당 분야에서 앞서 나가겠다는 전략을 갖고 있는 것이다. 참고로 튜로의 2017년 투자자 중 하나로 한국 기업 SK가 참여하기도 했다.

튜로와 같은 플랫폼 비즈니스에서는 규모의 경제가 중요하며 결국 승자가 모든 것을 차지하게 된다. 그래서 공유경제 업계에서는 빠르게 규모를 키워 경쟁자를 압도하기 위한 방법으로 인수합병이 활발히 일어나고 있다. 튜로는 2013년 휠즈(Wheelz), 2015년 소셜스튜디오(SocialStudio), 2017년 크루브(Croove GmbH)를 인수해 시장 지배력을 강화했다.

튜로의 주요 경쟁 업체로는 미국 시장에서 경쟁하는 겟어라운드(Getaround)가 있으며 이외에 튜로와 유사한 서비스를 제공하는 기업으로 네덜란드, 스웨덴, 덴마크 등을 기반으로 사업을 하는 스냅카(SnappCar), 프랑스 기반의 드라이비(Drivy) 등을 꼽을 수 있다.

CHAPTER 3

부동산 공유를 통한
새로운 가치의 창출

공유경제 시장을 세부적으로 살펴보면 숙박, 주택, 주차장, 사무실, 매장 등 다양한 종류의 공간을 공유하는 서비스가 존재하는데, 여기에서는 관련 분야들을 모두 묶어서 '부동산 공유'라는 주제로 함께 살펴보도록 하겠다.

부동산은 일반인들이 보유한 재산 중 가장 값비싼 자산에 속하지만, 한편으로는 사용되지 않는 유휴공간이나 유휴시간도 많은 편이다. 전월세 가구의 소비지출에서 주거비가 높은 비중을 차지하고 자영업자들이 높은 임대료를 지출하고 있다는 것은 잘 알려진 사실이다.

모든 종류의 부동산은 공유될 수 있다. 부동산을 보유한 사람이 공유하고자 하는 욕구가 있고 해당 부동산을 필요로 하는 사람이 있다면, 양쪽을 연결함으로써 새로운 가치를 창출할 수 있다.

주목할 만한 숙박 공유 서비스들

부동산 공유를 이야기할 때 여행지의 숙소를 P2P 모델로 제공하는 '에어비앤비(Airbnb)'를 빼놓을 수 없다. 앞서 간단히 살펴본 것처럼 에어비앤비는 전 세계 1위의 숙박 공유 서비스다. 에어비앤비는 2008년 설립 후 10년 동안 무려 40억 달러에 달하는 투자금을 유치하였으며 기업 가치 또한 380억 달러를 넘어선 공유경제 업계의 대표적인 공룡 기업이다.

에어비앤비의 투자자 중에는 세쿼이아캐피털(Sequoia Capital)도 있다. 세쿼이아캐피털은 구글, 애플, 유튜브, 인스타그램 등에 투자해 큰돈을 벌어들인 유명 벤처캐피털(Venture Capital)이다. 벤처캐피털은 주로 첨단 기술 분야에서 불확실하고 위험이 따르는 기업에 투자하는 금융자본으로, 높은 성장 잠재력을 가진 초기 단계의 기업을 대상으로 투자한 후 기업이 성공하게 되면 높은 자본이득을 취한다.

에어비앤비의 독특한 점 중 하나는 빅데이터를 기반으로 호스트(집주인)에게 예상 수입을 알려 준다는 사실이다. 예를 들어 경기도 안양시에서 숙박 인원 4명이 머물 수 있는 공간을 제공할 경우 월수입 93만 원을 예상할 수 있다고 알려 주는 식이다.

에어비앤비의 인기 숙소, 멕시코의 버블 스위트2 [5]

에어비앤비에서 호스트는 예약 가능일, 요금, 숙소 이용 규칙, 게스트와의 교류 방식 등을 전적으로 결정할 수 있으며 사고에 대비한 재산 피해 보호 프로그램과 별도의 보험도 제공받을 수 있다. 에어비앤비는 게스트에게 숙소의 청결도 수준, 위치의 적합성, 셀프 체크인 여부 등과 같은 유용한 정보를 제공한다. 예를 들어 "최근 게스트 11명이 이 숙소가 티 없이 깨끗하다고 후기를 남겼습니다"라는 식이다.

'카우치서핑(Couchsurfing)'은 에어비앤비보다 앞선 2004년 설립되어 숙박 공유 분야에서 나름 유명세를 떨친 서비스다. 카우치서핑은 그 이름에서 알 수 있듯이 집주인이 여행자가 잘 수 있게끔 소파를 무료로 내주는 서비스에서 시작했다.

카우치서핑에서는 사용자를 '카우치서퍼(Couchsurfer)'라고 부르는데, 전 세계 각국에서 카우치서퍼들이 친구를 사귀고 사회적 경험을 나누기 위해 플랫폼에 참여한다. 에어비앤비, 카우치서핑과 같은 숙박 공유가 확산되면서 이제 사람들에게 숙소는 단지 여행지에서 잠만 자는 공간이 아니라 집주인과 손님 간의 친밀한 관계를 구축하고 추억을 쌓는 공간이 되었다.

물론 낯선 이를 집에 들이거나 낯선 이의 집에 머무르는 것에 따르는 위험성도 존재하는데 이에 대해서는 별도로 살펴볼 것이다.

에어비앤비가 광범위한 종류의 숙박 공유를 제공하는 서비스라면, 2014년 설립된 '세컨드어드레스(2ndAddress)'는 업무상 출장을 온 비즈니스 여행자에게 특화된 프리미엄 장기 투숙을 제공하는 서비스다. 세컨드어드레스는 미국 주요 도시에서 2,700여 개 이상의 숙소를 제공하며 숙소는 가구를 포함해 세탁기, 주방, 보안 시설 등을 갖추고 있다. 숙소는 주로 도시 내 인기 있는 주택가에 있으며 숙소 형태는 럭셔리 아파트, 다락방이나 방갈로를 갖춘 독특한 주택, 팀원들 모두가 동시에 머무르면서 협업할 수 있는 대형 주택 등 다양하다.

세컨드어드레스는 숙소 보유자들이 임대료 수입 및 숙소를 간편하게 관리할 수 있는 서비스를 제공하며, 숙소에 투숙하는 고객의 철저한 신용 체크를 통해 문제가 발생하지 않도록 해 준다. 세컨드어드레스는 값비싼 호텔보다 저렴하면서도 더 넓은 공간을 제공하기 때문에 비즈니스 여행자들로부터 좋은 반응을 얻고 있으며 구글, 페이스북, 마이크로소프트, SAP 등 여러 유명 기업에서 이용하고 있다.

세컨드어드레스가 호스트들에게 강조하는 마케팅 포인트는 신뢰할 수 있는 고품질의 비즈니스 여행자, 장기 투숙, 숙소 이용률의 극대화 등이다. 세컨드어드레스는 '호스트 보증 프로그램(Host Assured Program)'을 통해 문제 발생시 임대료를 최대 5만 달러까지 보증하고 숙소에 발생한 물리적인 피해에 대해서도 보상한다. 또한 '게스트 보증 프로그램(Guest Assured Program)'을 통해 게스트의 개인물품 파손이나 도난을 보상하며 신체적 상해는 최대 30만 달러까지 보상한다.

시장에는 세컨드어드레스처럼 특정 고객층에 특화된 숙박 공유 서비스가 많이 나와 있는데 그중 하나인 '미스터비앤비(Misterb&b)'를 문화적 다양성 측면에서 소개한다. 미스터비앤비는 LGBT+(Lesbian, Gay, Bisexual, Transgender, 기타), 즉 성소수자를 위한 에어비앤비라고 할 수 있다. 미스터비앤비에는 전 세계 135개 국가에 살고 있는 21만 명의 호스트가 참여하고 있으며, 게이 여행자를 만나 친구가 되면서 돈도 벌 수 있어 게이 커뮤니티로부터 좋은 호응을 얻고 있다. 미스터비앤비는 사업성을 인정받아 500스타트업 등 여러 유명 투자자로부터 설립 이후 4년 동안 총 1,050만 달러의 투자를 받기도 했다.

별장, 집 교환, 상점의 여유 공간, 사무실, 주차장 등 모든 부동산의 공유

별장은 꽤나 비싸면서도 유휴시간이 아주 많은 부동산이다. 별장은 소유자가 1년에 평균적으로 한 달 미만의 기간만 이용하는 반면에 구입 비용이 높고 유지비용도 계속 발생하기 때문에 공유하기에 적합한 자산이다.

'홈어웨이(HomeAway)'는 보다 고급스러운 여행을 원하는 사용자를 위해 해변가 별장, 오두막집, 콘도 등과 같은 숙소를 P2P 모델로 공유한다. 스타트업으로 시작한 홈어웨이는 온라인 여행 사이트로 유명한 익스피디아(Expedia)에 의해 2015년 11월 39억 달러에 인수되었다.

영국 런던 기반의 스타트업 '러브홈스왑(Love Home Swap)'은 휴가철에 멤버들이 서로 집을 교환하여 이용할 수 있도록 해 주는 서비스다. 러브홈스왑은 콘도 교환 서비스를 제공하는 RCI에 의해 2017년 7월 4,000만 파운드(약 580억 원)에 인수되었다.

홍콩의 스타트업 '프리드롭(Freedrop)'은 상점의 여유 공간을 공유해 여행자의 수화물을 보관해 주는 서비스를 제공한다. 여행자는 수화물을 들고 다니지 않고 편하게 여행하려는 욕구가 있으므로 수화물의 보관이 필요한 여행자는 프리드롭을 통해 수화물 보관이 가능한 장소를 검색하고 이용할 수 있다. 여유 공간이 있는 상점은 프리드롭에 참여해 공간 임대로 수익을 올릴 수 있을 뿐만 아니라, 여행자들의 상점 방문을 유도해 상품 판매 수익을 올릴 가능성도 커진다. 즉, 프리드롭은 여유 공간 공유와 상점 홍보가 결합된 비즈니스 모델을 갖고 있다고 볼 수 있다.

이외에도 시장에는 다양한 종류의 부동산 공유 서비스가 있다. 사무실이나 협업 공간(Coworking Space)을 공유하는 서비스로는 위워크(WeWork), 임팩트허브(Impact Hub), 코패스(Copass), 베타하우스(Betahaus) 등이 유명하다. 최근 들어 대도시를 중심으로 인기를 끌고 있는 협업 공간은 여러 사람이 상호 신뢰를 기반으로 자발적이고 협력적으로 공동 작업을 수행하는 공간으로, 예비 창업자나 스타트업들이 아이디어를 검증하거나 시제품을 만드는 공간으로 이용하는 경우가 많다.

주택의 차고 진입로 등과 같은 남는 공간을 주차장으로 공유하는 서비스도 있는데 '저스트파크(JustPark)'가 대표적인 사례다. '캠프스페이스(CampSpace)'는 집의 마당을 캠핑 장소로 공유한다.

'위아팝업(WeArePopUp)'은 다른 이가 팝업스토어(Pop-up Store)를 열 수 있도록 매장의 여유 공간을 공유한다. 팝업스토어는 일반적으로 3일에서 3개월의 짧은 시간 동안 유동인구가 많은 장소에서 선보이는 임시 매장으로, 새로운 시장을 테스트하거나 신제품 홍보, 인지도 제고, 협업 등의 목적으로 사용한다.

CHAPTER 4

교통수단과 각종 물건은
어떻게 공유되는가?

일반적으로 사람들이 소유한 자산들 중에서 부동산 다음 가는 값비싼 자산이 바로 자동차다. 자동차는 소유하는 것만으로도 상당한 비용을 지출하는 일이기 때문에 차량 공유 서비스를 이용함으로써 많은 비용을 줄일 수 있다.

자동차뿐만 아니라 스쿠터, 자전거, 선박, 비행기 등 다양한 교통수단(Transportation)이 공유될 수 있으며 세상의 모든 물건도 마찬가지로 공유될 수 있다.

자동차, 스쿠터, 자전거, 선박, 비행기를 공유하는 서비스들

차량은 공유함으로써 개인뿐만 아니라 사회적으로도 많은 이득을 볼 수 있는 대표적인 자산이다. P2P 차량 공유 기업 중 하나인 겟어라운드(Getaround)에 따르면, 미국에는 2억 5,000만 대의 차량이 있는데 평균적으로 하루 유휴시간이 22시간에 달하며 연평균 유지비용이 8,000달러를 넘는 것으로 나타났다.[6] 미국 UC 버클리대학교의 연구 결과, 공유된 차량 1대가 9~13대의 차량을 대체할 수 있는 것으로 나타났다.[7]

앞서 살펴본 튜로, 스냅카 등은 차량 보유자가 대여자에게 자신의 차량을 운전하도록 키를 내어 주는 P2P 방식의 '차량 공유(Carsharing 또는 Car Sharing)' 서비스를 제공한다. 반면에 우버X(UberX), 리프트(Lyft), 중국의 디디추싱(滴滴出行, Didichuxing), 동남아시아의 우버라 불리는 그랩(Grab) 등은 차량 보유자가 자신의 차량을 직접 운전해 승객을 목적지까지 태워 주는 P2P 방식의 '승차 공유(Ridesharing 또는 Carpool)' 서비스를 제공한다.

우버는 우버X 서비스로 전 세계 각지에서 큰 화제가 되었으며 설립 후 10년 동안 242억 달러가 넘는 투자를 유치하고, 기업 가치도 1,200억 달러가 넘는 것으로 평가받은 공유경제의 대표 기업이다. 우버X 외에도 인기 레스토랑의 음식을 배달해 주는 '우버이츠(Uber Eats)' 서비스를 통해 우버 드라이버들은 승객을 태울 뿐만 아니라 음식도 배달한다. 또한 우버는 기업고객이 우버를 기업 활동에 사용할 수 있도록 임직원들을 위한 공항 이동 서비스, 고객을 위한 차량 제공 서비스 등 기업에 특화된 비즈니스 서비스를 제공하며, 기업고객은 이를 이용해 비용을 절감하고 경비처리 절차를 간소화할 수 있다.

호주의 스타트업 '스프렌드(Splend)'는 차량이 없는 사람들이 우버 X를 통해 승객을 운송하거나 우버이츠로 음식을 배달해서 돈을 벌 수 있도록 우버 드라이버들을 위한 차량 임대 서비스를 제공한다. 스프렌드는 기본적으로 경제적인 차량 이용과 이를 통한 사용자의 우버 수익 극대화에 사업의 초점을 두고 있다. 이를 위해 스프렌드는 사용자에게 세차, 보험, 세금 및 회계 처리, 해외 송금 할인 등의 각종 지원 서비스를 제공한다. 사용자는 차량을 임대하여 우버로 수익을 창출하다가 더 이상 차량이 필요하지 않은 경우에는 곧바로 차량을 반납할 수 있다.

스프렌드는 차량을 임대한 사용자가 수익을 극대화할 수 있도록 'MSR(Member Success Representative)'이라는 명칭의 전문가를 지정해 코칭을 받을 수 있도록 하며, 다른 사용자를 만나 우버 수익 증대 방법을 배울 수 있는 정기적인 멤버 행사도 개최하고 있다. 또한 멤버 보상 프로그램으로 주유 상품권, 영화 티켓 등을 제공하거나 스포츠 이벤트를 개최하기도 한다.

스쿠터를 사업 아이템으로 삼은 공유경제 기업도 있다. '라임(Lime)'은 전동 스쿠터, 전동 및 수동 자전거 등을 공유하는데, 이런 서비스를 전문적인 용어로 '퍼스트·라스트 마일 교통수단(First and Last Mile Transportation)' 공유 서비스라고 표현한다. 이는 스쿠터나 자전거가 최종 목적지에 도착하기 위한 여정에서 가장 먼저 이용하거나 가장 마지막에 이용하는 교통수단이라는 뜻에서 붙은 명칭이다.

자동차 대신 스쿠터나 자전거를 이용하게 되면 '탄소 발자국(Carbon Footprint)'을 줄이는 데도 기여할 수 있다. 탄소 발자국은 지구온난화의 주범인 온실가스(이산화탄소)가 인간 활동 과정에서 얼마나 많이 배출되는지의 정도를 표시한 것으로, 개인 또는 단체가 직간접적으로 발생시키는 온실가스의 총량을 의미하며, 온실가스를 효과적으로 관리하기 위한 지표로 사용된다.

라임은 '라임팟(LimePod)'이라는 명칭의 자동차 공유 서비스도 제공한다. 평소에는 라임의 스쿠터와 자전거를 이용하다가 날씨가 안 좋거나 거리가 멀 때에는 라임팟을 이용하라고 권유한다. 이를 통해 라임이 모든 교통수단을 공유하겠다는 야심찬 사업 전략을 갖고 있음을 알 수 있다.

라임이 스쿠터로 시작해 자동차 공유로 사업을 확대했다면 우버는 스쿠터 공유를 사업 목록에 추가했다. 라임은 설립된 지 채 2년도 안 돼 구글, 베인 캐피털 등 여러 유명 투자자로부터 7억 달러가 넘는 거액의 투자를 유치했다.

라임 외에도 시장에는 스핀(Spin), 시티스쿠트(Cityscoot), 버드(Bird), 스쿠트네트웍스(Scoot Networks) 등의 여러 스쿠터 공유 서비스가 존재한다. 스핀은 2018년 11월 미국 자동차 기업 포드(Ford Motor Company)에 의해 1억 달러에 인수되었다. 시티스쿠트는 프랑스 스타트업으로 프랑스, 이탈리아 등지에서 사업하고 있다.

우리가 흔히 이용하는 보통의 교통수단뿐만 아니라 탈 것이라면 종류에 상관없이 무엇이든 공유될 수 있다. 예를 들어 요트는 개인이 보유한 자산 중 사용빈도가 꽤나 낮으면서 상당히 값비싼 자산이다. 물론 대부분의 사람은 보유하고 있지 않은 자산이기도 하다. 하지만 이제는 요트도 공유경제에서 공유되는 자산이다. '보트세터 (Boatsetter)'는 낚시, 해양 스포츠, 각종 행사, 크루즈 여행 등을 위해 선박을 빌려 준다.

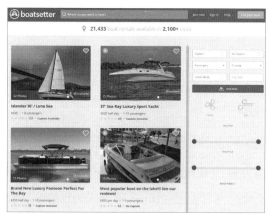

보트세터에서 빌릴 수 있는 선박들[8]

마찬가지로 비행기도 공유경제의 자산이다. '윙글리(Wingly)'는 비행기 조종사가 목적지 및 남는 좌석을 등록하면 이를 원하는 사용자가 함께 탑승해 이동할 수 있는 서비스를 제공한다.

상거래 이상의 사회적 경험을 공유하다

공유경제에서는 사실상 모든 종류의 물건이 공유될 수 있다. 예를 들어 미국의 '체그(Chegg)'는 학생들을 대상으로 하는 전공서적 공유 서비스다. 체그는 2007년 설립 이후 2억 8,970만 달러의 투자를 유치하였으며 사업적인 성공을 바탕으로 뉴욕 증권거래소에 상장해 약 40억 달러에 달하는 기업이 되었다.

'포시마크(Poshmark)'는 중고 의류, 신발, 핸드백 등 각종 패션 제품을 사용자들 간에 거래하는 일종의 장터 서비스다. 포시마크에서 물품을 팔려는 사람은 스마트폰에서 바로 물품 사진을 찍어 자신의 클라우드 옷장에 등록할 수 있다. 판매자는 등록한 물품 목록을 소셜미디어를 통해 공유할 수 있으며 더 많이 공유할수록 판매할 가능성이 더욱 높아지게 된다. 거래가 성사되면 판매자는 포시마크의 배송 시스템을 이용해 손쉽게 발송하고 수익을 얻을 수 있으며 거래금액의 20퍼센트를 수수료로 지불하게 된다.

포시마크의 특징은 나이키, 아디다스, 빅토리아 시크릿, 제이 크루

등의 유명 브랜드를 비롯해 루이비통, 구찌 등 소위 명품 브랜드의 제품들을 전면에 내세우고 있다는 점이다. 비록 중고 물품이지만 갖고 싶었던 유명 브랜드 제품을 저렴한 가격에 구할 수 있다는 점이 소비자들에게 큰 매력 포인트로 작용하고 있다.

구매한 물품은 빠른 배송을 통해 2일 만에 받아볼 수 있다. 구매한 물품이 싫증나거나 필요 없어지면 다시 포시마크를 통해 판매하면 된다. 이처럼 포시마크에서의 거래는 물품을 판매하고 구매하는 형태이긴 하지만, 사실상 물품이 플랫폼 내에서 계속 순환되면서 소비되는 형태다. 포시마크의 사용자는 판매자이면서 동시에 소비자다.

포시마크의 주된 특징 중 하나는 단순히 장터만 제공하는 것이 아니라 고도의 개인화 알고리즘을 통해 개인이 선호할 만한 물품을 추천해 준다는 점이다. 개인이 자신의 클라우드 옷장에 등록한 물품들과 그가 검색한 물품들을 통해서 취향을 정확히 파악할 수 있기 때문이다.

포시마크의 공유경제 기업으로서의 특성은 '공동체'를 강조하는 측면에서 여실히 찾아볼 수 있다. 포시마크에서 거래된 물품은 공동체에서 순환되면서 이용된다. 포시마크에는 수많은 패션 리더가 판매자로 참여하고 있으며, 그들은 자신의 패션 스타일을 판매할 뿐만 아니라 구매자들을 위한 패션 가이드도 해 주고 있다.

포시마크에서 판매자와 구매자는 온라인뿐만 아니라 오프라인에서도 서로 연결되어 쇼핑 이상의 사회적 경험을 주고받는 상호작용을 하며 포시마크는 이를 중요한 가치로 강조하고 있다.

CHAPTER 5

노동력과 전문성을
공유하는 공유경제

공유경제에서 공유되는 자산의 종류에는 물리적인 실체가 존재하는 유형의 물적 자산뿐만 아니라 무형의 인적 자산도 포함된다. 현실에서 물적 자산이 제대로 활용되지 못하고 많은 낭비가 발생하고 있듯이 인적 자산도 마찬가지로 충분히 활용되지 못하고 있다.

이케아는 왜 공유경제 스타트업 태스크래빗을 인수했을까?

개인이 자신의 노동력이나 전문성을 등록하고 다른 사람들이 그러한 인적 자산을 빌려서 이용하는 공유경제 서비스를 해외에서는

'전문가 서비스(Professional Services)'라고 하며 국내에서는 '공유 노동 서비스'라는 표현을 사용하기도 한다.

'썸택(Thumbtack)'은 미국에서 가장 인기 있는 전문가 서비스 중하나로 청소, 주택 수리, 인테리어 등의 각종 작업을 비롯해 마술사, 반려동물 훈련 전문가, 배관공, 정원사, 요리사, 작가, 결혼식 사진사, 바텐더, 플로리스트, 요가 강사, DJ, 건축가, 메이크업 아티스트 등무려 1,000여 개에 달하는 다양한 카테고리의 전문가와 이를 필요로 하는 사용자를 연결해 준다.

전문가를 필요로 하는 사용자는 자신이 필요한 작업을 등록해 입찰을 받은 후 원하는 전문가를 선택해 일을 맡길 수 있다. 전문가는 썸택에 자신의 전문 분야에 대한 프로필을 작성해 등록하고 고객이 원하는 작업에 대한 견적을 제공할 수 있다. 썸택은 전문가들이 썸택 플랫폼을 이용해 언제든지 고객을 컨택할 수 있기 때문에 영업에 대한 부담을 줄일 수 있다고 강조한다.

썸택은 2008년 설립 이후 10여 년 동안 세쿼이아캐피털, 캐피털G 등 여러 투자자로부터 총 3억 달러에 가까운 투자를 유치하고 높은 기업 가치를 인정받아 '유니콘(Unicorn)' 기업이 되었다. 참고로 유니콘 기업은 10억 달러(한화로는 1조 원)가 넘는 기업 가치를 지닌 스타트업을 뜻하는 업계 용어다. 기업 가치가 100억 달러 이상 가는 스타트업은 데카콘(Decacorn)이라고 하며 1,000억 달러가 넘는 스타트업은 헥토콘(Hectocorn)이라고 한다.

썸택과 유사한 사업 모델을 가진 서비스로는 태스크래빗(TaskRabbit), 핸디(Handy), 잘리(Zaarly) 등이 있다. 2008년 창업된 '태스크래빗(TaskRabbit)'은 태스커(Tasker)라 명명한 노동력 제공자와 이를 필요로 하는 소비자를 연결하는 서비스를 제공해 큰 주목을 받았다. 태스크래빗은 2017년 9월 이케아(IKEA)에 의해 인수되었는데 인수금액은 공개되지 않았다.

북미와 유럽에서는 많은 사람이 조립형 가구를 구매한다. 국내에서도 이케아가 시장에 진출한 후 조립형 가구 판매가 크게 늘었다. 이케아는 조립형 가구를 비롯해 각종 생활용품 판매로 연매출 400억 달러를 올리는 거대 기업이다. 가구 조립이 어떤 사람들에게는 매우 어렵거나 귀찮은 작업인데, 이케아는 가구 조립을 대행해 주는 서비스로 태스크래빗을 낙점한 것이다. 이케아가 태스크래빗을 인수하기 전에 두 업체는 이미 영국에서 가구 조립과 관련된 제휴를 맺고 있었다.

태스크래빗 인수 후 이케아의 CEO는 "빠르게 변화하는 소매 환경에서 고객의 요구를 충족시키는 유연하고 저렴한 서비스를 제공하기 위한 방법으로 태스크래빗을 인수하게 되었다"고 밝혔다.[9] 실제로 태스크래빗에서 가장 수요가 많은 작업은 테이블·책상 조립, TV 또는 거울 설치, 트럭으로 상자 운반, 사무실·주택 이사, 층간 가구 이동, 정원 가꾸기, 조명기구 수리, 침실 페인트 칠 등이다. 이러한 내용을 통해 인기 있는 작업 항목들이 국가별 주거 문화 및 생활 환경과 밀접한 관계를 맺고 있음을 알 수 있다.

2012년에 설립된 '핸디(Handy)'는 썸택의 경쟁 업체 중 하나로, 소매업체 월마트와 제휴하기도 했는데 2018년 10월 나스닥 상장 업체 ANGI 홈서비스(Homeservices)에 의해 인수되었다. ANGI 홈서비스의 CEO는 "핸디를 인수함으로써 모든 종류의 가정용 서비스를 제공하는 비즈니스를 더욱 가속화할 수 있게 되었다"고 밝혔다.[10]

국내에도 쿠팡 플렉스, 숨고, 오투잡 등 인적자산을 공유하는 서비스들이 있으며 일부는 썸택을 벤치마킹했다고 공공연히 밝히고 있다. 하지만 인적 자산 기반의 국내 공유경제 시장은 여전히 초기 단계에 불과하므로 국내 시장이 앞으로 어떻게 전개될지는 좀 더 지켜볼 필요가 있다.

반려동물을 위한 공유경제 서비스

'로버(Rover)'는 "We're The Dog People"이라는 슬로건을 내세우며 미국 및 캐나다의 여러 도시에서 반려동물을 돌보는 서비스를 제공하고 있다. 로버에서 반려동물을 돌보는 사람을 시터(Sitter)라고 하며 시터가 하는 일은 개나 고양이를 맡아서 돌보기, 고객의 집에 방문해서 돌보기, 개 산책시키기 등이다.

고객이 시터에게 반려동물을 맡기면 시터는 로버 앱을 통해 반려동물이 어떻게 지내는지에 대한 정보와 함께 산책하는 사진이나 동영상, 배변을 얼마나 했는지 등의 내용을 고객에게 알려 준다. 로버에서 가장 높은 수익을 올리고 있는 서비스는 시터가 개나 고양이를 맡아 자신의 집에서 숙박을 제공하는 것이다. 이는 반려동물을 위한 에어비앤비라고 볼 수 있으며 반려동물을 두고 출장이나 여행을 가야 하는 사람들이 많이 이용한다.

로버는 등록을 신청한 시터로부터 상세한 프로필 및 개인정보를 제공받아 내부 전문가 그룹에 의해 심사를 하는데 승인율이 20퍼센트에 불과할 정도로 까다로운 편이다. 로버는 20만 명에 달하는 시터를 보유하고 있으며 사용자 리뷰의 95퍼센트가 별5개에 달할 정도로 사용자 만족도가 높은 편이다. 모든 서비스에는 '로버 개런티(Rover Guarantee)'라는 명칭으로 보험이 적용되어 문제가 발생하는 경우에도 대비하고 있다.

시터는 자신이 일할 수 있는 시간대와 원하는 비용, 선호하는 반려동물의 크기와 나이 등을 등록할 수 있다. 고객 만족만큼 시터 만족도 중요하기 때문에 로버는 시터를 위한 비즈니스 관리 기능, 수의사 지원을 포함한 24시간 응대 서비스, 시터 교육 프로그램 등의 다양한 지원을 하고 있다.

로버는 한때 경쟁 업체였던 독베케이(DogVacay)를 2017년 3월 인수하고 영국의 스타트업 독버디(DogBuddy)도 2018년 10월 인수했다. 2011년에 사업을 개시한 로버는 설립 후 7년 만에 스파크 캐피털, TCV 등 여러 투자자로부터 총 3억 달러가 넘는 투자를 유치했으며 전 세계에서 가장 유명한 반려동물 시터 서비스가 되었다.

개발 환경까지 제공하는 공유경제 서비스

'포스트메이츠(Postmates)'는 미국 내 약 250개 도시에서 공유경제 기반 배달 서비스를 제공하는 스타트업이다. 포스트메이츠를 통해 고객은 레스토랑의 음식이나 상점의 물품에 대한 주문형 배송을 요청할 수 있다. 이 같은 고객의 요청을 수락하고 음식이나 물품을 배달하는 사람을 포스트메이트(Postmate)라고 하며 약 35만 명 이상이 참여하고 있다.

포스트메이트로 일할 사람은 18세 이상이어야 하고 자전거, 승용차, 트럭, 오토바이 중 하나의 이동수단과 운전면허증을 보유하고 있어야 한다. 포스트메이트는 자신이 일할 시간을 선택할 수 있고 시간당 약 25달러의 수입을 올릴 수 있다.

고객이 주문을 하면 포스트메이츠는 거리와 시간을 고려해 가장 빨리 배달할 수 있는 포스트메이트에게 주문을 할당하며, 고객은 배달 현황을 스마트폰 앱의 지도에서 실시간으로 확인할 수 있다.

고객이 사용하는 앱과는 별개로 포스트메이트에게는 '포스트메이츠 플릿(Postmates Fleet)' 앱이 제공된다. 포스트메이트는 이를 이용해 주문이 많은 지역 및 시간대를 파악하고 미리 해당 지역과 시간대에 대기할 수 있다. 포스트메이츠에서는 식료품 배달 주문이 많기 때문에 포스트메이트의 신분 확인을 거쳐 계정이 성공적으로 등록되면 웰컴킷으로 배달 가방과 선불카드가 제공된다.

포스트메이츠는 2011년 설립되었으며 설립 7년 만에 총 7억 달

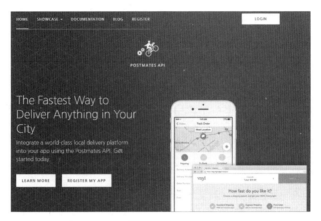

포스트메이츠의 개발자 사이트[11]

러에 달하는 투자를 유치했다. 포스트메이츠의 성공 포인트에 있어서 주목할 만한 사실은 포스트메이츠가 단지 상거래 애플리케이션을 제공하는 데 그치지 않고, 개발자 사이트를 통해 API(Application Programming Interface)를 제공함으로써 외부 업체가 자신의 웹사이트나 스마트폰 앱에 손쉽게 포스트메이츠의 배달 기능을 탑재할 수 있도록 했다는 점이다.

이를 이용해 기존에 배달을 제공하지 않던 업체들도 손쉽게 고객에게 배달 서비스를 제공할 수 있게 되었다. 예를 들어 뉴욕의 의류 매장 에버레인(Everlane)은 포스트메이츠를 이용해 의류를 주문한 고객에게 1시간 이내 배송을 제공하고 있다. 포스트메이츠의 배달 기능을 탑재하는 방법과 관련 문서는 모두 개발자 사이트에 공개되어 있으며 하루나 이틀이면 개발문서를 살펴보고 통합할 수 있을 정도로 간단한 편이다.

고도의 전문성을 거래하는 공유경제 서비스

최근에는 보다 높은 전문성을 가진 인력을 연결해 주는 서비스도 인기를 끌고 있다. 미국의 스타트업 '힐(Heal)'은 1년 365일 의사의 왕진(Doctor house call)을 예약할 수 있는 서비스다. 고객은 의사의 프로필을 살펴볼 수 있으며 자택이나 사무실 등 원하는 장소로 의사의 왕진을 요청할 수 있다. 비용은 제휴된 건강보험으로 처리할 수 있고, 보험이 없을 경우에는 자비로 부담해야 하지만 미국의 의료 환경을 감안하면 저렴한 편이다.

'사이언스 익스체인지(Science Exchange)'는 동식물, 화학, 식품, 약물, 의료기기 등 여러 분야에서 실험 및 연구개발(R&D)을 필요로 하는 고객이 관련 분야의 과학자들을 통해 문제를 해결할 수 있도록 해 주는 일종의 과학자 공유 서비스다.

사이언스 익스체인지의 연구개발 서비스 장터에는 2,500명 이상의 과학자 및 여러 연구기관이 등록되어 있다. 프로젝트를 의뢰하려는 고객은 여러 과학자로부터 견적서를 받은 후 원하는 이를 골라 프로젝트를 맡길 수 있다. 계약이 체결되면 사이언스 익스체인지의 플랫폼을 통해 서로 커뮤니케이션을 하면서 자료를 교환하고 프로젝트의 진행 상태를 점검할 수 있다.

프로젝트의 모든 과정은 사이언스 익스체인지의 표준화된 프로세스를 통해 이루어지기 때문에 불필요한 절차나 낭비되는 시간 없

사이언스 익스체인지의 대시보드 [12]

이 효율적인 협업이 가능하며 데이터 보안이나 컴플라이언스 요건도 충족한다. 또한 의뢰자는 다수의 과학자들을 대상으로 동시에 여러 프로젝트를 진행하면서 대시보드를 통해 종합적으로 프로젝트를 관리할 수 있으며, 결과물 분석을 위해 사이언스 익스체인지가 제공하는 데이터 분석 도구도 이용할 수 있다.

사이언스 익스체인지에 참여한 과학자의 입장에서는 사이언스 익스체인지를 통해 보다 손쉽게 고객을 확보할 수 있고, 또한 사이언스 익스체인지의 표준화된 프로세스와 시스템을 통해 견적 및 계약, 의뢰자와의 협업, 비용 정산이 이루어지기 때문에 연구개발에 집중할 수 있다는 장점이 있다.

일본에서는 의사의 유휴시간을 활용하는 서비스가 등장해 주목을 받고 있다. 일본의 '메디컬체크스튜디오(Medical Check Studio)'는 유휴시간이 있는 지방 병원 전문의, 육아휴직 중인 의사 등과 계약을

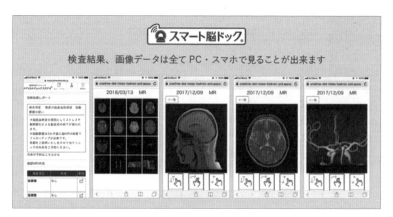

메디컬체크스튜디오의 뇌 진단 시스템[13]

맺어 저렴한 비용으로 뇌 정밀 진단 서비스를 제공한다. 특히 메디컬체크스튜디오는 방사선과, 순환기내과, 뇌신경외과 전문의 3명이 순차적으로 진단하는 시스템을 도입해 높은 정확도를 구현하면서도 비용은 기존 방법 대비 절반 이하로 낮춰 호평을 받았다.

CHAPTER 6

공유경제의 이슈와 전망: 사회적 혼란, 고용관계, 융합 비즈니스

공유경제는 기존의 시장 질서를 파괴하고 새로운 질서를 구축하는 '파괴적 혁신'이기 때문에 기본적으로 사회문화적 환경 및 법제도에 의해 상당한 영향을 받는다. 그로 인해 각 국가가 처한 상황에 따라 공유경제의 다양성과 활성화 수준에 있어 적지 않은 차이가 발생하고 있다.

지금부터 공유경제 이슈를 사회적 혼란, 법제도의 정비, 새로운 고용 관계라는 관점에서 정리해 보고, 마지막으로 미래형 공유경제 서비스 사례를 살펴보도록 하겠다.

우버화와 우버겟돈

공유경제는 자산을 보유한 이와 자산을 필요로 하는 이를 연결함으로써 남아도는 자산을 효율적으로 공유하고, 이러한 거래 과정에서 양측 모두 이득을 보는 것이 핵심인 비즈니스 모델이다. 우버는 이 같은 모델을 성공적인 서비스로 구현해 공유경제의 대명사가 되었고, 그에 따라 공유경제가 산업 전반으로 확산되는 현상을 '우버화(Uberisation)'라고 부르기도 한다.[14] 반면에 세계 각국에서 정부, 기존의 전통적인 사업자, 공유경제 기업들이 충돌을 빚어 이해관계자들 간에 갈등이 폭발하고 커다란 사회적 혼란이 발생하는 것을 '우버겟돈(Ubergeddon: Uber + Armageddon)'이라고 표현하기도 한다.[15]

공유경제는 기본적으로 기존 시장의 작동 방식에 의문을 제기하면서 오랜 관행을 파괴하고 시장을 새로운 단계로 이끄는 성격을 가지는데, 그로 인해 기존 업계와 새로운 공유경제 기업 간에 갈등이 발생하는 경우가 많다. 그렇기 때문에 정부가 올바른 리더십을 발휘하여 사회적 합의를 이끌어 냄으로써 공유경제 시대에 맞는 법제도를 마련하여야 한다. 그렇지 못할 경우에는 아예 사업 자체가 불가능할 수도 있다. 설령 사업이 가능하다고 하더라도 관련 법제도가 미비할 경우에는 이해관계자들 간의 갈등이 증폭되거나 소비자 보호의 취약성이 존재하며, 기존 사업자들의 반발과 소비자 피해 등으로 인해 다양한 사회적 혼란이 발생할 수 있다.

그렇다면 기존 사업자들을 보호한다는 명목으로 규제를 통해 공유경제 서비스를 아예 하지 못하도록 막는다면 어떨까? 그것은 바람 직하지 않은 일이다. 무엇보다 공유경제는 이미 전 세계적인 추세일 뿐만 아니라, 유휴자산의 효율적인 활용으로 인한 1) 사용자의 비용 절감 및 편리성 증대 2) 자산 공급자의 수익 증대 3) 자원 절감 및 환경오염의 감소 등 공유경제가 가져다 주는 명백한 '사회적 편익'이 존재하기 때문이다.

이해관계자들 간의 갈등 양상과 법제도의 문제는 국가마다 업종마다 다를 뿐만 아니라 시시각각 변하고 있기 때문에 여기에서 구체적인 현황을 다루지는 않겠다. 관련 뉴스의 검색을 통해 가장 최근의 상황을 파악해 보는 것을 추천한다.

정리하자면, 공유경제 시대에 대응하기 위한 요건으로 1) 자국의 산업적·사회문화적 환경을 고려한 공유경제의 장점 및 부작용 연구 2) 그러한 연구를 기반으로 한 정부의 올바른 리더십 발휘와 기존 사업자·공유경제 기업·사용자(시민) 간의 사회적 합의 3) 그러한 사회적 합의에 기반한 적절한 법제도 및 정책의 마련을 꼽을 수 있다.

긱 경제의 빛과 그림자

기존 사업자와 공유경제 기업 간의 이해관계 충돌 외에도 중요한 이슈가 있다. 그것은 바로 공유경제를 '긱 경제(Gig Economy)'의 관점에서 보았을 때 일자리의 품질에 대한 논란이다.

원래 긱은 '무대 공연'을 뜻하는 말로, 공연을 위해 필요한 연주자들을 공연장 근처에서 임시로 섭외한다는 의미를 내포하고 있다. 공유경제에서는 노동이 긱으로 변했다는 의미에서 긱 경제라는 용어를 사용한다. 한국에서는 '긱 이코노미', '기그 경제', '기그 이코노미' 등 다양한 표기가 뒤섞여 사용되고 있다.

긱 경제는 주로 노동력을 거래하는 공유경제 서비스의 어두운 측면을 논할 때 사용되는 경향이 있다. 긱 경제의 관점에서 살펴보면 태스크래빗, 핸디 등과 같은 인적자산 기반의 공유경제 서비스에 참여한 노동력 제공자는 서비스를 운영하는 플랫폼 기업과 정식으로 직접 고용 계약을 맺고 있지 않다.

긱 경제에서 노동력 제공자는 자신이 일하고 싶은 시간에 일하고 일한 만큼 돈을 버는데, 이를 긍정적인 관점에서 보면 개인이 돈을 벌 수 있는 기회가 늘어나고 일자리 선택 및 노동 시간의 유연성이 높다는 장점이 있다. 이것이 긱 경제 찬성론자들의 관점이다. 반면에 긱 경제 반대론자들은 이는 결국 기업이 사람들을 싼 값에 이용하면서 정식 고용에 따르는 모든 부담 및 세금을 회피하는 것에 불과하며 나쁜 일자리를 확산시킬 뿐이라고 주장한다.

균형 잡힌 시각은 긱 경제에 이러한 빛과 그림자가 공존한다는 사실을 인정하는 것이라고 볼 수 있다. 공유경제에서 개인은 더 이상 수동적인 소비자가 아니라 생산도 하고 판매도 하면서 소비도 하는 공동체의 일원이다. 즉, 개인을 어떤 한 가지 측면에서만 바라보게 되면 협소한 결론에 도달할 수도 있는 것이다.

지금까지 세계 각국의 정부와 노동 전문가들은 '대안적 고용관계(Alternative employment arrangement)'에 대해 지속적으로 연구해왔다.[16] 대안적 고용관계란 전통적인 전일제 직접 고용을 제외한 직접 고용 방식의 시간제 근로, 간접 고용 방식의 용역 근로, 파견 근로, 일용 호출 근로, 독립 도급 근로 등의 일자리를 의미한다. 그런데 공유경제에서 노동력을 제공하는 사람들과 공유경제 기업 간의 새로운 고용관계에 대해서는 거의 연구가 이루어지지 않았으며 대부분의 국가에서 관련 법제도나 정부 정책이 미비한 상황이다.

공유경제에서 노동력을 제공하는 사람들의 수는 계속 늘고 있는데 이는 자연스러운 현상이자 거스를 수 없는 추세라고 볼 수 있다. 공유경제의 확산은 앞으로의 경제 시스템이 더 이상 과거와 같은 제품 구매 형태, 고용 형태만으로는 운영될 수 없으며 개인, 기업, 국가 모두 전면적인 변화 요구에 직면하고 있음을 보여 준다.

앞으로 공유경제는 점점 더 많은 산업으로 확대돼 나가면서, 한편으로는 전통적인 시장과 관행을 파괴하고 한편으로는 산업을 재창조해 나갈 것이다. 우리는 과연 공유경제의 거대한 흐름을 회피할 수 있을까? 회피할 수 없다면 선도해 나가야 할 것이다.

공유경제와 블록체인의 융합

공유경제는 모든 산업에서 응용될 수 있다. 에너지 산업에서의 응용 사례로, 태양광으로 생산한 전력을 블록체인을 통해 거래하는 '브루클린 마이크로그리드(Brooklyn Microgrid)' 프로젝트를 살펴보자.[17]

마이크로그리드란 기존의 거대한 전력 시스템으로부터 독립된 소규모의 전력 시스템을 의미한다. 기존의 전력 시스템이 발전소에서 소비자에게 전력을 공급하는 단방향의 시스템이었다면, 마이크로그리드는 소비자들이 전력을 생산하고 소비도 하는 양방향의 시스템이다.

브루클린 마이크로그리드는 미국 뉴욕의 브루클린을 기반으로 태양광 에너지 시스템에 블록체인을 결합해 이웃끼리 거의 실시간으로 에너지를 거래하고 공유할 수 있도록 했다. 태양광 패널로 전력을 생산하는 가정은 스마트 계측기를 통해 자동으로 블록체인에 데이터를 기록하고 남는 전력을 지역 발전소에 판매할 수 있다. 태양광으로 전력을 생산하지 않거나 전력이 부족한 가정은 블록체인을

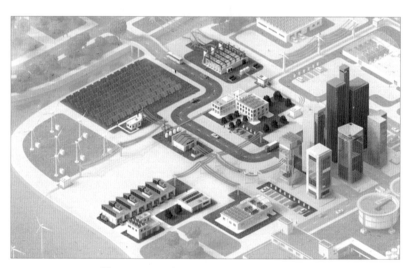

마이크로그리드의 구성[18]

통해 이웃의 잉여 전력을 확인하고 구매할 수 있다.

전통적인 전력 시스템이 에너지 공급 체계 및 비용에 대한 투명성이 부족하고 높은 비용을 소비자들에게 전가하는 데 반해, 브루클린 마이크로그리드와 같은 새로운 전력 시스템은 블록체인 기반의 P2P 에너지 공유 플랫폼을 통해 소비자들에게 전력 소비의 선택권을 제공한다. 플랫폼에 참여한 사용자는 주택, 빌딩, 창고 지붕 등에서 태양광 에너지를 생산하고 플랫폼을 통해 판매하는 에너지 생산자이자 판매자가 될 수도 있다.

이 같은 구조를 통해 에너지가 지역에서 생산, 저장, 소비되기 때문에 보다 효율적이고 탄력적이며 지속 가능한 에너지 네트워크를 만들 수 있다. 브루클린 마이크로그리드는 평범한 시민들이 에너지를 생산하고 자신이 선호하는 청정에너지를 선택해 구매하는 공동체 기반의 마이크로그리드 구축을 목표로 한다.

뉴욕에 본사를 둔 스타트업 'LO3에너지(LO3 Energy)'는 지멘스(Siemens)와 함께 브루클린 마이크로그리드에 참여하고 있다. 시장에는 LO3에너지와 유사한 콘셉트로 경쟁하는 기업들이 계속 늘고 있다. 영국 기업 일렉트론(Electron), 호주 기업 파워렛저(Power Ledger), 싱가포르 기업 일렉트리파이(Electrify) 등 전 세계적으로 150여 개가 넘은 기업들이 에너지, 블록체인, 공유경제를 융합하는 기술 및 비즈니스 개발에 뛰어든 상태다.[19]

이처럼 LO3에너지와 같이 기술 융합 비즈니스를 하는 기업은 산업적 관점에서 보면 에너지 기업이면서, 테크놀로지 관점에서 보면 블록체인 기업이기도 하고, 동시에 유휴자산을 공유한다는 관점에서 보면 공유경제 기업이라서 다양한 정체성을 갖고 있다고 볼 수 있다.

앞으로 여러 분야에서 기술 융합 비즈니스에 나서는 기업들이 더욱 많아질 것이고, 치열한 경쟁을 거치면서 그중 일부는 성공하고 다수는 실패하게 될 것이다. 그 모든 것은 새로운 테크놀로지 혁명이 자리를 잡기 위해 거쳐야만 하는 필수 여정이며, 우리는 그 여정에 직접 참여하거나 최소한 그 여정의 가치를 이해하는 사람이 될 것이다.

맺음말
변화를 이해하고
주도하는 삶을 위하여

"사람들은 미래에 일어날 일에 대한 자신의 해석을 토대로 현재의 결정을 내린다. 즉 미래가 현재를 창조하는 것이다. 그러니 미래에 대한 사람들의 비전을 바꾼다면 그들의 결정 방식도 달라질 것이다."

— 미래학자 토머스 프레이[1]

과거와 달리 우리는 이제 순식간에 검색을 통해 수많은 정보에 즉시 접근할 수 있습니다. 인터넷에는 모든 정보가 있으며, 만일 어떤 정보가 인터넷에 없다면 가치가 없는 정보로 치부해도 무방할 정도입니다.

하지만 인터넷에 수많은 정보가 존재한다고 하더라도, 어떤 정보에 접근하고, 또한 취득한 정보를 어떻게 해석하고 활용할지는 완전히 별개의 문제에 가깝습니다. 쉽게 정보를 얻을 수 있다고 하더라도 그 정보를 언제나 자신의 지식으로 체화(體化)할 수 있는 것은 아닙니다.

정보는 무한하지만 지식은 유한합니다. 그리고 정보의 상당수는 시간이 흐르면 의미가 없는 것으로 변화합니다. 결국 우리에게 필요한 것은 정보 자체라기보다는, 1단계) 습득할 가치가 있는 올바른 대상을 정하고, 2단계) 올바른 방법에 따라 지식을 습득하고, 3단계)

그렇게 습득한 지식을 올바르게 사용하는 것이라고 볼 수 있습니다. 여기에서 말하는 '올바름'의 의미는 일차적으로 개인의 삶을 풍요롭게 하는 것이고, 이차적으로는 그런 개인의 풍요로움이 사회에도 도움이 되고 최소한 해를 끼치지는 않는 것입니다.

이 책을 다 읽고 여기까지 도달한 독자라면 앞서 언급한 1단계와 2단계를 거쳤다고 볼 수 있습니다. 이제 남은 것은 3단계입니다. 이 책에서 습득한 지식을 통해 독자 여러분의 삶이 풍요로워지길 바랍니다.

이 책은 '구조주의(Structuralism)'의 관점을 담고 있습니다. 구조주의는 어떤 사물의 참된 의미가 단지 사물 자체의 속성과 기능이 아니라 사물들 간의 관계에 따라 결정된다는 인식을 전제로 하는 이론입니다. 이와 같은 맥락에서 이 책에서 살펴본 블록체인, 인공지능, 클라우드, 빅데이터, 사물인터넷, 자율주행차와 드론, 사이버 위험과 보안, 공유경제 등은 모두 서로 유기적인 관계를 맺고 있으며 그런 관계를 기반으로 변화하고 있습니다.

우리도 그런 거대한 구조의 일부이자 유기적인 관계의 일부입니다. 이 책을 통해 우리는 단지 개별적인 기술이 아니라 구조라는 커다란 관점에서 테크놀로지 세계를 이해하고 그들의 유기적인 관계를 통해 미래를 전망할 수 있게 되었습니다.

이처럼 우리의 지식이 확장됨에 따라 우리는 과거, 현재, 미래의 일부라는 것을 깨닫게 됩니다. 그리고 확장된 지식을 바탕으로 과거 자신의 실수와 부주의를 깨닫고 또한 현재를 살아가는 자신의 모습을 더욱 잘 이해할 수 있으며, 궁극적으로는 자신의 미래를 예측하면서(최소한 미래에 대한 몇 가지 시나리오를 갖고서) 올바른 방향으로 자기 자신을 이끌 수 있게 될 것입니다.

무엇보다 중요한 사실은 이제 우리는 우리를 둘러싼 거대한 구조를 이해하지 못한 채 변화에 휩쓸리는 그런 무력한 존재가 아니라, 구조의 일부라는 사실을 명백히 깨닫고서 변화를 주도하거나 최소한 변화를 이해하는 존재가 되었다는 점입니다.

마지막으로 감사를 드리고 싶은 분들이 있습니다. 평생의 동반자 민, 인생에서 가장 존경하는 분이지만 이제는 만날 수 없는 박희섭 상무님, 그리고 어려운 출판 환경에도 이 책의 출간을 결정해 주신 출판사 관계자분들께 감사드립니다. 특히 담당자인 이향숙 팀장님

이 아니었다면 이 책은 세상에 나오지 못했을 겁니다. 또한 도움을 준 김문진 님, 멀티캠퍼스의 박예송 님에게도 감사드립니다.

무엇보다 이 책을 선택하고 읽어 주신 독자 여러분께 깊은 감사의 마음을 전합니다. 사실 이 책에서 다루지 못한 여러 주제(로봇, 가상현실, 증강현실, 핀테크, 3D프린팅 등)가 남아 있습니다. 혹여 이 책의 반응이 좋아 시리즈로 나오게 된다면 다시 독자 여러분을 만나게 될 수도 있을 것 같습니다.

인도의 철학자 지두 크리슈나무르티(Jiddu Krishnamurti)는 '아는 것으로부터의 자유'를 주장했습니다. 그의 주장을 재구성해서 말하자면, 아는 것은 몹시 중요하지만 우리는 단지 아는 것보다는 그것을 이용해 자유를 얻을 수 있어야 하며 한편으로는 아는 것으로부터도 자유로울 수 있어야 한다고 생각합니다.

독자 여러분이 이 책을 통해 자신의 '진정한 자유'에 조금이라도 가까이 다가갈 수 있었다면 기쁘겠습니다.

NOTE
참고자료 및 출처

Part 1

1) https://www.stream.space/pdf/StreamSpace_White_Paper.pdf
2) http://www.mas.gov.sg/Singapore-Financial-Centre/Smart-Financial-Centre/Project-Ubin.aspx
3) https://innovation.wfp.org/project/building-blocks
4) https://www.goquorum.com/developers
5) https://medium.com/aergo/aergo-the-hypothesis-96ea2b97a09f
6) https://www.computerworlduk.com/galleries/applications/how-governments-are-using-blockchain-3680393/
7) https://medium.com/dapp-com/dapp-com-2018-dapp-market-report-72243340969d
8) https://docs.wavesplatform.com/ko/platform-features/decentralized-cryptocurrency-exchange-dex.html
9) https://www.coinbin.co.kr/
10) https://techcrunch.com/2018/07/06/vitalik-buterin-i-definitely-hope-centralized-exchanges-go-burn-in-hell-as-much-as-possible/
11) https://cms.mattereum.io/upload/iblock/784/mattereum-summary_white_paper.pdf
12) https://medium.com/@michaelx777/little-bitty-kitties-are-killing-ethereum-a1253b18b501
13) https://dappimg.com/media/image/app/fb09291c-2d92-4612-a7d2-fb6d437b1a9b.png
14) https://shop.ledger.com/products/ledger-nano-s
15) https://www.economist.com/leaders/2015/10/31/the-trust-machine
16) https://btcartgallery.com/2015/10/29/bitcoin-cover-of-this-weeks-economist-by-jon-berkeley/
17) http://ir.nasdaq.com/news-releases/news-release-details/nasdaq-linq-enables-first-ever-private-securities-issuance
18) https://www.r3.com/corda-platform/
19) https://aws.amazon.com/ko/managed-blockchain/
20) https://azure.microsoft.com/ko-kr/solutions/blockchain/

Part 2

1) https://www.theverge.com/2018/10/15/17978056/mit-college-of-computing-ai-interdisciplinary-research
2) https://spectrum.ieee.org/tech-talk/tech-history/dawn-of-electronics/untold-history-of-ai-why-alan-turing-wanted-ai-to-make-mistakes
3) Tony Beltramelli, https://datascience.stackexchange.com/questions/16422/machine-learning-vs-deep-learning
4) https://www.statista.com/statistics/268604/annual-revenue-of-facebook/
5) https://medium.com/syncedreview/baidu-to-train-100-000-ai-talents-in-three-years-850ab9c1cc01
6) https://cloud.ibm.com/developer/watson/documentation
7) https://www-03.ibm.com/press/us/en/attachment/48480.wss?fileId=ATTACH_FILE2&fileName=The%20North%20Face.jpg
8) https://www.flickr.com/photos/ibm_media/25508630692/in/photostream/
9) http://www.our-work.info/IBM_Cognitive_Collection/images/header.jpg
10) https://cloud.google.com/blog/products/gcp/google-supercharges-machine-learning-tasks-with-custom-chip
11) https://github.com/tensorflow/models/tree/master/research/object_detection

12) https://www.amazon.com/skills
13) https://dueros.baidu.com/en/html/dueros/index.html
14) https://www.l2inc.com/wp-content/uploads/2017/03/Screen-Shot-2017-03-14-at-4.17.58-PM-960x357.jpg
15) https://www.theverge.com/2016/12/20/14028744/mark-zuckerberg-jarvis-home-ai-video-watch
16) https://kasisto.com/kai/
17) https://ifr.org/service-robots
18) https://www.indiegogo.com/projects/jibo-the-world-s-first-social-robot-for-the-home#/
19) https://spectrum.ieee.org/automaton/robotics/home-robots/cynthia-breazeal-unveils-jibo-a-social-robot-for-the-home
20) https://robohon.com/special/img/fb_img.jpg
21) https://aitrends.com/executive-interview/executive-interview-jordan-jacobs-chief-ai-officer-td-bank-group/
22) https://www.sas.com/ko_kr/news/press-releases/2018/march/ai/_jcr_content/par/styledcontainer/par/image_1588103192.img.png/1520212333694.png
23) https://www.helpnetsecurity.com/images/posts/sqrrlui.png
24) https://asia.nikkei.com/Business/SoftBank-s-Son-has-big-AI-ambitions
25) http://time.com/collection/most-influential-people-2018/5217618/masayoshi-son/
26) https://www.alizila.com/alibaba-ai-model-tops-humans-in-reading-comprehension/
27) https://quoteinvestigator.com/2013/03/06/artists-steal/

Part 3

1) https://helpx.adobe.com/content/dam/help/en/experience-manager/brand-portal/using/whats-new/_jcr_content/main-pars/image_2145381647/BP_solution_switcher.png
2) https://www.nasa.gov/audience/foreducators/robotics/imagegallery/r_athlete.jpg.html
3) https://aws.amazon.com/ko/solutions/case-studies/coursera/
4) https://www.redhat.com/en/customers/winner-cisco
5) https://www.hpe.com/kr/ko/customer-case-studies/trustpower-hybrid-cloud.html
6) https://www.bluestacks.com/ko/blog/app-reviews/prelude-of-the-orc-war/play-orc-the-prelude-of-war-with-bluestacks-ko.html
7) https://docs.microsoft.com/en-us/azure/azure-government/documentation-government-manage-marketplace
8) https://www.salesforce.com/blog/2018/05/forbes-innovative-companies-2018.html
9) https://customers.microsoft.com/es-mx/story/ihg
10) https://aws.amazon.com/ko/solutions/case-studies/mpac/
11) https://www.salesforce.com/customer-success-stories/farmers-insurance/
12) https://azure.microsoft.com/en-us/resources/videos/acast/

Part 4

1) https://www.seagate.com/kr/ko/our-story/data-age-2025/
2) https://cloud.google.com/solutions/bigquery-data-warehouse?hl=ko
3) https://cloud.google.com/customers/dominos/
4) https://finbox.com/FB/explorer/ebit_unadj_margin
5) https://www.businessinsider.com/jeff-bezos-explains-the-perfect-way-to-make-risky-business-decisions-2017-4
6) https://informationisbeautiful.net/2019/winners-of-the-world-data-visualization-prize/
7) https://www.sap.com/dam/application/shared/photos/products-j-r/sap-lumira-device-dscdtcrt.png.adapt.800_450.false.false.false.true.png
8) https://www.huffpost.com/entry/2015-state-of-analytics-2_b_8611382
9) https://blogs.cornell.edu/info4220/2015/03/10/linkedins-people-you-may-know-feature-the-potential-of-data-science-in-the-context-of-network-discovery/
10) https://www.jpmorganchase.com/corporate/Corporate-Responsibility/st-banks-study-economy.htm
11) https://narrativescience.com/wp-content/uploads/2018/10/Narratives-for-Qlik_Output-2-2.png
12) https://www.forbes.com/sites/ciocentral/2018/01/29/the-chief-data-officer-dilemma/#14aef1723896
13) https://support.google.com/google-ads/answer/6318732

Part 5

1) https://www.smart-industry.net/interview-with-iot-inventor-kevin-ashton-iot-is-driven-by-the-users/
2) https://www.airvisual.com/pro
3) https://www.continental-tires.com/transport/media-services/newsroom/20180322-conticonnect
4) https://estimote.com/assets/gfx/press/product/Proximity-Beacons-and-Estimote-App-Mint-Background.d779c8de.png
5) https://retailnext.net/en/press-release/retailnext-announces-worlds-first-retail-analytics-sensor-with-onboard-deep-learning-based-artificial-intelligence/
6) https://developer.android.com/things/images/console/console-home.png
7) https://developer.microsoft.com/ko-kr/windows/iot
8) https://www.raspberrypi.org/magpi/program-arduino-uno-raspberry-pi/
9) https://www.intel.com/content/dam/www/public/us/en/documents/white-papers/retail-sensor-platform-paper.pdf
10) https://www.hackster.io/57970/android-things-drawbot-9cdb1d
11) http://www.instructables.com/id/Alone-Together-Plant-Lamps/
12) https://astro-pi.org/wp-content/uploads/2016/07/122F7988-1024x682.jpg
13) https://new.siemens.com/uk/en/company/topic-areas/digital-plant.html
14) https://www.forbes.com/sites/insights-hitachi/2017/12/18/5-areas-where-the-iot-is-having-the-most-business-impact/#28f77ae84396
15) https://www.cnbc.com/2017/05/21/hersheys-pennsylvania-twizzler-factory-uses-microsoft-artificial-intelligence.html
16) https://www.amazon.com/TWIZZLERS-Twists-Strawberry-Flavored-Licorice/dp/B001GVISJM
17) https://www.cisco.com/c/dam/en_us/solutions/industries/docs/manufacturing/c36-732293-00-stanley-cs.pdf
18) https://www.neutrogena.com/skin360-app.html
19) https://mediaroom.loreal.com/en/loreal-unveils-prototype-of-first-ever-wearable-microfluidic-sensor-to-measure-skin-ph-levels/
20) https://ht.visa.com/dam/VCOM/global/visa-everywhere/images/visa-honda-connected-car-1600x900.jpg
21) https://secure.parksandresorts.wdpromedia.com/media/disneyparks/blog/wp-content/uploads/2016/11/mbtwo389795711.jpg
22) https://nest.com/-downloads/press/documents/energy-savings-white-paper.pdf
23) https://cloudblogs.microsoft.com/industry-blog/microsoft-in-business/2017/10/30/how-miami-dade-water-gets-smarter-with-the-internet-of-things/

Part 6

1) https://www.sae.org/news/press-room/2018/12/sae-international-releases-updated-visual-chart-for-its-%E2%80%9Clevels-of-driving-automation%E2%80%9D-standard-for-self-driving-vehicles
2) https://www.consulting.us/news/2341/us-autonomous-vehicle-market-could-hit-560-billion-by-2035
3) https://media.gm.com/media/us/en/gm/news.detail.html/content/Pages/news/us/en/2017/oct/1009-lidar1.html
4) https://www.wired.com/story/general-motors-softbank-cruise-self-driving-investment/
5) https://www.reuters.com/article/us-sensetime-funding/chinas-sensetime-valued-at-4-5-billion-after-alibaba-led-funding-sources-idUSKBN1HG0CI
6) http://mediad.publicbroadcasting.net/p/wkar/files/styles/x_large/public/201711/LIDAR.png
7) https://www.theverge.com/2018/8/21/17718018/lyft-aptiv-self-driving-cars-las-vegas-5000-trips
8) https://media.springernature.com/original/springer-static/image/chp%3A10.1007%2F978-3-319-31895-0_10/MediaObjects/336747_1_En_10_Fig12_HTML.png
9) https://developer.nvidia.com/sites/default/files/akamai/embedded/images/jetsonXavier/XavierModule_White.jpeg
10) https://storage.googleapis.com/sdc-prod/v1/safety-report/Safety%20Report%202018.pdf
11) https://www.nhtsa.gov/technology-innovation/automated-vehicles-safety
12) https://www.police.go.kr/portal/main/contents.do?menuNo=200915
13) http://www.thefreedictionary.com/Unmanned+Aerial+Vehicle
14) https://i0.wp.com/dronebelow.com/wp-content/uploads/2018/10/stalker-xe_1920x1125.jpg.pc-

adaptive.1920.medium.jpeg?resize=1024%2C600&ssl=1
15) https://www.military.com/equipment/r-mq-8-fire-scout
16) https://www5.djicdn.com/assets/images/products/phantom-3-pro/index/phantom-3-pro-v2@2x-87f429266dc737bd2895bf8fb540844b.jpg
17) https://www.lockheedmartin.com/en-us/products/desert-hawk.html
18) http://www.tactical-robotics.com/userfiles/images/Photo%20Dec%2030%2C%2007%2047%2057-R2.jpg
19) https://research.checkpoint.com/dji-drone-vulnerability/
20) https://www.prnewswire.com/news-releases/ehang-launches-first-ever-autonomous-aerial-vehicle-ehang-184-at-ces-300200418.html
21) https://embedwistia-a.akamaihd.net/deliveries/bd2e22365c78b59a0b18c136ba9536a2c60d5cb8.jpg?image_crop_resized=1280x720
22) https://imagesvc.timeincapp.com/v3/foundry/image/?q=70&w=1440&url=http%3A%2F%2Fapi.thedrive.com%2Fwp-content%2Fuploads%2F2019%2F02%2Fbh-1.jpg%3Fquality%3D85
23) https://uploads.toptal.io/blog/image/124335/toptal-blog-image-1507026321885-8bf53f47505fd8959c71660984cc40f3.png
24) https://media.npr.org/assets/img/2019/04/23/wing-testers-receiving-package-as-part-of-faa-testing_wide-555d7c5d81e7172b02979c27f18b25585106abbd.jpg?s=1400
25) https://www.zdnet.com/article/faa-drone-testing-program-takes-off-in-10-cities/
26) https://techcrunch.com/wp-content/uploads/2018/05/uber_gannettfleming.png

Part 7

1) https://www.nytimes.com/2018/09/28/technology/facebook-hack-data-breach.html
2) https://news.cathaypacific.com/cathay-pacific-announces-data-security-event-affecting-passenger-data
3) https://threatpost.com/norsk-hydro-calls-ransomware-attack-severe/142924/
4) https://www.pandasecurity.com/mediacenter/src/uploads/2019/03/hydro-hit-by-lockergoga-ransomware-via-active-directory-showcase_image-6-a-12207.jpg
5) https://www.csis.org/analysis/economic-impact-cybercrime
6) https://www.ytn.co.kr/_ln/0105_201905311930045379
7) https://www.tomshardware.com/news/rise-cryptojacking-stop-malicious-miners,36193.html
8) https://www.schneier.com/books/secrets_and_lies/
9) https://www.schneier.com/books/secrets_and_lies/book-sandl-anniversary-jacket-full.jpg
10) https://www.symantec.com/blogs/expert-perspectives/why-phishing-continues-spear-victims
11) https://www.wombatsecurity.com/state-of-the-phish-2018
12) https://www.computing.co.uk/ctg/news/3063537/half-of-data-breaches-are-the-fault-of-insiders-not-hackers-research-finds
13) https://www.gov.uk/government/news/cyber-security-boost-for-uk-firms
14) https://wikileaks.org/podesta-emails/
15) http://mice-360.com/leoni-ag-loses-45-million-email-spoof/
16) https://securelink.net/nb-nb/insights/humans-are-the-ultimate-vulnerability-rsa-conference-2017/
17) https://gbhackers.com/fileless-memory-based-malware-attacks-140-banks-enterprises-networks-40-countries/
18) https://journals.openedition.org/bibnum/555
19) https://archive.org/details/117Kerckhoffs/page/n11
20) https://www.forbes.com/sites/kateoflahertyuk/2019/03/21/facebook-has-exposed-up-to-600-million-passwords-heres-what-to-do/#6fe95816bc90
21) https://www.statista.com/statistics/976526/global-cyber-insurance-market-size/
22) https://www.emergobyul.com/services/fda-cybersecurity-guidance-consulting
23) https://www.nist.gov/cyberframework

Part 8

1) https://www.researchgate.net/publication/281590386_Peer-to-peer_carsharing_Market_analysis_and_potential_growth
2) https://www.snappcar.nl/auto-huren
3) https://assets.blinkloader.com/1968894823/2410544404_lincoln@2x-1300.webp

4) https://techcrunch.com/2018/11/27/turos-new-dongle-will-let-customers-instantly-find-and-unlock-cars/
5) https://a0.muscache.com/im/pictures/7d8566d1-314a-43bd-8f2e-fe3b891ee329.jpg?aki_policy=x_large
6) https://www.getaround.com/tour/benefits
7) http://innovativemobility.org/wp-content/uploads/Innovative-Mobility-Industry-Outlook_SM-Spring-2015.pdf
8) https://www.boatsetter.com/boat-rentals?activity=cruising&near=
9) https://www.inc.com/sonya-mann/ikea-taskrabbit-ethnography.html
10) http://ir.angihomeservices.com/news-releases/news-release-details/angi-homeservices-acquire-handy
11) https://postmates.com/developer
12) https://blog.scienceexchange.com/2019/01/requester-how-can-i-view-my-quote/
13) https://medicalcheckstudio.jp/images/dock/pc/dock1.png
14) https://www.bbc.com/news/business-41359327
15) https://techcrunch.com/2014/06/11/ubergeddon/
16) https://www.bls.gov/news.release/conemp.nr0.htm
   https://www.kli.re.kr/downloadPblFile.do?atchmnflNo=20502
17) https://www.brooklyn.energy/
18) https://www.computerworld.com/article/3191256/blockchain-used-to-power-brooklyn-microgrid-for-solar-energy-re-sale.html
19) https://www.globaldata.com/microgrid-investment-in-blockchain-to-be-the-future-of-energy-systems/

맺음말

1) 토머스 프레이(2016), 《미래와의 대화》, 북스토리.

미래인을 위한 테크놀로지 교양

1판 1쇄 2019년 8월 26일 발행
1판 7쇄 2023년 7월 1일 발행

지은이 · 류한석
펴낸이 · 김정주
펴낸곳 · ㈜대성 Korea.com
본부장 · 김은경
기획편집 · 이향숙, 김현경
디자인 · 문 용
영업마케팅 · 조남웅
경영지원 · 공유정, 임유진

등록 · 제300-2003-82호
주소 · 서울시 용산구 후암로 57길 57 (동자동) ㈜대성
대표전화 · (02) 6959-3140 | 팩스 · (02) 6959-3144
홈페이지 · www.daesungbook.com | 전자우편 · daesungbooks@korea.com

ⓒ류한석, 2019
ISBN 978-89-97396-94-8 (03320)
이 책의 가격은 뒤표지에 있습니다.

Korea.com은 ㈜대성에서 펴내는 종합출판브랜드입니다.
잘못 만들어진 책은 구입하신 곳에서 바꾸어 드립니다.

이 도서의 국립중앙도서관 출판예정도서목록(CIP)은 서지정보유통지원시스템 홈페이지
(http://seoji.nl.go.kr)와 국가자료공동목록시스템(http://www.nl.go.kr/kolisnet)에서
이용하실 수 있습니다. (CIP제어번호: CIP2019030706)